国家社科基金后期资助项目
出版说明

后期资助项目是国家社科基金设立的一类重要项目，旨在鼓励广大社科研究者潜心治学，支持基础研究多出优秀成果。它是经过严格评审，从接近完成的科研成果中遴选立项的。为扩大后期资助项目的影响，更好地推动学术发展，促进成果转化，全国哲学社会科学规划办公室按照“统一设计、统一标识、统一版式、形成系列”的总体要求，组织出版国家社科基金后期资助项目成果。

全国哲学社会科学规划办公室

国家社科基金
GUOJIA SHEKE JIJIN HOUQI ZIZHU XIANGMU
后期资助项目

法律史人类学研究范式的建构

The Construction of
Anthropological Paradigm of Legal History

刘顺峰 著

法律出版社
LAW PRESS·CHINA
——北京——

图书在版编目(CIP)数据

法律史人类学研究范式的建构 / 刘顺峰著. -- 北京 : 法律出版社, 2022

ISBN 978-7-5197-7070-9

Ⅰ. ①法… Ⅱ. ①刘… Ⅲ. ①法制史－研究－中国 Ⅳ. ①D929

中国版本图书馆 CIP 数据核字(2022)第 162442 号

法律史人类学研究范式的建构
FALÜSHI RENLEIXUE YANJIU FANSHI DE JIANGOU

刘顺峰 著

责任编辑 刘 琳
装帧设计 李 瞻

出版发行 法律出版社
编辑统筹 法律教育出版分社
责任校对 王晓萍 王语童
责任印制 刘晓伟
经 销 新华书店

开本 710 毫米×1000 毫米 1/16
印张 14 **字数** 205 千
版本 2022 年 10 月第 1 版
印次 2022 年 10 月第 1 次印刷
印刷 北京建宏印刷有限公司

地址:北京市丰台区莲花池西里 7 号(100073)
网址:www. lawpress. com. cn
投稿邮箱:info@ lawpress. com. cn
举报盗版邮箱:jbwq@ lawpress. com. cn

销售电话:010-83938349
客服电话:010-83938350
咨询电话:010-63939796

书号:ISBN 978-7-5197-7070-9
定价:68. 00 元

凡购买本社图书,如有印装错误,我社负责退换。电话:010-83938349

基金项目
国家社会科学基金后期资助项目， 项目批准号：18FFX043

在中国法学界，近年来虽然有一些论著声称借鉴运用了人类学的研究方法，但总体来看，法律史（尤其是中国法律史）与人类学目前基本上被视作两个隔绝甚远的不同研究领域。此书从反思国内法律史研究的各种代表性范式入手，引出自己的问题意识，进而重点讨论人类学家格拉克曼对部落社会司法过程的“法律史”研究，在此基础上展示了，借鉴其部落社会司法过程学术思想来打造法律史的人类学研究范式的学术雄心。作者推崇的这种法律史的人类学研究范式之突出特点在于，强调“以人为中心”，关注人在社会中的角色、地位，人与人之间的联系与对立，以及人与社会之间的互动形式与结果。这种别出心裁的探索，既丰富了法律史学界关于研究范式的讨论，也推动了中国法学界的跨学科研究。

——尤陈俊（中国人民大学法学院教授，博士生导师，青年长江学者）

目　　录 Contents

绪　　论 / 1
第一节　选题缘由与选题意义 / 1
一、选题缘由:从国内法律史研究的主流范式谈起 / 1
二、选题意义 / 11
第二节　文献综述与研究方法 / 15
一、文献综述 / 15
二、研究方法 / 21
第三节　基本概念诠释 / 23
一、范式 / 24
二、法律人类学 / 25
三、部落社会 / 28
四、司法过程 / 30

第一章　部落社会司法过程研究的背景与渊源 / 31
第一节　历史背景 / 32
一、格拉克曼早年的生活与学术经历 / 32
二、非洲殖民主义的历史实践 / 37
三、法学与人类学的学科融合 / 40
第二节　知识渊源 / 44
一、经验主义的观察记录 / 44
二、历史法学 / 48
三、现实主义法学 / 51

第二章　部落社会司法过程研究中的法律本体论 / 57
第一节　法律概念与术语的“模糊论”解释范式 / 58
一、格拉克曼对传统定义进路的批判 / 58
二、“模糊论”解释范式的内容、渊源与创设目的 / 62
三、法律概念与术语“模糊性”的功能 / 65

第二节　部落社会法律概念与术语的认识进路 / 70
一、传统学界对部落社会性质的错误预设 / 71
二、部落社会法律概念与术语的正确认识进路 / 73
第三节　部落社会法律概念与术语的翻译困境 / 76
一、博安南对格拉克曼翻译进路的批判 / 76
二、格拉克曼对博安南批判的回应 / 78
三、“格博之争”的实质及意义启示 / 80

第三章　部落社会司法过程研究中的法律发现论 / 86
第一节　法律发现的实践场域与思维工具 / 87
一、法律发现的实践场域 / 87
二、指引法律发现的思维工具 / 89
第二节　司法渊源主义视域下的法律发现 / 91
一、主要法律渊源的发现 / 92
二、次要法律渊源的发现 / 99
第三节　司法系统主义视域下的法律发现 / 106
一、证据的分类与判断 / 107
二、事实的还原与运用 / 109
三、缝隙的发现与填补 / 111

第四章　部落社会司法过程研究中的法律方法论 / 116
第一节　社会情境分析法：文化接触的知识缺陷 / 117
一、从文化接触转向社会情境 / 118
二、社会情境的具体分析 / 123
第二节　扩展案例分析法：案例的扩展情境分析 / 126
一、案例分析法的历史沿革 / 127
二、案例的扩展情境分析 / 128
三、历史影响与现实局限：冲出案例的历史“藩篱” / 134

第五章　部落社会司法过程学术思想评析 / 141
第一节　分析与评价 / 141
一、被预设的结论 / 142
二、结论证成过程的“经验性” / 145

三、被遗忘的“法律史” / 151
第二节 结论与讨论 / 155
一、理论贡献、实践影响与内在缺陷 / 156
二、进一步的讨论 / 157

第六章 传统与现代:法律史研究的范式转型 / 159
第一节 传统法律史范式的本体论与方法论 / 159
一、传统法律史范式的本体论 / 159
二、传统法律史范式的方法论 / 165
第二节 人工智能时代的法律史研究 / 168
一、法律史研究目的的重新审视 / 169
二、法律史研究价值的转向 / 172
三、法律史本体论问题的新认知 / 175
第三节 迈向法律史的人类学范式 / 177
一、法律史知识的空间拓展 / 178
二、法律史方法的进路转换 / 185
三、法律史学术共同体的理念塑造 / 193

结 语 / 199

参考文献 / 202

后 记 / 216

绪　　论

第一节　选题缘由与选题意义

学术研究的意义与价值，不仅在于为既有的学科理论体系提供知识增量，还在于为现实的生活经验与社会秩序提供可资借鉴的智识基础。然而，无论是寻求知识增量还是增强智识基础，论题的理性选择与意义预设尤为关键，它需要研究者在从事知识生产的过程中发现有价值的选题，并就选题的意义展开论证，最终推进学科知识与话语的体系化建构。

一、选题缘由：从国内法律史研究的主流范式谈起

将"范式"[①]作为讨论的议题，在国内法律史学界并不多见。通过对我国法律史场域有关论题选择、研究方法、研究目的等诸多范式构成要素的系统梳理，可以发现，历史学范式、社会学范式和法理学范式蔚为主流。[②]

第一，历史学研究范式。法律史是法学，还是史学？围绕法律史的学科属性，[③]自20世纪90年代至今，学界发生了多场学术讨论。[④] 只是，从

---

① 学界关于范式的概念一直存在争论，所以，对其进行意义范围界定是极为必要的。对此，笔者将在本章"绪论"第三节"基本概念诠释"部分予以专门讨论。

② 研究范式的类型差异，并不意味着研究范式之间的相互排斥。相反地，在法律史的学术实践中，经常看到的是不同范式之间的"交流"与"融合"。不过，由于法律史的每种研究范式始终是"潜藏"在研究方法、论证过程与研究目标等"要素"的"表象"之下，具有"隐而不彰"的特点，唯有透过"表象"，发现"实质"，才能获得对法律史范式的全面理解。

③ 法律史作为法学领域中的一门重要基础学科，主要是为各种应用法学的发展提供学理解释与论证。参见刘广安：《中国法律传统的再认识》，中国政法大学出版社2018年版，第190页。法律史是人类文化的主要组成部分，而人类之所以创造出文化，其本身即在于追求一种人与人之间的和谐秩序、人本身的自由与解放。由此，一部法律史，本质上就是一部人类管理自身、解放自身、完善自身、协调自身与自然的关系的历史。参见艾永明、方潇：《新世纪中国法律史研究的几点思考》，载《中国法学》2001年第2期。相较于法学作为一门独立的人文社会学科的存在已有千余年的历史，中国的法律史学科自诞生距今不过百余年。1904年，梁任公的《中国法理学发达史论》及《论中国成文法编制之沿革得失》得以发表，任公在文中自制度、理论两个向度对于中国历史上的"法"予以了条分缕析，应该说这对于中国的法律史学科的创立具有重要的意义。而后经冯承均、程树德、丁普元、杨鸿烈等学者的不懈努力，法律史作为一门正式意义上的法学学科终于得以确立。参见中国人民大学法学院组：《2005年度中国法学研究报告》，中国人民大学出版社2007年版，第53~54页。

④ 参见胡永恒：《法律史研究的方向：法学化还是史学化》，载《历史研究》2013年第1期。

法学界来看,讨论的结果并未改变将法律史视为"法学边缘学科"或"历史学分支学科"的认知。① 那么,在法律史的学术实践中,历史学范式是如何呈现出来的呢?它有哪些特征与缺陷?有关于此,笔者拟围绕范式中的两个要素:"论题选择"与"研究方法",特别是"研究方法"来展开剖析。

纵观我国法律史研究过程中有关主题的选择偏好,具有浓厚"历史主义"风格的论题尤为常见,如"××制度考""××概念考""××制度对中国或外国传统法律文化的影响""××朝代的××制度评析"等,这类主题将"问题意识"置于特定的历史时空场域,意在探究历史上的法律/法学概念、规则、原则与制度的发生过程与演进逻辑。不难看出,它们关注的焦点,或是"历史溯源"或是"历史合理性与否"的辨析。②

不仅历史学研究范式的选题是"历史主义"的,其方法也是以"史料"为中心,强调从历史保存下来的资料中,亦即历史事实(historical facts)中"还原真相"。但是,"史料"不等于"历史真相"。③ 的确,以史料为中心,坚信史料是"科学的"法律史知识生成的"不二法门"的观点,在我国法律史学界长期居于主导地位。由此,法律史的知识生产能否有所推进,或者说法律史的知识范围能达到何种广度、深度这个问题,不经意间,就与

① 参见赵立行:《法律史的反思:法律的历史维度》,载《复旦学报》2019年第1期。

② 不容否认,法律史研究的确需要研究这类主题,也确实需要借由此类主题的研究来拓宽法律史的知识范围,凸显法律史的学科特质。然而,对于那些不是专门从事法律史研究的部门法学者而言,他们/她们很难判断隐藏在这类主题之下的"学术旨趣"与"学术意义"。至少,从语言文字的表达层面来看,这类主题很容易被理解为"历史问题",亦即它们所关注的全部或大部分内容是"历史"上的问题,与当下的法律制度、概念与实践等关联甚少,且对当下法律/法学实践没有直接性借鉴与参考价值。"法学是一门经验科学"以及"法学需要解决现实中的法律问题"被视为不容置辩的"真理",脱离了经验,特别是当下经验的研究,它就不是纯粹的法学。换言之,在从事部门法研究的学者看来,法律史既然是法学的分支学科,那么,其在论题选择上,不能也不应该仅仅局限于历史、就历史而历史,而应将历史作为分析的起点,以历史叙事来为当下问题的解决提供具有"可操作性"的方案。

③ 所谓历史,就是过往的事实/经验的记录。参见梁治平:《法律史的视界:方法、旨趣与范式》,载《中国文化》2002年第19期。历史以对具体的人、物、事件等的性质"判断"为表现形式,"记录"是历史得以延续的前提,也是历史之所以被认为客观性的关键。当下,在我国法律史学界,旧史料不断以不同的视角/方法被重新利用,比如,从文学作品的基本叙事中抽象、概括出特定的法律史知识;从建筑档案的历史变迁中把握法律制度的演变等。这种对待史料的方式,无疑较为具有创新性。在法律史学界,徐忠明在此方面投入了巨大精力。有关徐氏于此方面的代表性著作,可参见徐忠明:《老乞大与朴通事:蒙元时期庶民的日常法律生活》,上海三联书店出版社2012年版;徐忠明:《包公故事:一个考察中国法律文化的视角》,中国政法大学出版社2002年版;徐忠明:《法学与文学之间》,中国政法大学出版社2000年版。与此同时,随着科学技术的日益发展,特别是考古技术的成熟与完善,先前诸多被忽视或难以得到的史料相继公之于世,比如,四川南部县档案、四川巴县档案、顺天府宝坻档案、淡新档案等。

“史料”的多寡、新旧关联在一起了。① 与此同时，“道德想象”也不等于“历史真相”。作为法科学子，学习中国法律史，谈到中华法系的基本特征，我们定会联想到“以礼为本”“礼法结合”“德主刑辅”“重视纠纷的调处解决”等。凡此表述，经常是不经怀疑地便被赋予了科学的“合理性”。若有某人（怀疑者）对此“表述”有所质疑，另一人（确信者）很快便可以拿出一些极有“说服力”的史料/历史事实来打消他/她的顾虑。② 除此之外，近些年来，我们在阅读一些颇具“后现代主义”（Postmodernism）③法律史著作/论文的过程中，经常会发现一个甚为吊诡的现象，那些声称查阅了诸多史料的学者，常常会说：“通过对某个朝代的相关史料（地方志、官箴书、小说等）的文本研究，我们可以清晰地把握那个朝代特定的法律实践（主要是司法实践）。”

在笔者看来，史料中的语言表达，与特定的历史真相之间存在一个现

---

① 无法否认，法律史研究，离不开“旧史料的重新利用”与“新史料的不断发现”这种基本逻辑。不过，“史料”是否是“历史真相”的客观记录，想必是值得商榷的。以《淮南子》一书为例，按照历史学界的通说，其在主要思想观点上，明显是与当时汉武帝的“废黜百家、独尊儒术”的主旨相悖逆。因此，如果直接从该书中抽取“材料”，而后再不加说明地便以此来归纳/佐证汉武帝时代的“法学”观念，就会陷入一个对史料的误用而得出的“非客观的”结论的陷阱中。对历史事实的记录，从形式上看，似乎只是对过往事实的客观呈现，其背后透露的却是记录者的动机、目的、旨趣。对历史真相的寻觅，一直是历史学家/法律史学家的根本任务与追求，也是让历史/法律史研究趋向于“科学”的一条基本途径，但这种寻求“历史真相”的不切实际性，乃是所有从事历史/法律史研究的学者难以摆脱的“宿命”。参见徐忠明：《关于中国法律史研究的几点省思》，载《现代法学》2001年第1期。

② 比如，说“以礼为本”（礼以等级名分为特征），确信者会拿出《唐律疏议·名例》“十恶”条“疏议”中的记载为例。如“王者居宸极之至尊，奉上天之宝命，同二仪之覆载，作兆庶之父母。为子为臣，惟忠惟孝”，凡此表述，明显可以感受到君王地位的至高无上，所有臣民皆须依附于他。说“德主刑辅”，确信者会拿出《唐律疏议·名例》前言中的相关表述来予以佐证。如“德礼为政教之本、刑罚为政教之用，犹昏晓阳秋相须而成者也”，从中可以感受到德主而刑辅的意义。说“重视纠纷的调处解决”，确信者会以儒家的基本秩序追求，即“强调无讼”这样的观念为“先验的”推理前提，继而进一步罗列一个事实，如古代县衙上的县令都是通过科举考试（隋朝以后）获得该“头衔”（title），考试的内容主要是儒家的经典（四书五经），因此，县令必定会按照儒家的观念来调处实践中的纠纷。从“无讼的观念”这个普遍确信的“知识前提”到“获得县令头衔的考试的方式、内容”这个具体的“历史实践”，再借由“习惯性的”联想，确信者最终得出：只要是县令，就一定会以儒家的那套“和谐”价值观来指导纠纷的解决，相较于“律例”，调解在形式上无疑显得更为“和谐”，其与无讼的价值追求最为契合。不过，加州大学伯克利分校的纳德尔（Laura Nader）认为，对于和谐秩序的强烈追求，渗透于各种类型社会生活中的每个角落。See Laura Nader, *The Life of Law*: *Anthropological Projects*, University of California Press, 2002, p. 32.

③ 笔者此处所谓的“后现代主义”法律史著作/论文，主要是从两个层面来限定的：一是批判主义，即“注重对既有的法律史知识传统进行解构，而不进行建构，并期望从解构中获得新的认识”；二是“碎片化”（fragmented）的阐释进路，即运用新颖的史料来凸显某个具体的微观法律史过程。

实的“断裂面”,[1]其主要表现在:(1)“官方的宣传文本”与“历史真相”的断裂。我国古代官方的各种正式或非正式的文本宣传材料中,都记载了大量的“儒家的道德内容”,如“中庸之道”“和为贵”“无讼”等,特别是“无讼”,基于稳定治理秩序、减少诉讼带来的潜在风险,中国古代统治者都极力宣扬“无讼”。不仅如此,他们还为“无讼”理念的形塑设计了一整套制度。[2] 以清代为例,由于儒家文化的影响力还在,在人们的传统观念中,清代的“正规法庭(县衙)”的主要司法方式是调解。然而,黄宗智通过对清代司法档案的实证分析,发现历史事实并非如此。[3] (2)“学者的道德理想”与“历史真相”之间的断裂。近些年来,在我国法律史学界,如前所述,对新类型史料的利用越来越多,其中最具代表性的便是“官箴书”。[4]如宋代吕本中的《官箴》,在其一开篇,作者便提出了做官的主要原则:“当官之法,唯三事:曰清,曰慎,曰勤。”[5]如此表述,更多地体现的是作者的“道德理想”,即“理想的官员”应该是这样,而不是那样。“历史真相”果真如此吗?宋代的官员都做到了“清”“慎”“勤”或者都能做到“清”“慎”“勤”吗?相信只要对历史有所熟悉的人都能作出判断。将官员的道德理想等同于历史真相本身,是我们在援引史料从而建构法律史知识过程中经常会犯的“习惯性”错误。

论题选择的“历史主义”、研究方法的“以史料为中心,注重法律史事

---

① “史料”与“历史真相”之间的“断裂”是无法避免的。从一个哲学意义上来说,史料永远都不能等于“历史真相”,或者说究竟“历史真相”是什么,连历史本身也无法探究,其有着一张普洛透斯似的脸(a Protean face)。博登海默在探讨正义究竟是什么的时候,便使用了普洛透斯似的脸的表述,意在表达正义概念的变化无常、难以捉摸。See Edgar Bodenheimer, *Jurisprudence: The Philosophy and Method of the Law*, Revised edition, Harvard University Press, 1974, p. 195-201.

② 长期以来,“无讼”观念一直被视为中国古代人的传统价值观。对中国古代“无讼”产生的历史根源及影响,于语和曾做过精辟的阐释,可参见于语和:《试论“无讼”法律传统产生的历史根源和消极影响》,载《法学家》2000年第1期。

③ 黄宗智通过对清代诸多诉讼案件档案的研究,认为清代“法庭”的正规手段是断案,而不是调解。黄氏强调:“从实践层面来说,清代的‘法庭’主要是进行判决而不是调解的法庭。”参见黄宗智:《认识中国——走向从实践出发的社会科学》,载《中国社会科学》2005年第1期。有关此问题的详细讨论,还可参见黄宗智:《清代的法律、社会与文化:民法的表达与实践》,上海书店出版社2001年版,第1~21页;黄宗智:《法典、习俗与司法实践:清代与民国的比较》,上海书店出版社2003年版,第193~194页。

④ 所谓官箴,原系百官对国王所进的箴言,秦汉以后演变成对百官的劝诫,即做官的箴言。从历史源流来看,其最早可以追溯至西周的《虞人之箴》。传统中国学术界,由于政治或学术的种种“偏见”,对于官箴书一直显得不够重视。中国古代出版官箴书的目的很简单:训练官员的理论修养,增加官员的行政知识。参见刘俊文等:《开发历史文化宝藏——官箴书》,载《中国典籍与文化》1992年第2期。

⑤ 参见岑大利:《古代官场文化中的官德教育——古代官箴书初探》,载《科学社会主义》2013年第4期。

实的发现”,让历史学范式的法律史研究呈现出以“史料”为中心、以历史上的法律/法学问题为分析对象的历史学叙事特质,从而有意或无意地遮蔽了对当下现实法学/法律问题的关注。

第二,社会学研究范式。如果说法律史的历史学研究范式注重的是历史时间意义上的法律/法学问题研究,那么,法律史的社会学范式,则主要关注特定法律/法学的社会史问题。在我国法学场域,法律史的社会学研究范式,又被称作法律社会史范式,其诞生可追溯至瞿同祖于 20 世纪 40 年代出版的《中国法律与中国社会》。① 接下来,笔者将重点围绕“论题选择”与“研究方法”来对中国法学场域的“法律史社会学研究范式”展开探究。

法律史的社会学研究范式,习惯于以社会为分析中心,将法律/法学问题的发生、发展与解决,与社会结构、社会功能、社会秩序等紧密关联。就论题选择而言,比较常见的是“社会史视域下的××法律现象/制度研究”“××朝代法律现象/制度的社会史分析”“××制度演进过程的法律社会学分析”。从中可以看出,法律史的社会学研究范式之所以强调“社会史视域/视角”,源于其反对将法律概念、规则、原则与制度视为“孤立的”事实。② 不容否认,在论题选择上,它的确比历史学研究范式更加具有广泛性,亦即它所关注的虽然是法学问题,但却同时涉及“空间意义”上的社会场域与“时间意义”上的历史背景,具有“无所不包”的特点。或许,正是这种形式上的“全面性”,让从事法学研究,特别是部门法研究的学者容易将其视为有关法律社会学问题的研究。

法律史的社会学研究范式,在研究方法上,侧重于社会史分析方法,而不是社会学方法。③ 然而,学界有关社会史分析方法却一直存在争论。有学者经过研究认为,社会史分析方法大概有五种,包括“社会史资料的发现与梳理”“田野调查”“其他可资借鉴的人文社会科学方法”“马克思主义分析法”“西方学术理论分析法”。④ 虽然法律社会史分析方法,是综合运用

① 参见尤陈俊:《中国法律社会史研究的“复兴”及其反思——基于明清诉讼与社会研究领域的分析》,载《法制与社会发展》2019 年第 3 期。

② 虽然法律来源于生活的具体事实,但并不等于就是具体事实的客观反映。一个可见的经验现象是,社会是变化的。因此,事实也必然会随着社会的发展而不断被重新阐释。事实在“形塑”社会与被社会“形塑”的过程中,不断发生着意义变迁。

③ 社会学方法,包括“调查问卷”“访谈记录”“个案分析”“定量分析”“定性分析”等,总的来看,该方法始终强调经验观察优于理论演绎的逻辑。有关社会学方法的系统介绍,可参见孙本文:《当代中国社会学》,商务印书馆 2017 年版,第 168~187 页。

④ 参见蔡少卿、李良玉:《50 年来的中国近代社会史研究》,载《近代史研究》1999 年第 5 期。可以看出,社会史方法,不再局限于经验分析,同时也注重理论吸收。因为,纯粹经验性的社会学研究进路,在其达致研究目标的过程中,常常会不可避免地遇到理论与实践、理想与现实的矛盾。参见风笑天:《英克尔斯“现代人研究”的方法论启示》,载《中国社会科学》2004 年第 1 期。

经验与理论分析的方法,但其缺陷亦很明显:首先,社会史与法律史之间的关系,并不遵循机械的“单线进化逻辑”,亦即始终按照相同或相近的模式发展,而是在进化过程中不断互相合作、影响甚至冲突与对立;①其次,“社会史资料的发现与整理”方法,主要集中于对特定时段的社会组织、社会结构、社会关系、社会心理等历史资料的发现与整理,忽略了与社会相对应的“个人”资料的发现与整理;②最后,法律社会史方法,虽然关注对历史上特定法律概念、规则、原则、制度等的现象分析与社会根源追溯,却忽略了在此过程中的意义阐释。③

第三,法理学研究范式。与法律史的历史学范式、社会学范式,分别将关注重点放在法律/法学的历史时间与社会空间的意义阐释不同,法律史的法理学范式关注的是历史上的法律/法学问题的法理分析,具体包括论

---

① 以清代的社会史与清代的法律史为例,按照“单线进化逻辑”,一般会认为,清代的社会史事实,会决定清代的法律史事实。然而,历史可以证明,社会史的演进与法律史的演进却不是同步展开的。特别是清朝末年的社会,已然属于半殖民地半封建社会,但其法律却并未与此种社会类型完全对应。从形式上看,“领事裁判权的形成”“西洋传教士的法律理念与知识传播”“派遣留学生学习外国先进法律理论与经验”等一系列“实践”,虽然让清朝法律看似不再具有纯粹的“封建性”。但是,不容忽视的是,在清朝人们的观念中,有关法律的功能、价值、意义等的认知,还停留在“封建社会”阶段,亦即人们并没有因为社会的历史转型,而自然而然地更新与社会最新形态相适应的法律理念。因为,法律的观念虽然依附于社会,但却始终滞后于社会,这也就是所谓的“传统法律文明/文化”的精神与义理所在。

② 通过搜集、归纳、整理与分析有关法律理论与经验的社会史资料,研究者确实可以凭借超越国家法/成文法的视野,获得有关社会整体的法律史知识。不过,在社会史资料的发现与整理的“背后”,潜藏着是将社会视为“整体划一”的“模板”的先验理念。只是,社会并不是最精确的可供研究的对象,也不是检验法理的唯一场域。社会是由人构成的,人与人之间的交流、互动与合作发生在社会场域,社会场域因此会不断吸收人们有关法律的态度与情感,从而形成“社会总体的法律态度与情感”。由此,“社会总体性”不断遮蔽“个人性”,个人有关法律的态度与情感被“淹没”在“社会总体性”的历史长河中。已有无数事实证明,在很多情况下,恰恰是个人的法律态度与情感,影响并决定了社会总体的法律态度与情感,比如,君主的法律思维与法律理念、立法者的立法意图与实践、大法官作出的经典判决等。所以,社会史的资料与整理,对于法律史研究而言,是看得见法律的“森林”,却不见法律的“树木”的方法。

③ 任何历史上的法律概念、规则、原则与制度,都是客观存在的,因此对其展开现象分析是必要与可行的。从对现象的分析,到对形成此种现象的社会根源追溯,法律社会史的知识似乎就完全形成了。不过,在现象与社会根源之间,还有一个重要的决定知识是否科学的“纽带”——意义。众所周知,同一法律现象,可以作出不同的意义解读。甚至,不同的法律现象,也有可能展开相同的意义解读。意义阐释的深度、广度,以及目的与方式等,均会影响到方法的效果。法律社会史方法,重视法律/法学的现象分析与社会根源追溯,忽略串联现象与根源的意义“纽带”,在一定程度上阻碍了法律史知识迈向“科学化”的历史进程。当然,由此并不是说,只要在法律社会史方法中增添“意义”阐释这一项,就能实现对“完全科学的法律史知识”的生产与建构过程。毕竟,科学的含义及性质,学界至今亦尚存争议。但是,至少它能让法律史知识更加接近客观的法律史“真相”。关于科学的含义及性质的经典论证,可参见[英]波普尔:《波普尔说真理与谬误》,倪山川编译,华中科技大学出版社 2018 年版,第 43~46 页。

题选择及其法理论证、“偏颇的”法律史叙事的法理修复方法、“法理学化”的法律史的证成路径等。接下来，笔者将重点围绕“论题选择及其法理论证”与“‘偏颇的’法律史叙事的法理修复方法”来展开讨论。

以百年中国学术场域的法律史知识生产成果为考察对象，从法理学范式视角来审视，其论题主要表现为“××传统法制移植的法理基础”“传统××法制现代价值的法理分析”“××传统法制可否移植的法理论证”。单从论题本身来看，对法律史问题的法理论证很容易被视为法理学研究，而不是法律史研究。以“外国传统法制可否移植的法理论证”为例，我国法学界对外国法的集中关注，大概始于20世纪初叶清末变法修律之时。① 在修律过程中，围绕“外国传统法制是否具有移植性”这一问题，以张之洞为代表的礼教派，与以沈家本为代表的法理派之间展开了激烈争论。② 面对礼教派的批判，沈家本予以了积极回应。如针对《大清新律例》中“干名犯义”“亲属相奸”“子孙违反教令”等规定是否应该予以保留，沈家本借用了“法律与社会发展关系”的分析框架，认为“窃思法律之为用，宜随时运而转移，未可胶柱而鼓瑟”，③亦即在沈家本看来，法律不是一成不变的，需因应历史发展而做灵活变动。不过，沈家本并非仅拿西方传统“法律发展/进化观”作为论证《大清律例》中那些过时的“罪名”应予废除的法理基础，而是始终强调中国传统法律文明的内在价值与发展逻辑，他对完全无视中华法系、一味赞誉西方法治的“崇洋”行为予以了批判。④ 从中可以看出，对“外国传统法制可否移植的法理论证”展开研究，不仅关涉法律史，同时还关涉法理学。但是，究竟该论题属于法律史，还是属于法理学，或者既属于法律史又属于法理学，的确较难判断。

从方法论层面来说，法律史的法理学范式主要表现为“修复‘偏颇的’法律史叙事”的方法，从而让法律史更加接近历史上的法律真相或者说客观的法律事实，其所运用的是“事实—时间—原因”的法理分析框架。以“楔形文字法”为例，迄今为止，法学界有关楔形文字法的研究，主要运用

① 根据史料记载，当时清政府迫于内外压力，以“参酌各国法律，务期中外同行”为方针，安排了沈家本、伍廷芳为修律大臣，期望能挽回清廷的颓废局势。从翻译外国成文法典，到出国考察域外先进法制，再到最终确定以德国、日本立法为模板，叙说了“修律”作为一个“政治—法律事件”的紧迫性。参见王学斌：《向生与求死——晚清政坛的另类观察》，现代出版社2016年版，第264~265页。

② 参见张仁善：《礼·法·社会——清代法律转型与社会变迁》，商务印书馆2013年版，第270~279页。

③ 沈家本：《沈寄簃先生遗书甲编》，文海出版社1964年版，第881页。

④ 参见李贵连：《沈家本评传（增补版）》，中国民主法制出版社2016年版，第124~125页。

的还是史料分析法。[①] 如果要形成有关楔形文字法更为系统的认知，引入法理学方法极有必要。它要求研究者基于“法的运作原理”的学术逻辑，进一步就楔形文字法的“规范法理”——楔形文字法的内容与特征呈现出其所属特定时代怎样的法观念、楔形文字法的代表性法典的序言与结构是否具有科学合理性、楔形文字法中的权利性规范及义务性规范的表现方式、楔形文字法中的法律概念和术语与现代西方法律文明意义上的法律概念和术语之间有无联系——展开论证。从法律史的“历史法律事实陈述”到“对法律史事实的形成机理及内在运作过程”的分析，“法律史事实”与“事实背后的逻辑”开始形成了“对话”。因此，以“楔形文字法”为分析对象，运用“事实—时间—原因”的法理分析框架，就不仅会形成有关“楔形文字法”历史事实的理解，还会形成对其发展与消亡的法理认知。虽然法理学的“事实—时间—原因”分析框架，可以克服历史学的“以史料为中心”分析框架的部分缺陷，但并不意味着其本身就是完美的。相反地，其也存在较明显的缺陷：(1)法理论证的理论性与法律事实的经验性之间，存在无法填补的“鸿沟”；[②](2)“事实—时间—原因”的法理分析框架，虽然从形式上看较为缜密，但却忽略了“人对事实的塑造”以及“人在原因阐释过程中的视角与目的”。[③]

法律史的历史学研究范式、社会学研究范式、法理学研究范式，均为推进法律史的理论、方法与技术的纵深研究作出了重要贡献，特别是为法律史学说体系、话语体系与方法体系的系统化建构发挥了积极作用。然而，这三种主要研究范式却都存在共通性缺陷，它们无法协调法律史知识生产过程中“历史”“事实”“社会”“人”之间的各种矛盾与冲突，因此，建构可兼及“历史”“事实”“社会”“人”的法律史研究新范式就尤为必要。

---

① 其一般逻辑是，借由史料来厘清楔形文字法产生与演变的基本路径、归纳楔形文字法的特征，再以楔形文字法的代表作《汉穆拉比法典》与《苏美尔法典》为分析对象，对其做理论与实践影响的历史评析。在早期的一些有关东方法的研究著述中，也同样可以看到此种研究方法的展开过程，可参见王云霞、何成中：《东方法概述》，法律出版社1993年版。毋庸置疑，借由此方法所获得的知识，对于学术意义上的楔形文字法研究是远远不够的。

② 历史上的法律/法学事实，全是历史的产物。因此，它需要的是研究者将自己“浸入”历史之中，从历史的社会情境展开探究。仅仅对历史事实展开“原因”意义上的法理辨析，而不考虑历史事实诞生、萌芽与发展过程中的社会变迁，获得的很可能是“局部的法律史事实”，而不是“体系化的法律史事实”。

③ 事实虽然是客观的，但人在面对事实时，会对事实展开带有主观情感、态度、动机的阐释。忽略人有能力对事实进行“塑造”且必然会对事实进行“塑造”，仅仅强调事实的法理分析过程，可能会陷入有关事实的机械主义认知论“泥潭”。此外，不同的人会对事实有着不同甚至截然相反的阐释，所以，承认人的视角与目的对事实阐释的影响，同样是至关重要的。然而，“事实—时间—原因”的分析框架同样对此未予关注。

如果要问哪种研究范式，可以有效克服历史学、社会学、法理学研究范式的现实缺陷，串联法律史知识生产与传播过程中的“历史”“事实”“社会”“人”等诸要素，那么，笔者以为，答案非“人类学研究范式”莫属。[①] 虽然它在国内法律史学界算不上“新名词”，但却始终甚少受到学界系统关注。[②] 相较于其他三种范式，人类学研究范式的特征极其明显：

首先，就论题选择而言，人类学研究范式侧重于“以人为中心”，关注人在社会中的角色、地位，人与人之间的联系、冲突与对立，人与社会之间的互动形式与结果等。所以，法律史的人类学研究范式，在论题选择方面，主要不是考虑法学论题的历史性、社会性与法理性，而是关注法学论题的选择对“人的本质的理解”“人与社会的关系的把握”“人的思想解放”等是否有益。它跳出了历史学研究范式对论题选择的“时间中心主义”、社会学研究范式对论题选择的“空间中心主义”、法理学研究范式对论题选择的“原因中心主义”的束缚，直接针对最基础，同时也是最为重要的论题，即“人的科学”。马克思曾说，“人的本质不是单个人所固有的抽象

① 在国内法学界极为有限的关涉法律史研究范式的讨论中，鲜见法律史的“人类学研究范式”。为什么人类学与法律史之间的“距离”如此之远？这种“距离感”的形成，是源于人们的学术生产实践？还是人们的学术思维理念？或者，是实践与理念“共谋”的结果？揆诸马克思主义思想史，在马克思晚年的学术生涯中，人类学扮演了极其重要的“角色”，以至于很多学者都认为，马克思主义的形成与发展均离不开人类学，马克思与恩格斯是早期的人类学家。参见[英]莫里斯·布洛克：《马克思主义与人类学》，冯利、覃光广、陈为、宪蒙译，华夏出版社 1988 年版，第 4 页。的确，我们无法否认人类学对马克思与恩格斯的个人，甚至马克思主义的深刻影响，有关这一点，从马克思撰写《人类学笔记》这一具体的“实践”中便可获得确证。国内已有不少学者对马克思撰写《人类学笔记》的背景与原因，以及它的意义等进行了研究，较有代表性的著作，可参见曹典顺：《马克思〈人类学笔记〉研究读本》，中央编译出版社 2013 年版。马克思将人类学视为推进其对法学、经济学、历史学、哲学研究的“方法论工具”，不仅如此，就连深受实用主义哲学影响的美国联邦最高法院大法官、现实主义法学的奠基人霍姆斯（Oliver Wendell Holmes）也曾明确强调，法学与人类学是密不可分的，如果你的专业是法学，那么你就有了一条通往人类学的康庄大道，所有法律人都应将人类学视为一个装满了“知识宝藏”的素材库。See Oliver Wendell Holmes, “Law in Science and Science in Law”, *Harvard Law Review*, Vol. 12, No. 7, 1899.

② 因此，谈及人类学范式，有必要从人类学的概念谈起。按照学界通说，人类学的英文表述是 anthropology，它来源于希腊语的 anthropos（人）和 logos（科学）的组合，意为“研究人的科学”。参见[英]阿兰·巴纳德：《人类学历史与理论》，王建民、刘源、许丹等译，华夏出版社 2006 年版，第 2 页。人类学究竟诞生于何时，学界至今存在争论。不过，可以确定的是，它是伴随着 19 世纪末 20 世纪初，英国、法国、荷兰等殖民主义实践而不断实现了学科建构，由此可以认为，人类学是一门兼有学术性与政治性的学科。早在民国时期，人类学就被引入国内，以吴文藻、费孝通、林耀华等为代表的学者，运用西方人类学的理论、方法与技术，阐释与解决当时中国社会发展过程中的现实问题。时至当下，具有中国风格与特色的人类学学说体系与话语体系正在形成。

物,在其现实性上,它是一切社会关系的总和"①。法律史的人类学研究范式,在论题选择上坚持"以人为中心",通过人来发现社会关系的结构、组织与类型,从而实现对法律史问题的全面理解。

其次,就研究方法而言,与历史学研究范式的史料分析方法、法理学研究范式的原因分析方法不同,人类学研究范式的方法较为多元化。它以田野调查为基础,以"社会情境分析""参与观察""案例分析""案例的扩展分析"等为表现形式。在人文社会科学方法论体系中,人类学对方法的要求最高。比如,关于田野调查,它要求研究者要在被调查地区连续生活一年以上;关于调查过程中的学术立场,它要求研究者保持中立,客观记录他/她所看到、听到的事实,尽量不要受到先前知识、经验与研究目的的影响。除此之外,它还要求研究者必须具有一定的语言能力,即能够与被调查者进行无障碍交流,甚至还可以借由地方性语言的灵活运用来拉近与被调查者之间的距离,从而获得最真实的知识。可以说,没有哪一门学科,会像人类学那样重视方法。更没有哪一门学科,会对研究者提出如此繁多却又严格的方法要求。需要注意的是,人类学方法与社会学方法虽然存在诸多相似性,如都是以经验研究方法为主,但人类学对经验的强调更加微观,对调查过程中的语言与时间的要求则更加具体。

最后,人类学研究范式,还注重对"技术"的条分缕析。在法律史理论与实践的探究过程中,研究者有无技术思维?在立法、司法与行政法律史的梳理过程中,运用不同的技术,对结论的形成有无影响?技术对法律史问题的发现、论证与解决有何价值?诸如此类问题,虽然都牵涉技术,但并未受到关注。法律史"偏重理论探究",不关注或甚少关注历史上的法律技术,以及法律演进过程中技术的现实作用,在我国法律史学界较为常见。事实证明,在法律史的历史演进过程中,技术发挥了不可忽视的积极作用。比如,中国传统司法实践中,法官对"情理"与"法理"的平衡技术,往往成为后世司法实践的指导。再如,面对成文法的缺失或者法律条文涵括社会生活范围有限性的事实,法官必须要运用一系列法律技术来填补成文法的"漏洞",顺利解决当事人之间的纠纷。所以,人类学研究范式对"技术"的强调,正好可以打破学界对法律史是理论法学,因而只会且只能关注静态的法律现象与制度的思维定式。

综上所述,既然人类学研究范式有着诸多历史学、社会学、法理学研究范式所不具备的优点,那么,作为一种学术尝试,建构法律史的人类学研究

① 马克思、恩格斯:《马克思恩格斯选集》(第1卷),人民出版社1995年版,第56页。

范式的意义便不言而喻。然而,问题接踵而至,究竟如何建构?笔者以为,寻找历史意义上的“经验样本”以资借鉴,无疑是个不错的选择。纵观法学与人类学的学术谱系,①特别是法律人类学的学术发展史,我们会发现,格拉克曼有关部落社会司法过程的探究及在此基础上形成的思想谱系,对我们理解法律史人类学研究范式的实质、把握法律史人类学研究范式的方法、建构法律人类学研究范式的体系均有极为重要的借鉴与参考价值。

二、选题意义

相较于法律人类学的创始人马林诺夫斯基(Bronislaw Kaspar Malinowski),作为第二代法律人类学代表人物的格拉克曼(Max Gluckman),②对法学与人类学的理论、方法、技术的探索,已然超越了同时代大部分法学家与人类学家。特别是他的部落社会司法过程学术思想,在西方法学界与人类学界有着极其广泛的影响。遗憾的是,国内法学界与人

① 就笔者有限的学术观察而言,美国、英国、德国的法学界,与人类学界的交流和合作还是较为频繁的。然而,法学与人类学在我国学术场域的对话、交流与合作一直较少。虽然21世纪初,朱苏力提出了“社科法学”的概念,并倡言法学要多从人类学、社会学、经济学等社会科学中汲取“营养”。此后不久,朱苏力、贺欣、侯猛等人又发起并创办了《法律和社会科学》杂志,旨在推进中国法学的跨学科研究。凡此一切,在观念与行动层面均对法学的跨学科研究有着不可否认的积极意义。只是,一直以来,在“社科法学”知识体系中,法律社会学与法律经济学蔚为主流,法律人类学则处于“边缘”地位,不仅从事法律人类学研究的学者较少,而且在法学类核心期刊上发表的学术论文也很少。由此导致的结果是,国内法学界对人类学的知识论与方法论意义无法形成系统理解,对法学问题的人类学叙事、人类学问题的法学叙事的区别和联系也缺乏科学认知。

② 格拉克曼作为一位享誉世界的法律人类学家、比较法学家,在中国法学场域,知名度相对较低。值得注意的是,按照中国学术界惯例,在对某位学者进行学术身份定位时,可能更多考虑的是该学者在某个学科领域的学术影响力。但是,笔者以为,这是一种“唯学科化”倾向的表现,其在根本上偏离了人文社会科学的一个基本规律,即“知识的生产是没有边界(boundary)的”。一旦我们的研究是以“问题”为中心,我们就会连自己都搞不清什么时候会使用历史学的知识,什么时候会使用人类学、哲学的知识了。当然,对“唯学科化”研究进路的路径依赖,是我们当下人文社会科学研究领域所面临的一个现实困境,关于此问题,笔者受专业知识所囿,在此无法展开进一步的论述。然而,揆诸西方人文社会科学领域的基本学术系谱,特别是为国内学术界耳熟能详的一些西方学者,如马克思(Karl Marx)、波斯纳(Richard A. Posner)、哈耶克(Friedrich August von Hayek)、福柯(Michel Foucault)等,我们会发现,很难给他们套上某一学科领域的“学家”的帽子。同理,格拉克曼作为一位在西方学术界从事知识生产的学者,其所研究的问题涉及法学、历史学、人类学、政治学等各个领域,且在实践中其往往都是习惯于将传统意义上的不同学科交叉使用从而来展开问题的分析。换言之,笔者于此之所以对格拉克曼的学术身份、地位作出这样的定位,主要是出于他对传统的法学、人类学的知识增量方面所做出的贡献而言的。

类学界,至今对其还未予以系统的关注。[①] 格拉克曼将部落社会司法过程视为一部简短的"法律史",在此过程中,法学的理论、方法与技术相继"登场",若要全面把握这部"法律史"的属性,就需要深入部落社会司法过程之中,借由经验观察与理论分析的双重视角,厘清它的发生、发展与结束的逻辑和规律。可以说,格拉克曼对部落社会司法过程的"法律史"研究,是运用人类学范式研究"法律史"的典范。所以,厘清格拉克曼部落社会司法过程学术思想的形成过程、主要内容、内在缺陷与现代启示,对我们思考法律史的人类学范式建构问题具有重要的理论与实践意义。

首先,有助于进一步扩大中国的法律史研究场域的方法论范围。在中国从事传统法律史研究的学者,无论是致力于中国法制史、中国法律思想史研究,还是外国法制史、外国法律思想史研究,因为受到中华传统法律文化的影响,或是习惯于从制度到制度、从法典到法典,继而展开一种"法律"文本上的纯理论研究,此种方法可被视为"制度史研究方法";[②]或是习惯于从不同国家、民族的整体性法律文明特征、法律体系结构、代表性法典的主要内容等方面展开"宏观"的比较法律文化研究,此种方法可被视为"文化比较研究方法"。[③] 无论是"制度史研究方法",还是"文化比较研究方法",其都是明显的"史学风格"的研究方法,由此,让作为法学分支学科的法律史难以实现为部门法贡献法学知识的任务。

通过对格拉克曼部落社会司法过程学术思想的梳理,可以发现,他坚持"一切实际引证材料皆有可靠来源"[④]的马克思主义科学方法,以人类学提倡且擅长的微观视角,就非洲赞比亚巴罗策部落社会的司法过程与盎格鲁—美国法庭的司法过程展开了全面比较,这种微观与具体的人类学研究方法,对于我们从事法律史研究的学者来说,是对传统制度史研究方法与

---

① 虽有学者对格拉克曼的法律人类学思想进行了研究,但并未将关注的焦点放在格拉克曼部落社会司法过程学术思想中的"法律史范式"领域。参见王秋俊:《格拉克曼法律人类学思想研究》,人民出版社 2017 年版。

② 制度史研究方法,是法律史研究的经典方法与传统方法,它受"法与国家密不可分"的马克思主义法学理念影响,将由国家制定、认可、实施的各种法律制度作为法的最重要与最核心的表现形式。制度史研究方法固然可以呈现国家法的历史演进过程与规律,却忽略了"非国家法"的客观存在。参见李惠国主编:《社会科学新方法大系》,重庆出版社 1995 年版,第 717~718 页。

③ 由于文化的概念相对较为宽泛,举凡与"器物""观念""思想""制度"有关的一切法律现象均可纳入"法律文化"的范畴,这也致使"文化比较方法"过于空洞,无法针对具体法律问题,提出具有"局地"(local)经验的解决方案。关于文化比较方法的主要内容与一般类型,可参见林坚:《人文大师:奠基性研究与创新方法》,中国科学技术出版社 2012 年版,第 442~446 页。

④ 参见马克思、恩格斯:《马克思恩格斯全集》(第 21 卷),中共中央马克思恩格斯列宁斯大林著作编译局译,人民出版社 2003 年版,第 311 页。

文化比较研究方法的突破和创新，它让问题显现得更为具体，让解决问题的逻辑呈现得更为清晰。此外，格拉克曼所开创的“社会情境分析法”（the analysis of social situation）和“扩展案例分析法”（the extended case method），对于我们把握史料与“历史真相”之间的关系及传统司法实践与当前司法实践之间的联系，有着重要的参考与借鉴意义。

其次，有助于中国场域法律史研究的知识总量的增进。法律史作为一门知识体系，其离不开从事法律史研究的知识分子群体的努力。近百年来，中国场域的法律史研究一直受西方法学与历史学意义上的理论、方法与技术传统的支配，中国场域法律史的知识秩序基本就是现代西方法学、历史学的交叉学科知识格局，其所研究的问题大多是从西方社会发展过程中开放出来的。比如，古代法在不同类型的社会，其演进过程是否有规律可循？古代法的变迁过程对社会历史的总体经济、政治、文化背景有何依赖？古代法学意义上的公法与私法、权力与权利的基本内涵是什么？外延是什么？诸如此类，如果放置中国场域的法律史研究实践中，必然会出现类似中国古代究竟有没有“法”的争论。① 于此，熟悉西方法学知识体系的学者往往会“习惯于”对此概念进行历史学的知识追溯，不断尝试着从中国的传统文献中找出“法”的最早出处，而后，再通过“科学”意义上的“知识考古”，②最终得出中国古代即存在“法”概念的结论。事实上，从哲学层面审视，早在该“考古”过程的一开始，知识就失去了科学的“词”对“物”③的建构的正当性基础。因为，这根本就是两种文化在“各说各话”，实乃有

---

① 类似的争论，在部门法中也存在。以“所有权”概念为例，其渊源可以追溯至罗马法。不过，“所有权”在罗马法律史上不是一成不变的，而是经历了从“早期的氏族集体支配权”至“市民所有权”，再至同时具有“归属”与“权能”特质的演变。参见汪洋：《罗马法“所有权”概念的演进及其对两大法系所有权制度的影响》，载《环球法律评论》2012 年第 4 期。与此种历史主义分析进路不同，有学者借用实证主义分析方法，发现《民法大全》里根本就无法找到有关“所有权”的清晰阐释，其仅是被理解为“此物是我的”。参见冯卓慧：《唐代民事法律制度研究——帛书、敦煌文献及律令所见》，商务印书馆 2014 年版，第 32 页。

② “知识考古”这个术语近些年来在国内法学界颇受欢迎，它源自法国思想家福柯（Michel Foucault）所著的《知识考古学》。福柯运用考古学或者说系谱学方法的目的，在于揭示人们所习以为常的“知识”“常识”是如何被人为地建构起来的。从本质上来说，“知识考古”也是一种历史学方法，但是相较于纯粹的历史学方法而言，“知识考古”更为关注“关系”的“层次感”，即通过一层一层地梳理“关系”来勾勒“知识”“常识”的微观形成过程。参见葛兆光：《思想史研究课堂讲录：视野、角度与方法》（增订版），生活 · 读书 · 新知三联书店出版社 2019 年版，第 51～52 页。

③ 在福柯看来，“词”是一种内在的结构，“物”是一种外在的现象，不同的“词”与“物”之间的联系会形成不同的“认识型”，具体可参见［法］米歇尔 · 福柯：《词与物：人文科学的考古学》，莫伟民译，上海三联书店出版社 2016 年版。当然，“词”与“物”之间并不必然是先验地一一对应的，二者在排列与组合的过程中随时都会受到人的思想动机与目的的影响。

点“关公战秦琼”。[1] 不仅如此，从格拉克曼部落社会司法过程的学术思想谱系中，还可以发现，法律知识的生成离不开特定的社会背景。格拉克曼对部落社会司法过程中法官与当事人所运用的法律概念与术语的实证分析，为我们厘清了不同类型社会秩序中法律概念与术语的理解进路、论证了法律概念与术语的“模糊性”所具有的实践意义，由此，它会“逼迫”我们从事法律史研究的学者，自觉地去思考中国历史场域的法律概念与术语可否“字面翻译”的问题。比如，中国古代究竟存不存在民法？如果说存在，究竟是基于揣测，还是实践？这对所有从事严肃的法律史学术研究的学者来说，必须在从事该研究的一开始，就应有所说明，否则便无法就古代民法的本体论问题展开系统讨论。

最后，有助于摆脱中国场域法律史乃至法学研究中的“法条主义”思维定式。当下中国法学研究中，主要是在刑法、民法、诉讼法、行政法和知识产权法等部门法的法律史研究过程中，逐渐形成了一种法律专业技术的力量……在中国法学界，这种努力被俗称为“法条主义”。[2] 法条主义者坚信，对法律条文本身的细致建构可以避免法律的不准确与不稳定，其对法律所采用的方式主要是描述的、分析的、解释的，他们关注的是法律的实然状态，忽略法律的应然状态，极力强调法律与道德的两分，法律就是法律，道德就是道德。[3] 一旦这种思维定式不断稳住了“根基”，势必会导致法律对道德、伦理、历史、文化、经济等的排斥。通过对法律史学家梅因（Henry Sumner Maine）的经典作品，特别是其《古代法》一书的研读，我们会明了，法律史研究必然不能完全以成文法为中心，其必须要关注社会生活中的诸多“法律现象”（jural phenomena）。[4] 针对这一点，格拉克曼在其部落社会司法过程的“法律史”探究中表现得非常明显。在格拉克曼看

---

① 参见徐忠明：《中国法律史研究的可能前景：超越西方，回归本土？》，载《政法论坛》2006 年第 1 期。

② 笔者此处借用了邓正来对于中国法学研究中的主要进路的知识表述，特此说明。参见邓正来：《中国法学向何处去（上）——建构“中国法律理想图景”时代的论纲》，载《政法论坛》2005 年第 1 期。

③ 在国内法学界，法条主义很容易被学者误解为法教义学。因此，厘清二者的区别是至关重要的，有关于此的代表性研究，可参见雷磊：《什么是法教义学？——基于 19 世纪以后德国学说史的简要考察》，载《法制与社会发展》2018 年第 4 期。

④ 早在一百多年前，梅因即指出，“虽然，为世界所知晓的法学都是从法典开始的，而后又是以法典结束的，但揆诸法律史，罗马的《十二铜表法》并不是最早的我们能够从法律史中所能知晓的法典，因此，研究法律不能自法典（Code）处起始，因为在这些法典的背后，存在诸多的法律现象，这些诸多的现象在时间上是发生在法典之前的”。See Henry Sumner Maine, *Ancient Law: Its Connection with the Early History of Society and Its Relation to Modern Ideas*, New York: Henry Holt and Company, 1906, p. 1-2.

来，成文的法律规则固然非常重要，但是，他同时也强调，在部落社会司法过程中，法官所实际援引的“法律”渊源极为多样，不仅有成文法，还有道德、习惯、先例等，①并且，他还发现，在巴罗策部落社会的司法实践中，相较于成文法（主要是巴罗策国王制定的法律及英国殖民当局制定的相关法律），习惯才是其最为重要的法律渊源，而如何把握“习惯”的真正含义，就需要深入理解诉讼发生地的社会结构，挖掘出其间所存在与隐藏着的各种事实与关系。此外，以格拉克曼部落社会司法过程学术思想为实证考察对象，探究法律史的研究范式，特别是通过对他的部落社会法官的司法逻辑、司法技术等学术思想观点的条分缕析，会让我们在一种“田野”的场域中，感受到没有或者说很少有成文法的部落社会秩序的生成与维续模式，更让我们理解到法律的知识与秩序不只源于对法条主义思维的精思巧构及对法典中的条文所进行的历史主义的“爬梳剔抉”，法典之后的法律现象与社会现象同样值得我们从事法律史研究的学者投入精力。

综上所述，基于格拉克曼部落社会司法过程学术思想的分析，来探究法律史研究范式问题，具有重要的理论意义和深刻的实践意义，其不仅让我们在历史的时光隧道中感受到“以人为中心”的法律、知识、方法、秩序是如何被有机串联在一起的。更重要的是，格拉克曼通过自己的田野调查，让我们真切地感受到了生活秩序中的法律规则、原则、价值所先天性地秉具的种种实践理性的特质。他那具有历史与时代责任感的学术精神及对法律人类学场域的方法论、知识论贡献，无疑是我们在中国从事法律史研究应该“利用”的思想宝库，也是我们推进中国的法律史乃至中国法学范式创新的知识增量的动力与补给。

第二节 文献综述与研究方法

一、文献综述

笔者通过检索相关文献发现，西方学术界有关格拉克曼学术思想的研

---

① 早期的罗马法将妇女、小孩、奴隶等都视为可以任意处置的“财产”，但是随着斯多葛学派自然法观念逐渐渗透至罗马法，那些奴隶、妇女们的地位渐渐得到了提高。从内容构成方面看，罗马法既包括了成文法，也包括了不成文法，而成文法主要是由国民会议制定的法令、帝国法典、法学家的书面意见等组成。公元前 1 世纪末，奥古斯特给予几位法学家以解释法律的权力，并同时承认他们著作中的观点的法律效力，自此之后，法学家的解答，便成了罗马法的重要渊源，在格拉克曼从事田野调查的巴罗策部落社会，并不存在法学家与专业的律师群体，因此，其司法过程中见不到这样的法律渊源。See Suri Ratnapala, *Jurisprudence*, Cambridge: Cambridge University Press, 2009, p. 135.

究资料还是较为丰富的。① 就近些年笔者搜集到的资料来看，在欧洲地区，从事格拉克曼学术思想研究的学者主要分布于英国、荷兰、德国、法国、挪威、意大利、波兰等国，他们/她们大多是从社会人类学、政治人类学视角对格拉克曼的学术思想展开研究。② 在亚洲地区，对格拉克曼的学术思想有所研究的主要是来自以色列、日本、印度等国的学者，特别是以色列的学者，对格拉克曼的人类学、法学思想的研究具有一定的深度及创见性。③ 在美洲地区，主要有美国、加拿大、巴西等国的学者，其中以美国和加拿大的学者的研究最为专业，他们基本都是以格拉克曼的法律人类学思想为中心来展开研究。④ 在非洲地区，对于格拉克曼的学术思想有所研究的，主要是来自南非、赞比亚、尼日利亚等国的学者，其代表人物如赞比亚大学历史学教授麦克米兰（Hugh Macmillan）。⑤ 另外，大洋洲的澳大利亚、新西兰等国也有一些学者对格拉克曼的学术思想有所研究，其代表人物是拉筹伯大学

---

① 一直以来，西方学术界对于法律人类学的认识始终存在着两种取向：一种是将法律人类学视为文化人类学（cultural anthropology）或者社会人类学（social anthropology）的分支学科；另一种是将法律人类学视为法学的方法论实践。践行前一取向的学者主要是人类学家，践行后一取向的主要是法学家。虽然格拉克曼的学术身份经常被标为"法律人类学家""比较法学家""社会人类学家"，但其学术研究所涉学科范围却远不止法学、人类学、社会学。在历史学与政治学领域，他也做了诸多深入探索，并产生了一定影响。所以，在研究文献综述部分，笔者将秉持"整体主义视角"，坚持以"问题"为中心原则，对所有人文社会科学研究中关涉其学术思想的研究成果都予以整理与讨论。

② 例如，挪威卑尔根大学社会人类学教授卡普菲尔（Bruce Kapferer）、牛津大学人类学教授利奇（Edmund Ronald Leach）、伦敦经济学院人类学教授弗思（Raymond Firth）等，均针对格拉克曼的学术思想发表过相关论文，具体可参见 Raymond Firth, "Max Gluckman, 1911－1975", *Proceedings of the British Academy*, Vol. 61, 1975; Bruce Kapferer, "Situations, Crisis, and the Anthropology of the Concrete: The Contribution of Max Gluckman", *Social Analysis: The International Journal of Social and Cultural Practice*, Vol. 49, No. 3, 2005; Edmund Leach, *Custom, Law and Terrorist Violence*, Edinburgh: Edinburgh University Press, 1977。

③ 例如，特拉维夫大学的邵克特（Moshe Shokeid）教授，曾在曼彻斯特大学跟随格拉克曼攻读博士学位。1968年，邵克特在获得博士学位后便回到以色列，他不仅继承、吸收了格拉克曼的学术思想，还将格拉克曼的学术思想介绍到了以色列的社会人类学的发展实践中，可参见 Moshe Shokeid, "Commitment and Contextual Study in Anthropology", *Cultural Anthropology*, Vol. 7, No. 4, 1992。

④ 如哈佛大学法学院教授穆尔（Sally Falk Moore）、加州大学伯克利分校人类学教授纳德尔（Laura Nader）、纽约大学法律人类学教授梅莉（Sally Engle Merry）、内布拉斯加大学人类学教授乔登（Robert J. Gordon）等，可参见 Sally Falk Moore, *Law as Process: An Anthropological Approach*, London: Routledge & Kegan Paul, 1978; Laura Nader, "The Anthropology Study of Law", *American Anthropologist*, Vol. 67, No. 6, 1965; Robert J. Gordon, *The Enigma of Max Gluckman: The Ethnographic Life of a "Luckyman" in Africa*, Lincoln: University of Nebraska Press, 2018。

⑤ See Hugh Macmillan, "Return to the Malungwana Drift—Max Gluckman, the Zulu Nation and the Common Society", *African Affairs*, Vol. 94, No. 374, 1995.

人类学与社会学教授考克斯(Paul Cocks)。①

总的来看,学术界,特别是欧洲与美洲学术界,对于格拉克曼的学术思想是极为关注的,然而聚焦于格拉克曼部落社会司法过程学术思想的专门研究则要少了很多。有关于此,笔者从如下四个方面展开论述:

第一,关于格拉克曼部落社会司法过程法律本体论思想的研究。比如,有学者就格拉克曼在部落社会司法过程研究中使用的"理性人"(reasonable man)概念进行了系统梳理,发现他有着使简单法学/法律概念复杂化的倾向。② 有学者就格拉克曼在部落社会司法过程研究中使用西方英语的法律概念与术语的原因进行了研究,认为格拉克曼之所以如此,源于其所担负的历史与政治使命。③ 有学者经研究认为,格拉克曼对部落社会司法过程中法官所运用的法律概念与术语的分析,不仅是一种严重"扭曲"词义的行为,而且还背离了人类学家的"中立性"学术立场。④ 有学者在对非洲部落司法裁决的研究过程中,发现格拉克曼对巴罗策洛兹部落司法过程中的法律概念与术语的分析,存在明显的"自我"与"他者"的混淆,亦即格拉克曼对部落社会司法过程中的法律概念与术语的认知,体现的是格拉克曼自己有关部落社会的法律体系的观点,而不是部落社会族群对其自身法律体系的观点。⑤ 有学者就格拉克曼所呈现的部落社会司法过程与西方社会司法过程的"相似性"的实质展开了探究,认为这种类似哲学意义上的"雨伞"与"黑板"的比较,并不能客观反映法律比较的价值与意义。⑥

第二,关于格拉克曼部落社会司法过程法律发现论思想的研究。比如,有学者就格拉克曼所探究的部落社会司法过程中可以发现的法律渊源的种类,与西方社会司法过程中可以发现的法律渊源的种类进行了比较研究,认为格拉克曼提到的部落社会法官在司法过程中发现的"习惯",与西

---

① See Paul Cocks, "Max Gluckman and the Critique of Segregation in South Africa Anthropology, 1921-1940", *Journal of South African Studies*, Vol. 27, No. 4, 2001.

② See T. H. Marshall, "Gluckman on the Judicial Process of the Barotse", *The British Journal of Sociology*, Vol. 6, No. 4, 1955.

③ See Sally Falk Moore, "Law and Anthropology", *Biennial Review of Anthropology*, Vol. 6, 1969.

④ See Sally Folk Moore, "Certainties Undone: Fifty Turbulent Years of Legal Anthropology, 1949-1999", *The Journal of the Royal Anthropological Institute*, Vol. 7, No. 1, 2001.

⑤ See Paul Bohannan, *Justice and Judgment Among the Tiv*, New York: Oxford University Press, 1957, p. 57.

⑥ See James G. March, "Sociological Jurisprudence Revisted, A Review (More or Less) of Max Gluckman", *Stanford Law Review*, Vol. 8, No. 3, 1956.

方社会司法过程中可被法官发现的“习惯”存在“文化适用场域”的明显差异。[①] 有学者在全面揭示格拉克曼有关部落社会司法过程中的法律渊源的思想观点基础上，就部落社会族群成员能发现并厘清这些不同法律渊源之间的区别作了人类学考察。[②] 有学者就格拉克曼所表达的“部落社会法官不太善于发现先例、援引先例来作为裁决依据”的观点予以了反驳，强调格拉克曼对法官援引“先例”的过程性揭示，忽略了司法运作中的“权力”要素。[③]

第三，关于格拉克曼部落社会司法过程法律方法论思想的研究。比如，有学者对格拉克曼创设并提倡的“社会情境分析法”进行了探究，认为它极大地推进了法学、人类学、历史学与经济学等人文社会科学的方法论创新。[④] 有学者对格拉克曼“社会情境分析法”的创设原因进行了研究，认为它离不开对马林诺夫斯基“文化接触”观点的批判。[⑤] 有学者就格拉克曼的“扩展案例分析法”在法律场域的适用效果进行了研究，强调应将此方法作为一种标准的法律人类学方法，从而广泛运用于一系列具体法律问题的分析之中。[⑥] 有学者对格拉克曼创设的“社会情境分析法”与“扩展案例分析法”之间的区别进行了研究，认为两种方法虽然在形式上有所区别，但在本质上却存在紧密的意义关联。[⑦]

第四，关于格拉克曼部落社会司法过程学术思想的评析。格列佛(Philip H. Gulliver)主编的《寻根问底：马克斯·格拉克曼纪念文集》，共收集了八位当时最为顶尖的法学、人类学学者对格拉克曼的思想评论的文章，该书中所讨论的观点基本都关涉格拉克曼的部落社会司法过程学术思

---

① See Geoffrey MacCormack, “Professor Gluckman's Contribution to Legal Theory”, *The Juridical Review*, 1976.

② See T. H. Marshall, “Gluckman on the Judicial Process of the Barotse”, *The British Journal of Sociology*, Vol. 6, No. 4, 1955.

③ See E. Adamson Hoebel, “Three Studies in African Law”, *Stanford Law Review*, Vol. 13, No. 2, 1961.

④ See J. Van Velsen, “The Extended-case Method and Situation Analysis”, in A. L. Epstein ed., *The Craft of Social Anthropology*, London: Tavistock Publications, 1967, p. 129-149.

⑤ See Chris Wingfield, “Photographing ‘The Bridge’: Product and Process in the Analysis of a Social Situation in Non-Modern Zululand”, in Richard Vokes, ed., *Photography in Africa*, Suffolk: James Currey, 2012, p. 56-78.

⑥ See A. L. Epstein, “The Case Method in the Law Field”, in A. L. Epstein ed., *The Craft of Social Anthropology*, London: Tavistock Publications, 1967, p. 205-230.

⑦ See Ulf Hannerz, *Anthropology's World: Life in a Twenty-First Century Discipline*, London: Pluto Press, 2010, p. 145-151.

想。[①] 弗兰肯伯格（Ronald Frankenberg）主编的《英国社会的冲突与习惯》，共收集了十二篇由格拉克曼的同事、学生所撰写的论文。这是一本对格拉克曼部落社会司法过程学术思想充分阐释的论文集，书中的各位作者都在不同程度上对格拉克曼的部落社会司法过程学术思想进行了介绍，[②] 如麦肯齐（W. J. M. Mackenzie）在《文本中的骑士：一个过往的学术帝国》一文中，对格拉克曼有关部落社会司法过程中的法律史、比较法思想进行了详细阐释。[③] 阿罗诺夫（Myron J. Aronoff）主编的《自由与限制：一份对马克斯·格拉克曼有纪念意义的礼物》，共收录了八位格拉克曼的同事、学生写的论文，这些文章不仅描述了格拉克曼部落社会司法过程学术思想的深度与广度，更介绍了他对世界学术发展所做出的贡献。[④] 此外，艾伯特（Ethel M. Albert）、菲利普斯（Arthur Phillips）、戴梦得（A. S. Diamond）、斯顿普（Samuel Enoch Stumpf）、安德森（J. N. D. Anderson）、霍贝尔（E. Adamson Hoebel）、梅尔（L. P. Mair）、格列佛（P. H. Gulliver）、金（B. E. King）等学者，针对格拉克曼的经典法律人类学著作《北罗德西亚巴罗策的司法过程》一书所撰写的书评，[⑤] 均涉及对格拉克曼部落社会司法过程学

---

① See P. H. Gulliver, *Cross Examinations: Essays in Memory of Max Gluckman*, Leiden: E. J. Brill, 1978.

② See Ronald Frankenberg, *Custom and Conflict in British Society*, Manchester: Manchester University Press, 1982.

③ See W. J. M. Mackenzie, "The Knights of the Textbooks: A Past Academic Empire", in Ronald Frankenberg ed., *Custom and Conflict in British Society*, Manchester University Press, 1982, pp. 36-47.

④ See Myron J. Aronoff, *Freedom and Constraint: A Memorial Tribute to Max Gluckman*, Amsterdam: Royal Van Gorcum, 1976.

⑤ 具体可参见 Ethel M. Albert, "Review: The Judicial Process among the Barotse of Northern Rhodesia by Max Gluckman", *American Anthropologist*, Vol. 61, No. 2, 1959; Arthur Phillips, "Review: The Judicial Process among the Barotse of Northern Rhodesia by Max Gluckman", *African Affairs*, Vol. 54, No. 216, 1955; A. S. Diamond, "Review: The Judicial Process among the Barotse of Northern Rhodesia by Max Gluckman", *The International and Comparative Law Quarterly*, Vol. 5, No. 4, 1956; Samuel Enoch Stumpf, "Review: The Judicial Process among the Barotse of Northern Rhodesia by Max Gluckman", *Harvard Law Review*, Vol. 69, No. 4, 1956; J. N. D, Anderson. "Review: The Judicial Process among the Barotse of Northern Rhodesia by Max Gluckman", *The Modern Law Review*, Vol. 18, No. 6, 1955; E. Adamson Hoebel, "Review: The Judicial Process among the Barotse of Northern Rhodesia by Max Gluckman", *The University of Chicago Law Review*, Vol. 23, No. 3, 1956; L. P. Mair, "Review: The Judicial Process among the Barotse of Northern Rhodesia by Max Gluckman", *International Affairs*, Vol. 31, No. 4, 1955; P. H. Gulliver, "Review: The Judicial Process among the Barotse of Northern Rhodesia by Max Gluckman", *Man* (*New Series*), Vol. 2, No. 3, 1967; B. E. King, "Review: The Judicial Process among the Barotse of Northern Rhodesia by Max Gluckman", *Social and Economic Studies*, Vol. 6, No. 1, 1957。

术思想的整体性评析。

相较于国外学界对格拉克曼学术思想的关注，国内学界对格拉克曼及其学术思想都关注甚少。因为，学科意义上的法律人类学，直到20世纪90年代初期，才开始真正被介绍到中国学术界。① 一开始主要是在人类学界，它被视为文化/社会人类学的分支学科，而后才慢慢渗透至法学界。近三十年来，相较于马林诺夫斯基、霍贝尔、穆尔等学者的法律人类学理论学说和研究方法在国内备受关注，格拉克曼的"学术热度"一直不高。虽然也有格拉克曼法律人类学、社会人类学与政治人类学的研究成果问世，但专门集中于讨论他的部落社会司法过程学术思想的专著与论文则极为少见。就笔者目前搜集到的有限文献来看，国内学者对格拉克曼部落社会司法过程学术思想所作的思考、研究主要围绕两个进路展开：

第一，文化主义进路。比如，张冠梓主编的《法律人类学：名家与名著》，主要是从部落社会文化的视角，对格拉克曼的法律人类学本体论与方法论观点进行了简要介绍。② 另一本由张冠梓主编的《多向度的法：与当代法律人类学家谈话》，主要是作者在国外访学期间对部分西方知名法律人类学家所做的访谈，在对梅莉（Sally Engle Merry）、穆尔（Sally Falk Moore）、纳德尔（Laura Nader）、波斯皮斯尔（Leopold Jaroslav Pospisil）等访谈中，其都简单提及了格拉克曼的法律人类学方法论思想，特别是"社会情境分析法""扩展案例分析法"，以及它们对法律人类学的范式更新的意义。③ 此外，一些借由文化主义进路展开"法律人类学"研究的学者，如赵旭东、王铭铭、朱晓阳、高丙中、林叶等，④其相关研究成果中虽然或是提到了格拉克曼部落社会司法过程学术思想的主要内容，或是运用格拉克曼在其部落社会司法过程探究中倡言的方法论来分析中国人类学问题，但都没有对格拉克曼的部落社会司法过程学术思想展开深入剖析。

第二，规范主义进路。比如，王伟臣的《英美法律人类学的困境：格卢

① 有学者对改革开放以来法律人类学在我国的发展历程做了研究，可参见周星：《死给你看——对一类自杀现象的法人类学研究》，巨流图书有限公司2020年版，第365~371页。

② 参见张冠梓：《法律人类学：名家与名著》，山东人民出版社2011年版，第295~306页。

③ 参见张冠梓：《多向度的法：与当代法律人类学家对话》，法律出版社2012年版，第137~248页。

④ 参见赵旭东：《法律与文化：法律人类学研究与中国经验》，北京大学出版社2011年版；王铭铭：《从"礼治秩序"看法律人类学及其问题》，载《西北民族研究》2009年第4期；高丙中、章邵增：《以法律多元为基础的民族志研究》，载《中国社会科学》2005年第5期；朱晓阳：《面向"法律的语言混乱"——从社会与文化人类学视角》，中央民族大学出版社2008年版；林叶：《拆"穿"的家庭：住居史、再分家与边界之争——货币化征迁的伦理政治化》，载《社会》2020年第6期。

克曼与博安南之争》一书,以 20 世纪五六十年代英美法律人类学的知识论题为背景,借由两种不同的“规范”表达形式,系统探究了格拉克曼与博安南就法律人类学知识谱系中的“民俗体系”与“分析体系”问题展开争论的缘由及过程。① 王秋俊的《格拉克曼法律人类学思想研究》,则是从部落社会的规范视角出发,对格拉克曼的法律人类学观念与方法等思想进行了研究。②

纵观既有研究,其存在如下三个明显缺陷:一是注重对格拉克曼学术思想展开整体性研究,忽略对格拉克曼学术思想展开具体且深入的专业研究;二是既有研究大都集中在英美学界,表达的是英美法学界与人类学界的叙事风格甚至叙事模式,无法体现中国学者的知识追求与学术关怀;三是对格拉克曼部落社会司法过程学术思想的有意或无意“遗忘”,阻碍了法学与人类学、历史学的更深层次的“对话”与“合作”。若要克服这些缺陷,不仅需要全面厘清格拉克曼部落社会司法过程学术思想的形成与发展过程,还要就其呈现形式与内在缺陷予以系统揭示,唯有此才能进一步反思中国场域的法律史范式建构问题。

二、研究方法

研究方法既是研究的一种手段、方式,亦是研究的具体技术。当前我国场域的法律史研究,特别是中国法律制度史研究,通常都是以“现实材料(史料)”为分析对象,接着再从中抽象、归纳出需要的法律知识。这种方法无论是否具有“科学性”,总归是一种典型的历史学方法,距离法学/社会科学方法要求的“实践面相”相距甚远。虽然本书主要是笔者基于格拉克曼部落社会司法过程学术思想的分析来讨论法律史研究范式,但是,如前所述,并不是遵循严格的“历史—时间”顺序来展开,而是拟从“现实—问题”中来展开,因此,这就需要笔者在本书的论证过程中采用不同的研究方法。③

第一,知识社会学方法。所有思想都与思想据以产生的社会历史条件相联系,因此,其必然受到社会历史条件的影响。知识社会学的方法强调

---

① 参见王伟臣:《英美法律人类学的困境:格卢克曼与博安南之争》,商务印书馆 2013 年版。

② 参见王秋俊:《格拉克曼法律人类学思想研究》,人民出版社 2017 年版。

③ 如前所述,法学要获得新的发展,必然离不开对于新材料、新方法的发掘与利用。在笔者看来,秉持“问题意识”或者说与社会现实关系密切的“问题意识”,是避免法律史研究沦落为一门“虚学”的重要路径。因此,在本书中,笔者将始终以格拉克曼所思考的部落社会司法过程中的“问题”为中心,而不是以格拉克曼某个部落社会司法过程学术思想观点的“历史演进”为中心。

将思想、观点作为一种知识,并按照社会学的方法来对其展开研究。具体言之,在本书中,笔者拟将格拉克曼在部落社会司法过程的研究中所表现出的学术思想作为一门知识,继而来考察格拉克曼是如何创造出这些知识的?这些知识体系的内在逻辑如何?有无缺陷?格拉克曼所创造的这套知识体系是如何借助于“社会”这一“媒介”来传播与拓展的?最终,借由这套知识体系的形塑过程,来系统反思法律史研究范式的建构问题。

第二,历史分析方法。一切社会现象都有其产生、发展的动态性过程,这就是所谓的历史。马克思说:“历史不过是追求着自己目的的人的活动而已。”①人活在历史中,思想在历史中得到体现,或者说思想本身就是历史。② 格拉克曼部落社会司法过程学术思想的形成也有其缘由与过程,一旦离开了历史主义的分析进路,其学术思想本身就无从建构了。在本书中,笔者使用的历史分析法,并不局限于对格拉克曼部落社会司法过程学术思想产生的条件、背景、原因等展开历史分析,而是借由历史分析,进一步发现并抽象出其间存在的“矛盾”,即格拉克曼在部落社会司法过程学术思想的知识体系建构过程中,存在哪些矛盾(如理论与实践、身份与学术等)?这些矛盾是如何影响他的部落社会司法过程学术思想的知识体系的形塑的?更进一步来说,这些矛盾又是如何被历史性地“消解”的?其实,格拉克曼作为一位继马林诺夫斯基之后,英国现代法律人类学第二代学者中的领军人物,他对历史方法或者历史主义的强调远远超过前一代学者。因此,笔者在梳理格拉克曼部落社会司法过程学术思想时,也会借用格拉克曼所使用的历史分析方法。

第三,比较分析方法。早在18世纪,孟德斯鸠即以一种比较法律文化的视角来梳理法律的“精神”③所在,从而得出法律文化“局地性”(local)特质的结论。④ 而后梅因通过对雅利安民族的各个支系的法律做比较,最终

---

① 参见马克思、恩格斯:《马克思恩格斯全集》(第2卷),中共中央马克思恩格斯列宁斯大林著作编译局译,人民出版社1957年版,第118~119页。

② 英国历史学家柯林伍德(Robin George Collingwood)认为,历史,所关注的并不是社会现象,而是隐藏在社会现象背后的思想。换言之,历史,本质上就是思想史。参见[英]柯林伍德:《历史的观念》,何兆武、张文杰译,商务印书馆1997年版,第302~303页。

③ 笔者认为,孟德斯鸠所使用的“精神”与美国法人类学家吉尔兹(Clifford Geertz)所强调的“感知”(sensibility),在意义上较为接近。有关吉尔兹对“法律感知”(legal sensibility)的系统分析,可参见 Clifford Geertz, *Local Knowledge: Further Essays in Interpretive Anthropology*, New York: Basic Books, 1983, p. 184-234。

④ 参见[法]孟德斯鸠:《论法的精神》(上册),张雁深译,商务印书馆1961年版,第6页。

归纳出了法律进化的一般性“公式”。[①] 几个世纪以来，比较分析的方法不仅在法学界，就是在其他社会科学界都被不断运用着。然而，需要注意的是，作为一门成熟的学科，法律人类学自萌芽、发展到成熟，始终都是以“比较”作为其方法论中心。这一点，在格拉克曼的学术理论中亦表现得很明显。他在从事部落社会司法过程的研究中，即将其与现代西方文明社会，主要是大法官卡多佐（Benjamin Nathan Cardozo）意义上的盎格鲁—美国的司法过程做比较。因此，在本书中，笔者将循沿格拉克曼的这种研究“习惯”，借由比较的方法来展开其部落社会司法过程学术思想的论述与分析。在此，特别需要申明的是，格拉克曼在其学术研究的道路上，或者说在部落社会司法过程学术思想的建构过程中，最大的比较对象便是马林诺夫斯基。[②] 早在格拉克曼的青年时代，他便将马林诺夫斯基视为其学术道路上的“精神与智识偶像”。与此同时，超越马林诺夫斯基，则是他在从事部落社会司法过程研究中不断展现出来的学术抱负。比如，关于法律人类学的研究方法，他便创造性地提出了“情境分析法”以与马林诺夫斯基所提倡的“文化接触”的方法形成对比。此外，到 20 世纪 50 年代后期，随着格拉克曼在世界范围内的学术影响不断扩大，美国知名法律人类学家博安南（Paul Bohannan）开始“挑战”他的一些思想学说，特别是关于“比较法律文化视角下，法律术语如何翻译”的问题，他们之间发生了一些争论，因此，对于他们二人各自秉持的学术立场的比较也是本书所必须提及的，而其中就必须要使用比较分析的方法。

第三节　基本概念诠释

为了能更好地让笔者的诸多观点得以明晰地阐释，在对格拉克曼部落社会司法过程学术思想进行具体、深入地讨论之前，有必要对一些较为重要且在中国法学界，特别是法律史学界不太常见或比较容易引起争议的概念做一番界定，这些概念主要包括“范式”“法律人类学”“部落社会”“司法

---

① 这个公式在国内法学界已广为人知，即“所有社会的进步运动，到现在为止，是一个从身份到契约的运动”。有关梅因对此“公式”的论证过程，可参见 Henry Sumner Maine, *Ancient Law: Its Connection with the Early History of Society and Its Relation to Modern Ideas*, New York: Henry Holt and Company, 1906, p. 109–165。

② 此外，如何以梅因有关古代法的知识为渊源，扩展自己的部落法学知识体系，一直也是格拉克曼的学术抱负。因此，我们也可以说，梅因始终也是格拉克曼所设置的一个学术比较对象。只是，格拉克曼对梅因的学术观点更多的是“借鉴”与“论证”，而不是像对马林诺夫斯基的学术观点那样展开激烈的批判。

过程”等。

一、范式

按照学术界通说,“范式”(paradigm)最早来源于库恩(Thomas Kuhn)1962年初次出版(1970年第二版,1996年第三版)的《科学革命的结构》一书。① 在该书中,库恩强调,科学的发展并非杂乱无章,而是循沿着一定的模式,这种模式就是“规律”,其具体表现为从前范式科学阶段,到常规科学阶段,到反常或危机阶段,到科学革命阶段,再到新的常规科学阶段的演进过程。② 虽然库恩将“范式”解释为“模式”,并将“模式”的实践形式概括为“规律”,但其并没有对“范式”作本体论意义上的界定。在其著作中,能够找到的有关“范式”的直接表述是,“‘范式’,是成熟的科学学术共同体,在特定时段内普遍认可的研究方法、问题场域(problem-field),以及问题解决标准的渊源”,③如此表述,不仅没有给予“范式”确定性的定义,反而为该概念的“开放性”提供了“注脚”。其实,库恩写作《科学革命的结构》一书的目的,并不在于揭示并论证“范式”的概念,而是厘清科学革命的本质。从思想史的视角来看,库恩对“范式”的解读,也存在模棱两可,甚至可以说,他自己也无法给出“范式”的精确定义。

时至当下,源于科技哲学术语的“范式”概念,已被广泛运用于人文社会科学的各个学科领域。然而,在中国法学界,有关“范式”的概念阐释与运用,一直存在较大争论。究其原因,一是源于学科间“概念”转换,所带来的情境“反应”;④二是法学学科本身的规范性特质,决定了其对非法学范畴内的其他概念与术语有种自然的“排斥”。不过,争论虽然客观存在,甚至未来也无法消除,但仔细梳理国内法学界有关“范式”概念运用的逻辑及实践,可以发现,它大概是围绕三个向度/进路展开的:(1)将“范式”等同于方法。此种阐释进路,是将“范式”解释为一种分析法律理论、

---

① 参见[英]蒂姆·卢恩斯:《科学的意义》,徐韬译,上海文艺出版社2018年版,第67~68页。

② See Thomas S. Kuhn, *The Structure of Scientific Revolutions*, 3rd ed., The University of Chicago Press, 1996. 该书的中文译本较多,其中在国内学界较有影响的版本,可参见[美]托马斯·库恩:《科学革命的结构》(第四版),金吾伦、胡新和译,北京大学出版社2012年版。

③ See Thomas S. Kuhn, *The Structure of Scientific Revolutions*, 3rd ed., The University of Chicago Press, 1996, p. 103.

④ “范式”作为“舶来词”,存在意义适用的“土壤”之别。源于西方哲学语境的“范式”概念,初被引介至中国哲学场域时,就会被不经意地“情境化”,经由中国哲学语境诠释过的“范式”,再被适用于法学语境之时,则会被再次“情境化”。这种双重“情境化”的直接后果是,法学场域的“范式”的意义,与哲学场域的“范式”的意义存在明显不同。

法律现象生成、发展与解决等问题的手段或方式。① (2)将“范式”等同于模式。此种阐释进路,重在凸显“共同性”,即对法学/法律问题的相同思考路径,或者承认法学/法律现象的共同表现形式,或者认可法学/法律问题的共同意义等。② (3)将“范式”视为包含了方法、模式、目的及价值等因素的“多元性”概念,具体作何阐释,需根据法学研究的具体实践来确定。③

虽然有关“范式”的概念,国内法学界存在三种不同的解释进路,但无论哪种进路,其实都与研究目的存在紧密关联。由于本书是以格拉克曼部落社会司法过程学术思想为分析对象,并借此来反思法律史的研究范式问题。因此,对“范式”概念的解读,必然离不开格拉克曼部落社会司法过程学术思想的基本谱系。纵观格拉克曼对部落社会司法过程的探究轨迹,其主要关注或者说聚焦的是司法过程这一短暂的“法律史”中的法律本体论、法律发现论和法律方法论问题。所以,在本书中,笔者对“范式”的定义是:相同或相近学科的学术共同体成员,围绕共同或类似的议题,展开的有关法律理论、法律技术的探究过程,这些法律理论、法律技术,足以成为特定时代学术讨论的对象,其间所使用的方法为共同体成员所普遍认可与遵循。

二、法律人类学

关于法律人类学的定义,国内外学界至今仍然存在较大争论。④ 接下来,笔者将分别对一些代表性的法律人类学概念进行介绍,这一点是非常有必要的,毕竟,概念的“误用”与“滥用”在当下中国法学界有着愈演愈烈

---

① 参见范进学:《论中国特色法学思维体系的基本范式》,载《法学》2020 年第 1 期。

② 参见左卫民:《实证研究:正在兴起的法学新范式》,载《中国法律评论》2019 年第 6 期。

③ 参见曾令健:《实践主义法学研究范式》,载《浙江大学学报(人文社会科学版)》2018 年第 4 期。

④ 一方面,由于英国、美国、荷兰、德国、法国等国的知识传统差异,其英文表述常常表现出明显的本土知识“烙印”,比如在英国、美国,常见的法律人类学英文表达为 Legal Anthropology,在荷兰与法国,通常学者们习惯于用 Anthropology of Law 来表达荷兰语与法语意义的法律人类学英文名称。在德国,学者们常常将其视为是民族学的一个分支,他们习惯于将德语的法律人类学名称翻译为英文 Legal Ethnology。另一方面,根据从事法律人类学研究的智识群体不同,通常分为两派:一派是人类学家派(秉持人类学进路),另一派是法学家派(秉持法学进路)。根据斯奈德的研究,20 世纪 60 年代至 70 年代,美国主流法学院对人类学进路较为感兴趣的学者远远超过英国、法国、德国等欧洲国家。参见[英]弗朗西斯 · G. 斯奈德:《人类学、纠纷过程和法律:一篇学术导读》,王伟臣、薛寒啸译,载《现代法治研究》2020 年第 3 期。然而,就目前世界范围内的作者群所属学科院系来看,人类学家占略微多数,但最近十年来,特别是美国学界,从事法律人类学研究的法学学者数量逐渐增多。

的趋势。①

按照西方法律人类学界的通说,近代以来的法律人类学发源于荷兰,其以“阿达特法学派”(adat-law school)的研究闻名于世。在荷兰,对于法律人类学的定义,比较具有代表性的是格里菲斯(John Griffiths)的观点,其认为,所谓法律人类学,不过是法律社会学(sociology of law)的另一个称谓罢了,它没有作为一个独立的学科门类存在的必要。因为人类学不过是社会学里面的一个知识传统,人类学之所以与社会学分开了,乃是缘于19世纪到20世纪西方殖民主义运动。此后,社会学便仅仅局限于研究“我们的(现代西方文明的)”社会,而人类学开始研究“他们的(落后的、异质的、原始的)”社会……当下,法律人类学与法律社会学在研究的主题方面没有根本区别。然而,相较于法律社会学,法律人类学在三个方面表现得尤为特别,即研究比较重要的、现实的、理论的法律现象,关注法律实践、互动中的微观过程研究;以法律多元理论作为理解社会运行中的法律的一个中心因素;有意或无意地使用比较的、历史的方法。②

在英国,对于法律人类学的定义,颇具有代表性的是查瑞斯·富勒(Chris Fuller)提出的观点。他认为,自马林诺夫斯基以来,诞生了一大批内容翔实的法律民族志作品……他们的研究使法律人类学作为一个法学/人类学的分支学科,其可以被定义为一门主要是以“传统的”纠纷解决过程的分析为内容的学科。③

在美国,不少法律人类学家都曾尝试着对法律人类学进行定义。吉尔兹(Clifford Geertz)从文化阐释的视角出发,将法律人类学定义为:对于不同类型的“法律感知”(legal sensibility)的比较研究。④多诺万(James M. Donovan)认为,法律人类学就是从一个比较的、跨文化(cross-cultural)的视角来看法律。法律人类学以确定一般的原则——彰显出社会生活文化的一部分并进一步去理解这个可以被定义为社会的一般规则的这个部

① 刘作翔专门就法理学研究过程中的概念误用与错用问题进行了研究,并提倡在“回归常识”的理念指导下,重新对法理学的一些基本概念展开反思,参见刘作翔:《回归常识:对法理学若干重要概念和命题的反思》,载《比较法研究》2020年第2期。

② See John Griffiths, “Recent Anthropology of Law in the Netherlands and Its Historical Background”, in Keebet Benda-Beckmann & Fons Strijbosch eds., *Anthropology of Law in the Netherlands: Essays on Legal Pluralism*, Dordrecht/Cinnaminson: Foris Publications, 1986, p. 11-12.

③ See Chris Fuller, “Legal Anthropology, Legal Pluralism and Legal Thought”, *Anthropology Today*, Vol. 10, No. 3, 1994.

④ See Clifford Geertz, *Local Knowledge: Further Essays in Interpretive Anthropology*, New York: Basic Books, 1983, p. 184-185.

分——为其目标……其主要包括,法律与其他规范的控制体系之间的关系、透析社会及其主要代理人是如何使用法律去治愈分歧与解决纠纷的、当事人之间为了能达致和解所构想的各种不同形式的协商与选择及分析那些影响选择的规范的过程的要素等。①

一直以来,日本学者对法律人类学概念的阐释主要还是一种德国式的民族学进路。如奥山甚一就认为,法人类学即是采用人类学或民族学的方法来研究法律;②另一位著名的从事非官方法/民间法研究的学者千叶正士认为,法律人类学即是从民族志、社会、文化等包含人类学重要"质素"的视角/立场对法的体系化研究。③

这些国家的学术界对法律人类学的定义,明显受到了所在国的历史知识传统影响。比如,日本的法律人类学明显受到了民族学的影响,英国的法律人类学明显受到了社会人类学的影响,美国的法律人类学明显受到了文化人类学的影响。相较于西方学术场域对法律人类学概念的定义进路(方法与过程的双重进路),中国学术场域更为注重的是结果。比如,赵旭东认为,法律人类学是对区别于自我文化的异文化的法律研究,它关注的是不同法律文化的表达逻辑与方式。它肯定西方法律思维在分析部落/原始社会法律问题中的意义与价值,并要求将西方法律知识与经验积极适用于对部落/原始社会的法律问题分析过程。④ 张冠梓认为,法律人类学是对传统法律概念、术语、方法展开的比较分析,它要求在分析的过程中始终坚持人类学的视角。它的目的在于打破单一学科的视野局限性,建立一套有别于传统规范法学的新的学科体系。⑤

通过梳理不同知识传统地区的学者对法律人类学概念的具体定义,不难看出:(1)不管是受哪个知识传统影响的人类学家,基本都将法律人类学视为文化/社会人类学的分支学科,以原始/部落/前工业社会的纠纷过程、法律秩序为研究对象,其间采用的是人类学的经典方法——"田野调查"。(2)在法学家群体中,来自英美知识传统的法学家,一般将法律人类

① See James M. Donovan, *Legal Anthropology: An Introduction*, Lanham: Altamira Press, 2007, p. vii.

② 参见[日]汤浅道南、小池正行、大仲滋:《法人类学基础》,徐晓光、周相卿译,华夏文化艺术出版社 2001 年版,第 2 页。

③ 参见[日]汤浅道南、小池正行、大仲滋:《法人类学基础》,徐晓光、周相卿译,华夏文化艺术出版社 2001 年版,第 75 页。

④ 参见赵旭东:《法律与文化:法律人类学研究与中国经验》,北京大学出版社 2011 年版,第 1 页。

⑤ 参见张冠梓:《多向度的法:与当代法律人类学家对话》,法律出版社 2012 年版,"前言"。

学视为是法学/人类学的一门知识体系或方法体系，他们或是采用人类学的方法，比如参与观察、访谈、调查问卷等来对某个具体的法学问题展开分析；或是采用法学的方法，来分析某个人类学问题。（3）需要展开"跨文化比较"，是上述不同知识传统的学者对法律人类学的共性认知。

在本书中，关于法律人类学的概念，笔者将重点考虑三个因素：一是不同知识传统的学者对法律人类学的定义进路（抽象出他们对该概念认知的"最大公约数"）；二是格拉克曼对部落社会司法过程的法律本体论、法律发现论和法律方法论问题的思考轨迹；三是法律史研究范式建构的主题要求。综合这三个因素，笔者在本书中对法律人类学的定义是，它是一门主要以"比较法律文化"为主题，关注纠纷解决过程中的理论与方法，兼有人类学与法学风格的学科。

三、部落社会

早期的人类学家一开始研究的便是"非西方"（non-Western）社会的法律制度。[①] 格列佛（P. H. Gulliver）曾指出，在 20 世纪初叶，诞生了一系列经典的法律人类学著作，[②]它们几乎都是对"非西方社会"的法律制度展开的研究。然而，关于"非西方社会"，学术界却存在不同的观点。有学者将其理解为"野蛮社会"（如马林诺夫斯基），有学者将其理解为"原始社会"（如霍贝尔），还有学者将其理解为"前文字社会"（如穆尔）。[③] 格拉克曼则始终坚持使用"部落社会"，而非"非西方社会"这一术语，有关于此，他曾说：

> 关于"部落社会"，我所指的是一个社群，其曾经被表述为"原始社会"，但是这个术语现在（1965 年）已然被很多人拒绝使用了。其他

---

① 有关非西方社会法律/法学的一般理论，日本法律史学家、法人类学家千叶正士作了较为系统的研究，其中较为具有代表性的成果，可参见 Masaji Chiba，"Legal Pluralism in Sri Lankan Society：Toward A General Theory of NonWestern Law"，*The Journal of Legal Pluralism and Unofficial Law*，Vol. 25，No. 33，1993。

② 比如，巴顿（R. F. Barton）的《伊富高法》、马林诺夫斯基（Bronislaw Malinowski）的《野蛮社会的犯罪与习俗》、拉特雷（R. S. Rattray）的《阿善堤法律与制度》、霍格宾（Ian Hogbin）的《波利尼西亚的法律与秩序》、沙佩拉（Isaac Schapera）的《茨瓦纳法律与习惯手册》、卢埃林（Karl N. Llewellyn）与霍贝尔（E. Adamson Hoebel）的《晒廷方式》等，参见 P. H. Gulliver，"Case Studies of Law in Non-Western Societies"，in Laura Nader ed.，*Law in Culture and Society*，Berkeley：University of California Press，1997，p. 11。

③ 有学者对非洲场域"部落""族群""部族""民族"等概念的区别进行了研究，具体可参见蒋俊：《部落、部族、族群与民族：非洲研究中主要人群概念的辨析与定位》，载《世界民族》2020 年第 5 期。

的一些学者把这种类型的社会称为“前文字时代”或者“前工业时代”社会，这些术语相对而言还较为妥切。然而，我更偏爱“部落的”(tribal)这个概念，因为“部落”(tribe)通常是被用来描述封建时代之前欧洲的大多数社群。而我所研究的那些社群的社会组织形式与欧洲的封建时代之前的那些大部分的社群的社会组织形式是类似的。①

格拉克曼是一个坚定地强调部落社会文化与西方社会文化不存在明显差异的学者，这一点，从他所强调的“非洲许多所谓的‘非西方社会’只不过在历史时段上还处在西方社会曾经经历过的中世纪的中后期而已”中便可看出。② 他之所以不像马林诺夫斯基那样用“野蛮社会”(savage society)或者像霍贝尔那样用“原始社会”(primitive society)的概念，是因为他对处于殖民主义统治下的“非西方社会”抱有一种亲身体会式的了解与同情。

本书是以格拉克曼部落社会司法过程学术思想为考察对象，虽然在梳理、分析该思想的过程中，会与其他学者的理论作对比，但是，基于格拉克曼在其主要著作、论文、演讲中的表述习惯及近五十年来西方法律人类学界对“非西方社会”这一概念所作的重新审视与检讨，同时结合中国人文社会科学场域的学术通说，特别是马克思主义的社会(经济)形态理论，③笔者在本书中对部落社会的概念是这样界定的：文字技术不发达或根本就没有文字技术的简单社会，它的总体发展水平处在西方文明社会的封建时代后期，它可以是单一民族的，也可以是多个民族的。从地理位置上来看，它主要集中在非洲的中部、南部及亚洲的南部等地区。部落社会在其政治组织机构、人的思维逻辑能力、司法的过程与技术等方面与西方文明社会并不存在根本差异。

---

① Max Gluckman, *Politics, Law and Ritual in Tribal Society*, Oxford: Basil Blackwell, 1965, p. XV.

② 笔者以为，格拉克曼之所以如此表达，目的在于强调“并不存在二十世纪早期法律人类学家、历史学家、文学家所标榜的那种‘白人生来就高人一等’的事实”。所以，从他对“部落社会”这一术语的阐释进路中，便可以清晰地洞悉他在从事法律人类学研究时的政治立场。See Max Gluckman, “Civil War and Theories of Power in Barotseland: Africa and Medieval Analogies”, *Yale law Journal*, Vol. 72, No. 8, 1963.

③ 国内法学界、历史学界、政治学界一直对马克思的“社会(经济)形态理论”很感兴趣，但传统观点大都认为，马克思受达尔文的“进化主义”思维影响，将社会发展由低到高分为五个阶段，由此而分别呈现出原始社会形态、奴隶社会形态、封建社会形态、资本主义社会形态、共产主义社会形态。然而，纵观马克思恩格斯的主要著述，笔者并没有找到他们有关于此的完整表达，与之相关的表达是“大体说来，亚细亚的、古代的、封建的与现代资产阶级的生产方式可以看作社会经济形态演进的几个时代”。参见中共中央马克思恩格斯列宁斯大林著作编译局编：《马克思恩格斯选集》(第2卷)，人民出版社1972年版，第83页。换言之，在马克思与恩格斯看来，社会(经济)形态的判断标准是社会生产力的发展水平与生产关系的基本模式。社会形态的演变，并不必然循沿达尔文意义上的“进化逻辑”。

四、司法过程

当下中国法学界普遍认为,"司法"这一概念存在广义与狭义之分。狭义的"司法"仅指审判机关和审判人员;广义的"司法"则包括审判机关、检察机关、侦查机关、司法行政机关,以及有关专业人员。[①] 在本书中,笔者将以广义的"司法"概念为基础,而又不限于此。

结合笔者的论题,以及部落社会司法的特质,如下几点对于理解本书提到的"司法过程"的概念至关重要:(1)本书是以格拉克曼部落社会司法过程学术思想为分析对象,并借此来反思法律史研究范式,如前所述,格拉克曼主要的田野调查地点都是在部落社会或者说文字文明尚未建立起来的社会。在部落社会的法庭,其虽然有审判机关、审判人员、审判场所,但是却缺乏一个现代西方法学意义上的重要的专业人员群体——律师群体。所以,它的法庭上的"交叉询问"往往都是以法官为中心的。在司法实践中,当事人双方一般也很少委托代理人(法定代理人除外)。(2)与现代西方社会对司法、立法、行政这三种权力作出的严格划分不同,部落社会的法庭实质上同时集立法、司法、行政三权于一体。所以,在部落社会的司法过程中,经常会伴随法官在司法之时同时还从事着立法、行政的权力适用的情况。(3)依照格拉克曼的观察,在部落社会司法过程中,法官同样也有西方文明社会的法官所具备的那种司法推理技术,以及证据的分类与判断、事实的还原与运用、缝隙的发现与填补等所谓的"法律发现"技术。[②]

基于部落社会司法本身所呈现出来的特质,再结合格拉克曼对"司法过程"的理解与分析,笔者在本书中提到的"司法过程",主要是指部落社会的法官综合运用司法、立法、行政等手段——其间会关涉法律本体论、法律发现论和法律方法论等问题——来解决当事人之间纠纷的过程。应该说,这个概念完全是一种对"司法过程"的"法律人类学"解读,其与现代西方法学意义上的"司法过程"的理解存在明显差异。职是之故,这必定使笔者在本书的论述、分析过程中会给予某些问题不同的解释,甚至还有可能会使笔者对某些问题的回答偏离了正常的法学通说。但是,从一个严肃的学术研究的视角来看,这是任何从事法学/法律问题研究过程中都无法回避的。

---

① 参见何家弘主编:《中外司法体制研究》,中国检察出版社 2004 年版,"序言"。

② 此点尤为重要,因为在不少法学家与人类学家的传统观点看来,部落社会是原始的、野蛮的,其通常没有严格意义上的"司法过程"。纵然有些文明相对开化的部落,在其"司法过程"中也普遍存在权力滥用的事实。这种对部落社会"司法过程"的"臆测",严重地阻碍了对部落社会"司法过程"的方式与目标的客观理解。

第一章　部落社会司法过程研究的背景与渊源

部落社会是否存在司法现象？带着对这一问题的疑惑，20 世纪 40 年代初至 50 年代中期，格拉克曼相继多次前往非洲部落社会从事田野调查。在赞比亚的巴罗策洛兹部落，格拉克曼总是喜欢坐在布置极为简陋的法庭一角，认真观察并用英语、部落语记录下当事人、法官以及其他诉讼参与人的各种发言。庭审结束后，他还会前往当事人家中，进一步就他们对法庭裁决的观点与态度进行访谈。以此为基础，结合法学理论而写就的"部落社会司法过程"系列成果，①一经发表便受到广泛关注，并最终引起极大轰动。它以丰富的真实案例、科学的论证方法、缜密的学理逻辑，有力地驳斥了学界的质疑，为学界描绘了一幅动态且真实的部落社会司法文明图谱。

熟悉西方法律人类学史的学者都了然，格拉克曼成长的那个年代，法律人类学的基本知识谱系是由马林诺夫斯基、布朗等人创建的，既然这样，那为什么格拉克曼没有像他们一样，继续去对某个部落社会进行一个"全景式"（包括法律问题在内）的描述，而改为专注于司法过程呢？② 众所周知，如果要从事一项严肃的学术研究，必然有两个问题首先要考虑：第

---

① 代表性成果，可参见 Max Gluckman, "The Reasonable Man in Barotse Law", *Journal of African Administration*, Vol. 7, No. 2, 1955; Max Gluckman, *The Judicial Process among the Barotse of North Rhodesia*, Manchester University Press, 1967, pp. xiii - xvii; Max Gluckman, "African Jurisprudence", *The Advancement of Science*, No. 75, 1961; Max Gluckman, *Politics, Law and Ritual in a Ritual in a Tribal Society*, Oxford: Basil Blackwell, 1965; Max Gluckman, *The Ideas in Barotse Jurisprudence*, New Haven: Yale University Press, 1965。

② 在格拉克曼第一本有关部落社会司法过程研究的法律人类学著作《北罗德西亚巴罗策的司法过程》出版之前，单就非洲部落社会法律人类学研究的著作就有不少，其中较为具有代表性的有沙佩拉（Isaac Schapera）的《茨瓦纳法律与习惯手册》（*A Handbook of Tswana Law and Custom*）、安德森（J. N. D. Anderson）的《非洲的伊斯兰法》（*Islamic Law in Africa*）、豪厄尔（P. P. Howell）的《努尔人法律手册》（*A Manual of Nuer Law*）及爱泼斯坦（A. L. Epstein）的《裁判技术与司法过程：一个非洲习惯法的研究》（*Juridical Techniques and The Judicial Process: A Study in African Customary Law*）等。从总体上看，这些著作大多是以对被调查部落的社会结构、法律、习惯、仪式、信仰等展开"全景式"描述为特征。比如，马林诺夫斯基的经典法律人类学著作《野蛮社会的犯罪与习俗》（*Crime and Custom in Savage Society*），主要就是对特罗布里恩德群岛的法学/法律现象的粗略描绘。无疑，这样的研究有着一定的学术价值，比如，挣脱了传统的分析法学派"就法律（成文法）谈法律"的羁绊，但是却得不到对很多专业法学/法律问题的深入理解。虽然布朗在《原始社会的结构与功能》的最后一章，以"原始

一,研究者为什么会选择这个问题来研究？换言之,他/她之所以从事这项研究,其“动因”是什么？第二,如果研究者有了研究某个问题的动因,他/她是否具备了研究这个问题的知识？对这两个问题的回答,构成了本章的主要内容。接下来,笔者将以“历史背景”与“知识渊源”为题,就格拉克曼选择“部落社会的司法过程”作为探究主题的原因予以系统剖析。

第一节　历史背景

若要厘清格拉克曼从事部落社会司法过程研究的动机,就有必要对其思想史谱系,以及影响其思想史谱系的关键因素予以梳理。思想史包括两个方面:一个是“智识史”,其所表达的是特定知识的形成、发展史;另一个是“观念史”,其所表述的是特定观念的形成、发展史。无论是从智识,还是从观念层面来解读思想史,我们都会发现,它们二者统一于一个超越于现实、实践的观念力量。① 有什么样的观念,就会有什么样的实践,反之亦然。如果借由此种分析思想史的路径,来理解格拉克曼从事部落社会司法过程研究的动机,我们就必须要从格拉克曼的“智识史”形成过程谈起。

一、格拉克曼早年的生活与学术经历

1911 年 1 月 26 日,格拉克曼出生于南非的约翰里斯堡。格拉克曼在家排行第二,其大哥为科林(Colin Gillon Gluckman),另外他还有弟弟菲利普(Philip Gillon)和妹妹乔伊斯(Joyce Miller Gluckman)。他的父母亲分别是伊曼努尔·格拉克曼(Emanuel Gluckman)和凯特·格拉克曼(Kate Gluckman),他们都是俄裔犹太人,对传统犹太教有着虔诚的信仰。格拉克曼的父亲伊曼努尔·格拉克曼是一位从事法律的专业人士,同时对文学、体育有着巨大的热情。他曾在非洲的法庭上为一些当事人辩护,这些当事人之中就包括了“工团主义者”(trade unionist)的领袖、非洲著名的激进主义者卡代来(Clements Kadalie)。卡代来一生都致力于非洲地区,特

法”为题对“前文字社会”中的“法律”、“公犯”(public delicts)、“私犯”(private delicts)三种不同类型的制裁进行了研究,但是,基本还是停留在对这些概念与术语进行理论辨析层面,并没有按照法律人类学知识传统所要求的那样,对这些概念与术语进一步予以实践效果层面的学理论证。See Alfred Radcliffe-Brown, *Structure and Function in Primitive Society: Essays and Addresses*, Glencoe: The Free Press, 1952, p. 212-219. 如何能够就法学中某一个具体制度展开人类学分析,这不仅是个理论问题,更是个技术问题。

① 参见李宏图:《西方思想史研究方法的演进》,载《浙江学刊》2004 年第 1 期。

别是南非的黑人劳工权利的保护。父亲的这种正义感深深地影响了格拉克曼,这一点甚至在格拉克曼毕生学术研究、学术立场中表现出来的左翼倾向及对非洲地区的劳苦大众的深刻同情中即可看出。① 相较于格拉克曼的父亲伊曼努尔·格拉克曼在法律领域的精通及身上所秉具的那种超然的正义感,其母凯特·格拉克曼也"不甘示弱",她一直对于犹太人的"复国运动"充满关注,后来还有幸成为该运动的领导者之一。②

1919 年,8 岁的格拉克曼进入爱德华七世国王学校(King Edward Ⅶ School)学习,这是当地极好的公立学校之一。1928 年,17 岁的格拉克曼因优异的学习成绩,在约翰内斯堡市政奖学金的资助下,入读金山大学(University of Witwatersrand)的法律专业,他想成为像他父亲一样优秀的法律人。大学阶段的格拉克曼俨然就是一个充满活力的运动员,他对课堂以外的户外运动有着极大的热情,他曾代表金山大学参加了一系列板球、足球及高尔夫球的比赛,并都有着不错的表现。同时,格拉克曼对于赛车也有着很大的兴趣,虽然偶尔表现得有点冒失,但是在那些崎岖不平的乡间公路上,他那娴熟的赛车技术还是被展现得淋漓尽致。还有一点需要提及的是,在金山大学就读期间,他还热衷于辩论与各种各样的学生活动。③

正是在金山大学,格拉克曼遇到了他人生中第一位,也是对他的学术道路选择具有决定性影响的导师——霍恩雷(A. W. Hoernlé)女士。④ 霍恩雷是一名非常优秀的老师,她早年曾在开普敦大学学习哲学,而后又前往剑桥大学学习人类学,此外,她还在巴黎大学及德国的两个研究机构参加过一些课程学习。霍恩雷自欧洲求学回到南非后,便对西南非洲地区霍屯督族中的一个主要部落——那马部落展开了田野调查。⑤ 或许是霍恩雷身上所"散发"出的巨大魅力,又或许是对于法律之外的现象有着更大的

① See Richard Brown,"Passages in the Life of a White Anthropologist: Max Gluckman in Northern Rhodesia",*The Journal of African History*,Vol. 20,No. 4,1979.

② See Raymond Firth,"Max Gluckman, 1911 - 1975",*Proceedings of the British Academy*,Vol. 61,1975.

③ See Raymond Firth,"Max Gluckman, 1911 - 1975",*Proceedings of the British Academy*,Vol. 61,1975.

④ 格拉克曼说霍恩雷女士"激发"了他对"冲突理论"的兴趣,但此说法无论是在霍恩雷的著述或其学生的著述中似乎都难以找到相关证据。See Adam Kuper,*Anthropology and Anthropologists:The Modern British School*,London:Routledge & Kegan Paul,1983,p. 144.

⑤ See Max Gluckman and I.,"Schapera, Dr. Winfred Hoernle: An Appreciation",*Africa*,Vol. 30,No. 3,1960.

兴趣，在读到大学二年级时，格拉克曼便从法学转到了人类学。① 盖因霍恩雷的社会人类学课程提供了极为丰富的理论视角，学生会听到法国、德国、美国等人类学的不同研究进路与前沿成果。也正是此时，格拉克曼的自由主义思想开始萌芽并得以实践，此即他在担任《金山大学评论》的编辑时，不顾学校及其他重重阻力，执意坚持黑人学生与白人学生具有同等的发言权。

经过6年的系统学习，1934年，23岁的格拉克曼获得了金山大学社会人类学与逻辑学的荣誉学士学位。同年，他又以“罗德学者”身份进入牛津大学，师从著名人类学家马雷特(R. R. Marett)教授。马雷特是一位进化主义(evolutionism)的强烈支持者，同时其对宗教人类学也有着深入研究。但是，从一个学术思想形成、发展史的视角来看，似乎马雷特的宗教研究对格拉克曼的部落社会司法过程学术思想的形成、发展并没有起到实质性影响，只是从格拉克曼的博士学位论文的选题中，我们可以感觉到他对这位老师学术旨趣的“遵从”。② 反而，由于与普理查德(E. E. Evans-Pritchard)、福特斯(M. Fortes)、沙佩拉(Isaac Schapera)等学者交流颇多，③ 特别是普理查德的有关人类学与历史学关系、人类学的方法论离不开历史视角的观点，深深地影响到了格拉克曼。普理查德不仅是个人类学家，而且还是个历史学家，其特别重视在社会人类学的研究中引入历史学的视角。不仅如此，他还认为，社会人类学就其性质来说就是一门历史编纂学。没有对历史的深刻洞察，就无法展开社会人类学的研究。关于这一点，他在其著作《社会人类学：过去与现在》中有着经典的论述：探讨历史学与社会人类学的关系是尤为必要的，特别是在一些问题的探究中……历史学家能够为社会人类学家提供非常宝贵的材料，社会人类学家可以为历史学家提供经由细致观察而获得的优质记录。④ 这种对于历史的关注，对格拉克

---

① 不过，可能是家庭环境的原因，格拉克曼并没有放弃对法律的学习。格拉克曼曾提到，早年他在他父母亲的家里及办公室里听到的都是有关法律及诉讼问题的讨论，而格拉克曼的哥哥、弟弟后来都从事法律职业。See Max Gluckman, *The Judicial Process among the Barotse of North Rhodesia*, 2nd ed. Manchester: Manchester University Press, 1967, p. xix.

② 格拉克曼的博士论文是《东南班图人中的超自然的范围：一个对于宗教与巫术的运行实践的研究》(“The Realm of the Super Nature among the South-eastern Bantu: A Study of The Practical Working of Religions and Magic”)。

③ 福特斯、沙佩拉都是南非裔学者，且他们两人的年龄都与格拉克曼相差不大，这让格拉克曼从心理距离上感觉与他们很近。而普理查德作为一位在英国土生土长的人类学家，其没有那种“被殖民主义国家”知识分子对于历史、学术之间的关系的实践主义认识和理解。

④ See E. E. Evans-Pritchard, “Social Anthropology: Past and Present”, in Paul Bohannan and Mark Glazer eds., *High Points in Anthropology*, Alfred A. Knopg, Inc., 1973, p. 365-369.

曼在从事法律人类学研究,特别是对其在分析部落社会司法过程中的纠纷、冲突、平衡等问题时借由历史主义视角有着重要影响。

1935 年,格拉克曼发表了他的处女作——《祖鲁妇女的锄耕仪式》。① 1936 年至 1938 年,格拉克曼获得了南非联邦教育部国家教育和社会研究局(卡内基基金)的许可,开始了一段长达 14 个月的对南非联邦祖鲁地区(Zulu)的田野调查。② 这次田野调查是由沙佩拉组织的,格拉克曼对茨瓦纳(班图族人的一支)地区的一些主要社会概念进行了考察,并对其社会结构有了一定的了解。其间,农戈马地区的土著官员考虑到他在土著问题上所具有的革新及同情态度,便强烈推荐他到罗德斯—利文斯顿研究所。③ 1938 年,在一次滑雪节上,他遇见了玛丽(Mary Brignoli)。玛丽的父亲是一位意大利法学家,母亲是英国人。是年,格拉克曼与玛丽走进了婚姻的殿堂。婚后,玛丽为了格拉克曼的学术研究,放弃了自己的翻译员工作,全身心地投入格拉克曼的学术研究之中,应该说,她对格拉克曼的整个人生进程产生了很大的影响。④ 1939 年,格拉克曼以高级社会学家(senior sociologist)的身份加入了罗德斯—利文斯顿研究所。1940 年,格拉克曼将田野调查地点由祖鲁换到了巴罗策兰(Barotseland),⑤并于同年发表了对后世社会人类学、法律人类学具有重要影响的论文——《现代祖鲁兰的一个社会情境分析》。⑥ 往后的 7 年间,他共花了 27 个月的时间用来调查巴罗策部落社会的司法过程,其间,1942 年,格拉克曼接替威尔森(Godfrey

① See Max Gluckman,"Zulu Women in Hoecultural Ritural",*Bantu Studies*,Vol. 9,Issue 1,1935.

② 田野是格拉克曼学术思想的诞生地。关于此,戈登(Robert J. Gordon)曾围绕"民族志视域下的法律人类学田野"这一主题,从田野的思维启蒙、田野中的具体实践、从田野走向世界三个层面,对格拉克曼的"田野故事"做了系统研究,可参见 Robert J. Gordon,*The Enigma of Max Gluckman:The Ethnographic Life of a "Luckyman" in Africa*, Lincoln:University of Nebraska Press,2018。

③ See Richard Brown,"Passages in the Life of a White Anthropologist:Max Gluckman in Northern Rhodesia",*The Journal of African History*,Vol. 20,No. 4,1979. 此外,1938 年之前,沙佩拉一直在对茨瓦纳法律与习惯进行田野调查,1938 年,他出版了专著《茨瓦纳法律与习惯手册》,可参见 Isaac Shapera, *A Handbook of Tswana Law and Custom*, London:Oxford University Press,1938。

④ 格拉克曼在中年、晚年和其朋友的一些通信中,会经常提到玛丽对他的生活、学术的影响。

⑤ 巴罗策人居住地的一个地理名称。

⑥ See Max Gluckman, "Analysis of a Social Situation in Modern Zululand", *Bantu Studies*, Vol. 14,No. 1, 1940. 此外,他还发表了另一篇论文《南非的祖鲁王国》,可参见 Max Gluckman,"The Kingdom of the Zulu of South Africa",in Meyer Fortes and Edward E. Evans-Pritchard eds. ,*African Political Systems*,London:Oxford University Press,1940,p. 25-55。

Wilson)成为罗德斯—利文斯顿研究所的第二任主任。① 自1942年至1947年,格拉克曼将其精力都投入了该研究所,短短5年,利文斯顿研究所即成为享誉非洲甚至欧洲学术界的人类学、法学、民族学、种族学研究中心,其间,他发表了几篇颇具学术价值的论文。② 1947年,在格拉克曼卸任所长后,他成为牛津大学的讲师(lecturer),同年,格拉克曼还被委任为曼彻斯特维多利亚大学的首任社会人类学教授。1955年,他的第一部专门研究非洲部落社会司法过程的专著——《北罗德西亚巴罗策的司法过程》问世。③

不过,最近几年的世界非洲史研究表明,格拉克曼成长的那个特殊时代,除了要面对政治学意义上的肤色歧视外,还要面对因为自然灾害与生产力水平低下而带来的生活贫困,④这也是在探讨格拉克曼早年的生活经历时无可回避的重要事实。

通过对格拉克曼的生活与学术经历的梳理,可以发现如下几个重要事实:(1)格拉克曼出生在南非,而后又进入英国的学术体系中进行知识生产,其间经历了一个"身份"上的转变,即从"被殖民主义国家"的一员到"殖民宗主国"的公民;(2)格拉克曼对于自己的这种"身份"有着明确的认识,比如,他对马林诺夫斯基的"席明纳尔"(Seminar,讨论会)毫无兴趣,认为他对诸多问题的认识并不全面与深入,但始终与两位同样是来自南非的

---

① 1941年,威尔森(Godfrey Wilson)辞去了研究所所长一职。当时的研究所理事会经过商议,拟让理查德(Audrey Richards)或克拉克(John Desmond Clark)中的其中一位担任所长(这两位都是英国人,其中理查德是马林诺夫斯基的学生、著名人类学家,克拉克是著名考古专家),但因为战争的原因,他们两位都没能来。后来,只能选择格拉克曼担任所长。但是,在关于格拉克曼是否具备担任所长的资格这一问题上,理事会成员内部发生了激烈争论。其间有几位理事会成员以"格拉克曼来自被殖民主义地区"为由,认为他不具备担任所长的资格(一般都要求由来自英国本土的官员或学者担任所长)。但是,后来实在是找不到合适人选,只有选择格拉克曼。参见刘伟才、严磊:《罗得斯——利文斯顿研究所述论》,载《西亚非洲》2011年第4期。

② See Max Gluckman, "Economy of the Central Barotse Plain", *Rhodes - Livingstone Paper*, No. 7, 1941; Max Gluckman, "Essays on Loziland Royal Property", *Rhodes - Livingstone Paper*, No. 10, 1943; Max Gluckman, "A Lozi Price - Control Debate", *South African Journal of Economics*, No. 9, 1943; Max Gluckman, "African Land Tenure", *The Rhodes - Livingstone Journal*, No. 3, 1945.

③ 从1940年至1954年,格拉克曼除了在田野里探究部落社会的法律人类学"故事"之外,还相继主持了利文斯顿研究所、曼彻斯特大学社会人类学系的管理工作。借由两个分布在非洲与欧洲的不同研究机构,一方面,格拉克曼以招聘研究员为主要方式,不断引进青年博士加入非洲法研究团队;另一方面,他还积极鼓励这些青年博士将有关部落社会的法律人类学研究成果发表在利文斯顿研究所主办的刊物上。

④ See Joseph Winters, "The Gift, and Death, of Blackness", *Journal of Africana Religions*, Vol. 6, No. 1, 2018.

学者福特斯、沙佩拉保持着亲密的关系；（3）从 20 世纪 40 年代初开始，他将田野调查地点从祖鲁换到了巴罗策（主要在洛兹部落），特别是 1941 年至 1947 年，发表了几篇有关洛兹部落法律方面的论文，此时，他才开始真正进入了对部落社会法律问题的研究场域。①

从这些显明的事实中，能够看到格拉克曼的生活与思考轨迹，其间最为核心的关键词是“身份”。固然，对于学术的热爱，是他一直进行思考的动因，但是，思考什么，必然与他的“现实遭遇/人生经验”密切相关。出生在南非的一个俄裔犹太人家庭，不仅让他对于殖民主义、种族主义有着其他很多同事与朋友（如普理查德）无法企及的了解，同时，也使他有着一种“抱负”，一种借由自己的学术研究来获得更多“话语权”的抱负。可以想象的是，虽然格拉克曼是个白人，但是，他是出生在南非的一个犹太家庭的白人，当那些殖民主义统治者们宣称他们是世界范围内“更高一等的人”时，青年格拉克曼除了忿恨以外，剩下的只有无声的“抗争”了。如果说上述这些因素，构成了格拉克曼“从事部落社会司法过程研究”的内在动因的话，那么，特定的时代背景，很可能是格拉克曼选择部落社会司法过程研究的外在原因。

二、非洲殖民主义的历史实践

格拉克曼生活的那个年代，正是西方殖民主义者大肆在世界范围内疯狂掠夺的时代，与武力相伴随的是被殖民主义地区人民的强烈反抗。侵略与抵抗、统治与被统治，不仅是战争的逻辑，也是政治学的逻辑。一向标榜

① 格拉克曼曾在一篇文章中提到，当他在祖鲁进行田野调查时，有一次与摄政王 Meshiyeni 一起聊天，突然，走过来一个醉汉，那位醉汉骂了摄政王一句“你什么都不知道”，不一会儿，一个王子、一个酋长便过来把这位醉汉拖到旁边鞭打了起来，格拉克曼见此情形，便要求他们停手，他们虽然停手了，但很不高兴。第二天，摄政王对格拉克曼的态度就发生了变化，而这也是最终他被驱逐出祖鲁的原因。See Max Gluckman，“Conflict and Cohesion in Zululand：An Historical Study in Social Organization”，*History in Africa*，Vol. 41，2014. 但是，相较于格拉克曼自己的表述，戈登（Robert J. Gordon）表达了不同的观点，在他看来，格拉克曼之所以被驱逐出祖鲁，一方面是因为他公开发表了“种族隔离”的言论；另一方面是因为他的“身份”（来自南非的俄裔犹太人，被怀疑有着共产主义倾向）。有关这一点，戈登引用了当时的档案材料，其中记录了摄政王 Meshiyeni 向纳塔尔地区代理土著总长朗格菲尔德谈到他对格拉克曼的印象，摄政王说：“我不希望他在这儿，他在这儿待得够久了。我之前听说，他经常穿着一件‘beshu’（土著服饰），而且还住在土著人的牛棚里，我不喜欢欧洲人住在土著人的牛棚里。他经常还问土著人，是否受到了公正对待，是否被课税过高，酋长、族长是否喜欢处在欧洲的殖民主义压制之下。我认为他是在为某个秘密人物工作。事实上，他可能就是我们要提防的共产主义分子。此外，他还经常询问有关土著人的性生活问题，我希望能将他驱走，建议他去关心一下别的地区。”See Robert J. Gordon，“On Burning One’s Bridge：The Context of Gluckman’s Zulu Fieldwork”，*History in Africa*，Vol. 41，2014.

为“先进文明代理人”的西方殖民主义各国，除了“武”之外，还用起了“文”。凡此“文”“武”并用于被殖民主义地区的过程，对格拉克曼萌发研究部落社会司法过程的想法，以及建构起从事研究必须具备的知识体系产生了重要影响。接下来，笔者拟以“政治史与法律史”的“画笔”来勾勒出当时的殖民主义侵略图谱，以期从中找到格拉克曼所处时代的特定历史“坐标点”。

一提到近现代的非洲，出现在我们脑海的经常是贫穷、落后，如果再去对贫穷、落后予以历史追溯时，“殖民主义”(colonialism)[①]一词便出现了。纵观世界近代史，自从资产阶级革命之后，为了寻求更多的生产原料与市场，英国开始了疯狂的海外扩张。不仅在非洲，就是亚洲与拉丁美洲，都有英国的殖民地。[②] 可以说，一部近现代非洲史，就是一部西方列强在非洲地区的殖民主义史。20世纪初叶，以英国为代表的欧洲列强基本完成了对非洲的领土瓜分，但是，为了消解“殖民”与“反殖民”之间的紧张关系，他们在占领非洲领土后不久，就开始对非洲的历史以及“人种学”展开系统研究。[③] 而将这种研究与实践，在法学领域紧密结合起来的最明显例证，便是有针对性地进行立法。

1909年，也就是格拉克曼出生的前两年，南非制定并通过了第一部宪法，其中明确规定，“除了开普省之外，其他所有地方只有白人才享有选举权”。由此，南非正式进入“种族隔离时代”，此后，这种黑人与白人之间的身份、地位不平等，一直是南非呈现给世界的政治“印象”。格拉克曼作为白人，其本身对于这个制度无法有切身“感受”，但相较于在南非生活的其他白人而言，他对那个“毒瘤”所带来的扩散性“影响”却有着更深入的洞察，这一点我们可以在其学术研究过程中处处强调“种族平等主义”的论述中看出来。[④]

---

① 国内学界在谈到“殖民主义”一词时，经常容易将其与“帝国主义”混淆。不可否认的是，“殖民主义”与“帝国主义”之间存在紧密的联系，比如，二者都以“扩张”“侵略”为表现形式。但是，按照国内历史学界近些年来的学术通说，“帝国主义”通常表达的是，资本主义发展到一定阶段后，统治者借由各种隐蔽的方式来获取资本。有关“殖民主义”与“帝国主义”的概念辨析，可参见刘惠玲：《话语维度下的赛义德东方主义研究》，武汉大学出版社2018年版，第164~168页。

② 参见吴文藻：《论社会学中国化》，商务印书馆2017年版，第348页。

③ 参见［英］理查德·雷德：《现代非洲史》(第二版)，王毅、王梦译，上海人民出版社2014年版，第174~178页。

④ 考克斯(Paul Cocks)认为，格拉克曼年仅29岁时发表的一篇对于世界学术史，特别是社会科学方法史有着重要影响的“桥文”(Bridge Paper, See Max Gluckman, “Analysis of a Social Situation in Modern Zululand”, *Bantu Studies*, Vol. 14, Issue 1, 1940)，不仅是一篇研究方法领域的力作，同时还可以被视为一篇对南非种族隔离制度的“战斗檄文”。在该文中，格拉克曼对于“种族隔离制度”的批判，超越了他的两位导师霍恩雷与布朗。See Paul Cocks, “Max Gluckman and the Critique of Segregation in South Africa Anthropology”, 1921-1940, *Journal of South African Studies*, Vol. 27, No. 4, 2001.

在南非第一部宪法被制定后的第二年,也即 1910 年,格拉克曼的校友、毕业于牛津大学的著名苏格兰历史学家、小说家巴肯(John Buchan)在其一部具有探险性质的小说《普莱斯特·约翰》(Prester John)中谈到,像祖鲁兰(Zululand)这样的地区只是适合黑人居住,白人应该住在城区。这部小说是当时文学界非常畅销的作品之一,其以一个文学的叙事,呈现出白人对非洲族群的鄙视与轻蔑。1912 年,以极端种族主义者著称的赫尔佐格担任了南非土著事务部长,他负责起草了一部臭名昭著的法律——《土著人土地法》(The Natives Land Act),并于 1913 年 6 月 19 日在没有任何人参加的情况下于南非国民议会正式通过。该法明确规定,"禁止非洲人购买、租佃或占有保留地以外的其他土地"以及"禁止非洲人在欧洲人所占有的土地上从事任何经济活动"。[①] 该法一经公布,直接导致很多黑人被赶出了自己的住所,他们或是去充当白人的"奴隶",或是迁徙到更远的地方寻找新的生计。此后,英国殖民者开始变本加厉,加快制定了一系列有关种族隔离的法律,如 1922 年的《土著事务法》、1927 年的《土著政府法》、1937 年的《土著委员会法》,其间都规定了"黑人不能随意集会,南非政府有权否定土著代表会议通过的决议"。[②] 1949 年的《禁止跨族婚姻法》规定:"禁止不同人种之间的男女通婚";《不道德法》规定:"禁止不同种族的男女之间发生恋爱关系,如果存在恋爱关系,将予以一定的处罚";1950 年的《人口登记法》规定:"境内所有人口都必须要按照种族身份来予以登记"。自 1913 年的《土著人土地法》颁布伊始,南非正式进入法律意义上"种族隔离时代",之后的几十年,种族隔离在南非地区不断渗透至政治、经济、文化、社会与生活的各个领域。与殖民主义者颁布的一系列种族隔离的法律相伴随的是南非人民反对种族主义的强烈诉求。如 1929 年 11 月,在约翰内斯堡举行的群众集会中,作为民族统一战线组织的"非洲民族权利联盟"提出了三大要求:废除通行证制度、给予非洲人选举权、保证非洲人受教育的权利。同年 12 月,该组织又举行了反对《土著代表法》的一系列活动。[③]

种族平等的诉求,真真切切地影响了格拉克曼。格拉克曼曾说:"在我来到祖鲁兰之前,也就是 1936 年之前,我对这个部落基本是一无所知。后来我开始按照由沙佩拉、亨特(Monica Hunter)及其他几位学者设置的研

① 参见郑家馨:《南非史》,北京大学出版社 2010 年版,第 230 页。
② 参见何勤华、洪永红:《非洲法律发达史》,法律出版社 2006 年版,第 461 页。
③ 参见郑家馨:《南非史》,北京大学出版社 2010 年版,第 252 页。

究路径来分析祖鲁的政体"。[①]从二位学界前辈设置的思考路径出发,格拉克曼在田野调查中对祖鲁的酋长与国王之间的关系进行了深入观察,其间,他不仅注意到了祖鲁酋长与当地政府官员之间存在的对立,还真切地感受到了种族隔离制度在实践中的表现。通过在祖鲁兰的田野调查,格拉克曼获得了对种族隔离制度的现实主义理解,这比他父亲通过讲述的方式给他传播正义要生动得多。[②] 不仅如此,格拉克曼在晚年回忆他的早期田野调查经历时也说过,"当时我在祖鲁兰的时候,我是住在祖鲁兰的当地土著人家里,我有一个黑人爸爸和黑人妈妈,那时候,似乎种族隔离还不是很严格,我可以坐在篝火边与他们一起跳舞、喝啤酒"。[③] 后来,格拉克曼将田野调查地点换到了巴罗策兰,基于格拉克曼的白种人身份,他是不能和作为巴罗策的统治部落的洛兹人在一起跳舞的,洛兹人也不能直接到格拉克曼的房子中去拜访他。

格拉克曼对历史有着浓厚的兴趣,他不仅在历史中认识并理解了"殖民主义"的核心要义,还通过自己的行动来对历史的"不公"发出抗议。所以,我们有理由认为,一部殖民主义扩张史,不仅"衍生"了一部反殖民主义史,还激发了生活于此种历史情境中的他去书写对"殖民主义"的批判史,有关这一点,对其批判"法律史"学术风格的形成有着不可忽视的影响。

三、法学与人类学的学科融合

知识学意义上的法律人类学,源自欧洲列强早期在亚非拉地区的殖民掠夺。[④] 相较于19世纪后半叶以传教士为中心的那种"片段式介绍"被殖民主义地区文化的"消极模式"而言,以马林诺夫斯基为代表的现代英国人类学家于20世纪初叶纷纷前往殖民主义地区,则是基于"深入了解殖民主义地区文化的'过去',继而帮助改善殖民主义文化落后性"的"积极模

① See Raymond Firth, "Max Gluckman, 1911 – 1975", *Proceedings of the British Academy*, Vol. 61, 1975.

② 作为南非国内的知名律师,格拉克曼的父亲经常会在法庭上为南非的"反种族主义者"进行辩护。当然,基于一种习惯性认知,我们会认为,这种正义感会"潜在地"影响格拉克曼,但笔者却无法借由直接且权威的史料来对其予以证实。

③ See Raymond Firth, "Max Gluckman, 1911 – 1975", *Proceedings of the British Academy*, Vol. 61, 1975.

④ 法律人类学并不是从人类学诞生伊始就存在的,而是后于人类学。按照英国人类学家布洛克(Maurice Bloch)的观点,人类学之所以最早诞生在欧洲,离不开达尔文的进化论思潮影响。但是,与其他学科明显不同的是,人类学从其诞生的那一刻起,便具有了"政治性"与"学术性"的双重特质。参见[英]莫里斯·布洛克:《马克思主义与人类学》,冯利、覃光广、陈为、宪蒙译,华夏出版社1988年版,第1页。

式”而展开学思实践的。职是之故,法律人类学一开始所表现出的便是一种对被殖民主义地区文化的“历史解释”,法律只是作为这种“历史解释”中的组成部分,它与经济、政治、宗教、仪式等共同置于文化人类学的知识结构体系之中。

殖民主义实践,需要一套为之“呐喊”的行动理论,此种理论必然是因应时代而生,为时代的特定历史任务而服务。众所周知,进入 20 世纪之后,特别是第一次世界大战之后,西方列强在世界范围内的殖民主义统治秩序发生了很大变化,先前那种完全依靠武力的方式并不能从根本上解决“土著居民”(indigenous people)与“殖民者”(the colonists)之间的矛盾。为了能够对土著居民所在的这些原始社会秩序有着更为深刻的了解,或者说为了能在这些地区进一步巩固统治秩序,在西方殖民主义国家内部渐渐兴起了一股前往殖民地区,特别是一些土著居民比较集中的地区展开调查的“热潮”。

与 19 世纪中叶诸多英国传教士、探险家前往原始部落进行所谓的“探险”“游历”不同,20 世纪初叶兴起的那股田野调查“热潮”是以“知识”为旗号,亦即将西方文化作为一种“自我的”文化/文明,将被殖民地区的文化作为一种“他者的”文化/文明,以找到两个文化/文明中的可能契合点为目标。① 法律人类学就是在这股“知识探险”的“热潮”中渐渐发展为一门成熟的知识体系的。虽说这一阶段参加这种“知识探险”的相关学者较多,但最具代表意义或开创意义的学者要数马林诺夫斯基。不过,与马林诺夫斯基同属现代英国第一代人类学家的布朗(Alfred Radcliffe Brown),早在 1906 年就对安达曼群岛的岛民进行了调查,这是英国人类

① 之所以这样的调查能够展开,笔者以为主要有如下原因:第一,殖民主义统治者的现实需要。这个阶段的世界整体格局已然与前一个世纪有了很大不同,以美国、日本为代表的一些发达国家,渐渐进入快速经济发展时期。传统的老牌殖民主义国家,如法国、英国、荷兰等,甚是惧怕这些国家的兴起会对于其在世界范围内的“话语权”产生影响。因此,依靠暴力来展开殖民地区的统治无疑会加速这些地区人民的反对,而改由主动地了解殖民地区原始部族的习惯法,进而再将自己的法律体系“柔性地”植入殖民地秩序之中不失为一个上策。其实,有关这一点,我们只要去比较一下罗马帝国的扩张史与罗马法学的发展史之间的关系即可理解。德国著名法学家耶林(Rudolph Ritter von Jhering)曾提道:罗马帝国曾先后三次征服世界,第一次是以武力,第二次是以宗教,第三次是以法律。然而,唯有法律才是最有效、最持久的征服世界的“工具/手段”。第二,学者们,特别是从事人类学研究的学者们有意、无意迎合殖民统治者的官方需要。按照 20 世纪初叶英国主流大学,如牛津大学的人类学的学位要求来看,一般而言,从事人类学研究的学生,前两年时间是理论训练,后两年是申请相关资助来展开田野调查。实践中,许多青年人类学学者会将英属殖民地的族群部落作为优先考虑的田野调查地点,一方面,这可以满足上述所谓的殖民主义统治者的现实需要;另一方面,对于从事人类学研究的学者而言,也有利于个人的学术升迁与发展。

学家第一次尝试运用西方人类学、社会学的知识，来对“原始社会”的真实生活展开实证分析。① 只是，从法律人类学方法论、知识论的视角来看，它并不如8年后马林诺夫斯基所展开的田野调查那般具有重要意义。1914年，马林诺夫斯基与罗伯特·蒙德考察队一起前往新几内亚和西北美拉尼西亚。此后5年间，他共在这个区域做了6次田野调查。不过他大部分的时间都是花在了对特罗布里恩德群岛的田野调查上，基于这次田野调查，马林诺夫斯基出版了2本书：一本是用波兰语写的《原始宗教与社会分化》（*Primitive Religion and Social Differentiation*），该书1915年在他的家乡克拉科夫出版；另一本是《迈卢土著人》（*The Natives of Mailu*）。1934年，马林诺夫斯基又前往东非、南非等地，对斯威士人、本巴人、查加人、班图人做了调查。②

马林诺夫斯基所做的一系列田野调查，不但使由孟德斯鸠开创，经梅因、巴霍芬、摩尔根等发展的法律人类学趋向成熟，③而且还开创了法律人类学发展史上的“研究范式”革命。早在马林诺夫斯基之前，法律人类学基本上是一种“躺椅”上的学问，无论是早期的孟德斯鸠、萨维尼还是梅因、摩尔根、巴霍芬等，其基本都是通过“理论想象”或从“他人的叙述”中来建构法律人类学的知识体系，其间他们所使用的方法基本都是“历史材料的文本分析法”。从马林诺夫斯基开始，他强调必须要参与到部落人群的生活实践之中，将自己想象为这个部落社会的成员，即“自我”（self），继而再通过客观观察来总结出有价值的知识。纵观马林诺夫斯基开创的法律人类学知识体系，大致具有如下几个明显特质：（1）法律人类学是一门在田野调查中获取经验素材的“科学”；（2）从事法律人类学需要在被调查地区居住1年以上，其间应使用参与观察、深度访谈、信息报道人提供的信息等方式来取得有关被调查地区的知识；（3）对当地部落“方言”的熟练运用是展开田野调查的基础，同时，需要让调查者以一个“自我”的身份“浸

① See E. E. Evans-Pritchard, *Social Anthropology*, London: Cohen & West Ltd., 1951, p. 73.

② See M. F. Ashley Montagu, “Bronislaw Malinowski (1884-1942)”, *Isis*, Vol. 34, No. 2.

③ 一直以来，无论是西方法学界、人类学界，还是中国国内从事西方法律人类学研究的学者，对于西方法律人类学的历史发展阶段均存在着不同的划分模式，笔者之所以作出这种划分乃是为了使其更好地与西方法律发展史形成对照。因为，从法律史视角来看，中世纪后期由“神的理性”（reason of god）向“人的理性”（reason of man）的认识观的转变，不仅使法学有了重新发展的机会（如罗马法的复兴），而且还使很多学者可围绕“人”这个中心主题来进行不同民族的法律文化比较研究。有关西方法律人类学发展进程的基本介绍，可参见杨方泉：《法律人类学研究述评》，载《学术研究》2003年第2期；董建辉、徐雅芬：《西方法律人类学的产生、发展及演变》，载《国外社会科学》2007年第6期；孙国东：《法律人类学介评》，载《广西政法管理干部学院学报》2005年第1期。

入”被调查者的现实生活中,参与他们的生活、生产实践。由马林诺夫斯基于20世纪20年代中期开创的这种“法律人类学”研究范式——相较于早期欧美地区的人类学主要流派,特别是其中的进化学派、传播学派的主要研究范式①——其更多的是从被殖民地区的现实制度,特别是“法律制度”出发,全面描绘可观察到的法律现象。因此,其更为契合殖民主义的统治需要。

格拉克曼虽说不是马林诺夫斯基的学生,也没有完全遵从马林诺夫斯基所开创的那一套分析范式,但在牛津大学求学期间,他曾几次前往伦敦经济学院聆听马林诺夫斯基的“席明纳尔”,尽管他不太赞成马林诺夫斯基的一些观点,但毋庸置疑,马林诺夫斯基所开创的这种法律人类学研究范式还是对他的思考、研究产生了重要影响。当马林诺夫斯基通过亲身参与的方式前往特罗布里恩德群岛展开法律人类学研究的时候,他想竭力证明的一个观点是“野蛮社会也存在着‘法律’,即使这个‘法律’不同于西方传统的分析法学派对法律的一般定义”。② 因此,20世纪40年代,格拉克曼开始在巴罗策就其部落社会司法过程的课题进行田野调查与学术研究时,其所使用的方法是马林诺夫斯基的“参与观察”,同时,其也如马林诺夫斯基早年在特罗布里恩德群岛调查时一样,认真地学习巴罗策的洛兹方言。如果没有马林诺夫斯基所开创的那套法律人类学方法论,相信格拉克曼是否会从事部落社会司法过程的研究会是很大的疑问。当然,从严肃的法律史研究视角来看,由于缺乏“科学的”评价工具,我们无法判断马林诺夫斯基的知识体系对格拉克曼究竟产生了多大影响,但是可以相信的是,格拉克曼之所以比马林诺夫斯基在研究的内容上更具体、细致,必然离不开当时已经较为成熟的法律人类学知识体系。

---

① 古典进化论大约诞生于19世纪70年代,其主要关注的是人类社会的发展进程,不考虑不同地域环境条件、经济基础的差异性,强调一种“普世的”由低到高、由落后到先进的文化发展进程,这种理论学说被普理查德定义为“揣测的理论”(speculative theory)。该学派代表人物主要有斯宾塞(Herbert Spencer)、泰勒(Edward Burmett Tylor)、摩尔根(Lewis Henry Morgan)等。传播学派认为,世界的文明主要是几个核心文明传播的结果且传播是一种不断扩展的历史过程,该学派的主要代表人物有里夫斯(William H. Rivers)、史密斯(Elliot Smith)、施密特(Wilhelm Schimidt)等。无论是传播论学派还是古典进化论学派,均信奉“进化”这一历史逻辑。但是,其论点因为没有“实证材料”的佐证,因而显得非常不可信。马林诺夫斯基正是在对这些传统“理论”学派批判的基础上,建构起了他自己的法律人类学叙事体系。

② See James M. Donvan, *Legal Anthropology: An Introduction*, Lanham: Altamira Press, 2007, p. 70. 但是,相较于马林诺夫斯基,格拉克曼对部落社会司法过程展开田野调查的最为本质的动因,已经不是去证明“部落社会存在着法律”(当然他也对此进行了证明),而是要去证明部落社会的司法过程与西方社会的司法过程,在形式、内容、技术上都存在很大的相似性,并最终借此来表达他的那种“种族平等”的坚定立场。

第二节 知识渊源

如上交代了格拉克曼从事部落社会司法过程研究的历史背景，接下来，笔者将进一步分析格拉克曼在部落社会司法过程研究之前与之中，所展现出来的法学知识渊源。① 诚然，正如笔者在绪论中所述，在本书中，笔者是借由对格拉克曼部落社会司法过程学术思想的分析，来反思法律史的研究范式，因此，其思想的建构过程就被概括为以某个或某些法学问题为中心，再借由人类学的方法来分析这个或这些问题的过程。

法学知识是格拉克曼从事部落社会司法过程研究的基础，也是决定其部落社会司法过程学术思想谱系特征的关键要素。固然，格拉克曼一直将自己定位为“与人类学家相比，更像一个法学家，而与法学家相比，则更像一个人类学家”，这种看似矛盾的学术身份“定位”，道出的却是他对于法学、人类学这两门学科知识的熟练把握。通过对格拉克曼著作、论文、演讲等观念史与思想史“载体”的解析，笔者以为，经验主义的观察记录、历史法学、现实主义法学构成了其在部落社会司法过程研究中的主要知识渊源。

一、经验主义的观察记录

弗斯（Raymond Firth）曾提到，在格拉克曼写给他的众多的信中可以清晰地发现，格拉克曼是一个典型的“经验主义”②信奉者，即“他看到了什

---

① 笔者以为，“知识渊源”作为一个甚有哲学意味的词汇，可从广义与狭义两个层面来区别认识。从狭义上来讲，其所要表述的是知识的来源问题。从广义上来讲，其不仅可以表述知识的来源，同时也包括方法的来源，在本书中，笔者采用的是广义的知识渊源的定义。在中国法律史学界，就笔者的有限阅读来看，最早提到“知识渊源”的是梁治平，具体可参见梁治平：《法治进程中的知识转变》，载《法制资讯》2010 年第 12 期。

② 所谓“经验主义”，一般指的是对事物本质的认识必须要来源于现实的观察，而不是依靠直觉，它所使用的方法主要是归纳法。由此，有学者认为，一切综合性的知识都以经验为基础。参见[英]罗素：《人类的知识》，张金言译，商务印书馆 2017 年版，第 595 页。与“经验主义”相对应的是“理性主义”，它认为知识必然是从演绎推理中获得的，理性主义者通常都是以一个“三段论”为框架，继而通过大前提、小前提的层层推理，最终再得出一般的结论，它所使用的方法主要是演绎法。经验主义与理性主义作为近代西方两大认识论范式，二者间虽有诸多区别，但都以“确定的”知识的获得为根本追求。参见周晓亮：《西方近代认识论论纲：理性主义与经验主义》，载《哲学研究》2003 年第 10 期。经验主义作为一个哲学方法论，有着悠久的历史。早在亚里士多德时代，经验主义的思想观点便有了萌芽。与同时代的其他学者不同，亚里士多德在探讨医学问题时，尤为关注经验观察的重要性，并强调观察到了什么，就对其予以客观记录，从而尽量避免掺入自己的主观臆断。参见[美]凯特·凯利：《早期文明：史前—公元 500》，蔡和兵译，上海科学技术文献出版社 2012 年版，第 74~75 页。不过，从近代以来英

么"才会去按照"现实是什么"来进行客观的描述。①

格拉克曼虽出生在南非，却是在英国的学术体制下从事知识生产，在其学术研究的早期阶段，格拉克曼主要将研究的焦点集中在部落社会的社会结构、变迁领域，直到其将田野调查地点换到了巴罗策部落之后才开始了纯粹的、法学意义上的部落社会司法过程研究。但是，从其第一次进入田野调查时开始，我们就可以发现他的经验主义取向。只是，能否认为"格拉克曼一直在英国从事学术生产，因此就必然'先验性'地具备了经验主义的方法论思维呢"？笔者以为，答案应该是否定的。不过，值得注意的是，当格拉克曼进入金山大学学习法律时，他经常去听霍恩雷先生的哲学课，而霍恩雷女士（霍恩雷先生的妻子，金山大学的人类学教师）作为格拉克曼学术上道路上的"领路人"，一直是英国著名学者布朗（Alfred Radcliffe Brown）的理论学说的信奉者，她对英国学者身上所具有的那种经验主义"习气"尤为青睐，而这则会不经意地对格拉克曼的思维取向有所影响，实践证明也确实如此，这一点从其就读大学期间参加的一次田野调查中即可看出。② 另外，1934 年，格拉克曼以"罗德学者"的身份前往牛津大学，并跟随马雷特（R. R. Marret）教授攻读博士学位，从此以后，格拉克曼便渐渐融入英国的学术体制之中。从一个非常"实践主义"的角度来看，若想在英国人类学、法学界"站住脚"，首先就得以英国学术界普遍接

国哲学发展史的视角来看，经验主义的先驱虽然是弗朗西斯·培根，但经验主义的根本信条却是休谟在对经验问题的基本解释上构建起来的。参见［日］小川仁志：《完全解读哲学用语事典》，郑晓兰译，华中科技大学出版社 2016 年版，第 146 页。按照休谟的理解，任何"非经验的"都注定是没有任何意义的，与之相关，"超经验的"就是形而上学。任何一项经验都是有限的、具体的，理性是不能逾越经验的，任何对于因果关系的陈述，必然都是基于经验的观察得来的。换言之，任何思想和推论都存在于对经验的概括之中、因果关系的基础之上。然而，休谟的彻底的怀疑主义精神，使其构造出的这种获得知识的方法的路径显得非常的"不懈一击"，18~19 世纪，随着物理、科学技术的发展，一系列新的对休谟的经验主义予以修正了的经验主义接连诞生。参见郭贵春：《二十世纪西方经验主义思潮的演变》，载《自然辩证法通讯》1989 年第 4 期。当然，不论怎样，英国的经验主义，在本质上还是脱离不了休谟所开创的那种通过现实经验来获得对知识的认识的进路。

① See Raymond Firth, "Max Gluckman, 1911 - 1975", *Proceedings of the British Academy*, Vol. 61, 1975.

② 当时在沙佩拉的带领下，格拉克曼前往茨瓦纳地区进行了短暂的田野调查，其间，他详细地观察了祖鲁的酋长与国王因为利益而发生的纠葛。借由对田野的经验观察来分析田野场域中的现实问题，再将这些"经验—问题"模型抽象为理论，是格拉克曼在其毕生学术实践中坚持的根本原则。由于对经验观察，特别是对田野中经验观察的高度关注，戈登（Robert J. Gordon）在对格拉克曼的学术生涯进行总结时，专门用了一个特别凝练的句子——"一个幸运儿在非洲的民族志生活"。See Robert J. Gordon, *The Enigma of Max Gluckman: The Ethnographic Life of a "Luckyman" in Africa*, Lincoln and London: University of Nebraska Press, 2018.

受的哲学传统为基础，否则，他所从事的学术研究便难以获得广泛认可。这一点，通过分析马林诺夫斯基的学术经历即可得知。马林诺夫斯基作为出生在波兰，而后在英国的学术体制下从事研究的学者，当年前往特罗布里恩德群岛就其是否存在“法律”进行田野调查时，践行的就是一种经验主义的观察方法，而不是欧洲大陆国家普遍“信仰”的理性主义的演绎方法。①

1940 年，格拉克曼发表了一篇具有世界学术影响力的论文，即《现代祖鲁兰的一个社会情境分析》，在该文的一开始，他便以一种经验主义的叙事方式写道，“在这篇文章中，我所要探究的是北祖鲁兰的黑人与白人之间的关系。1936 年至 1938 年，我在北祖鲁兰从事了 16 个月的田野调查……我在该文分析的过程中，会描述一系列事件，这些事件都是我在一天中现实观察到的”。② 同年，他又发表了另一篇论文，即《南非的祖鲁王国》，在该文中，他讨论了祖鲁地区的政治组织所经历的两次根本性变革、祖鲁地区的白人与黑人的对立与合作、祖鲁地区异教徒与基督教徒之间的关系等。格拉克曼强调的很多信息都是他在祖鲁兰的田野调查（1936～1938 年）中搜集而来，因此，其结论的得出也必然离不开对祖鲁兰社会结构、关系的现实经验观察。③ 15 年后，凝结了格拉克曼法律人类学核心思想的著作《北罗德西亚巴罗策的司法过程》（第一版）一书在英国出版，当时，著名法学家、牛津大学法理学教授古德哈特（A. L. Goodhart）在为该书所作的序言中，直言不讳地表达了格拉克曼在对巴罗策部落社会司法过程研究中所表现出来的“经验主义”立场，他说：

> 可以确信的是，早在一个多世纪之前，法律史学家梅因在其著作《古代法》及《早期的法律与习惯》中花了一定的篇幅讨论了“原始法”（Primitive Law）这个主题。他认为原始法在本质上有着宗教的性质，其间充斥着宗教仪式与惯例。但是，他在该书中所进行的归纳与

---

① 格拉克曼到牛津大学求学之时，英国的法律人类学基本上是以马林诺夫斯基为中心的，他开创的“参与观察”方法，不仅“颠覆”了前辈法律人类学家坐在躺椅上对这门学科展开理论想象的传统，更重要的是，他把由培根开创的经验主义哲学带进了他的法律人类学分析中，而这无疑更适合英国学术界的“大众口味”。

② See Max Gluckman, “Analysis of a Social Situation in Modern Zululand”, *Bantu Studies*, Vol. 14, Issue 1, 1940.

③ See Max Gluckman, “The Kingdom of the Zulu of South Africa”, in Meyer Fortes and Edward E. Evans－Pritchard eds., *African Political Systems*, London: Oxford University Press, 1940, p. 25－55.

总结甚少是基于第一手的资料，而这不免就会使其得出的结论难以令当下的学术界信服……人们之所以拒绝承认早期的原始法研究具有一定的重要性，可能是由两个原因造成的：第一，早期法律并不符合奥斯丁（John Austin）对“法律是一种命令”的经典定义；第二，实证材料的有限性。然而，相较于早期法律人类学家，是格拉克曼第一次、也是最早地使我们拥有了一部有关早期法律的案例集（a case book）。从这本案例集中我们不仅可以看到一套“行动”中的原始法律体系，我们还可以感受到那些洛兹法庭中的法官的精神过程（Mental Process）。①

相较于作为“他者”的古德哈特，格拉克曼自己也在该书第一版（1955年）的序言中提道：

这本书是以田野调查的经验材料为基础的，那时我还是罗德斯—利文斯顿研究所的研究员，从1940年开始至1947年结束，在这期间，我在巴罗策兰一共花了27个月的时间从事调查工作。②

格拉克曼的这本书于1955年出版后，受到了法学界、人类学界、社会学界的强烈关注，其中还有不少法学院、人类学系将其作为教材或者专业必读书。然则，其中也有不少对格拉克曼的书中的某些观点批评的声音，有基于此，格拉克曼决定通过一些修正来回应某些批评，最终，该书的第二版于1967年与读者见面了，在该版的序言中，格拉克曼还是一如既往地强调自己的“经验主义”哲学立场。

这本书是对于我自1940年至1947年从巴罗策的法庭庭审实践中现场观察到的案件的一个详细记录……其主要是希望借由此种方式来分析巴罗策的司法过程与其社会生活、文化之间的关系。③

经验主义一直是格拉克曼在从事部落社会司法过程研究中坚持的基

① See Max Gluckman, *The Judicial Process among the Barotse of North Rhodesia*, 2nd ed, Manchester: Manchester University Press, 1967, p. xiii-xvii.

② See Max Gluckman, *The Judicial Process among the Barotse of North Rhodesia*, 2nd ed, Manchester: Manchester University Press, 1967, p. xxi-xxii.

③ See Max Gluckman, *The Judicial Process among the Barotse of North Rhodesia*, 2nd ed, Manchester: Manchester University Press, 1967, p. xiii-xvii.

本信条，他相信，任何“科学的”结论的得出都不是靠“臆测”或是“想象”的，那种19世纪在英国流行的对于人类学展开“历史的想象”的时代已经一去而不复返了。唯有扎根于现实的观察，相信现实的观察，从经验出发才能形成有价值的结论。不仅如此，就是在对部落社会的宪制、动产及不动产所有权的研究过程中，格拉克曼也是通过经验主义的观察来建构其思想体系的。

于此，笔者设想，如果格拉克曼不是以经验主义，而是以大陆法系的唯理主义来作为其知识建构的哲学立场的话，那么，是不是其所得出的结论，甚至更进一步说，还会不会选择部落社会司法过程来作为研究对象，可能就有待商榷了。不过，值得注意的是，经验主义与理性主义之间并不必然是对立关系，而是对立中存在着“合作”。换言之，格拉克曼的经验主义思维中也带有一定的理性主义，有关这一点，在其学术研究中也可以明显地感受到。

二、历史法学

在格拉克曼的学术思考轨迹中，如果说“经验主义”让他对法律人类学的方法论思维有着更为深入的理解及更坚定的“信仰”的话，那么，“历史法学”①则为他提供了一种不同于其他法律人类学家思考问题的视角。

① 揆诸法律史，“历史法学”（Historical Jurisprudence）作为一个法学流派，于19世纪初期在德国诞生，很快便向其他国家、地区传播。参见雷磊：《什么是法教义学？——基于19世纪以后德国学说史的简要考察》，载《法制与社会发展》2018年第4期。当该学派被“介绍”到英国时，由于受到英国学者传统经验主义哲学倾向的影响，其中不少内容悄然发生了变化。众所周知，拿破仑战争后，德国的民族情绪上升到了一个新的高度，人们都在争相期盼着一个伟大的“想象共同体”的出现，人们普遍相信，一部内容完备、体系健全的《民法典》可以帮助德意志实现伟大的“强国梦”，此后，围绕着应否制定一部《民法典》，在蒂博与萨维尼之间发生了一场著名的争论，法律史上将其称为“蒂—萨之争”（Thibaut－Savigny Controversy）。See Albion W. Small, “Some Contributions to the History of Sociology. Section Ⅱ. The Thibaut－Savigny Controversy: Continuity as a Phase of Human Experience”, *American Journal of Sociology*, Vol. 28, No. 6, 1923. 英国因为不存在所谓的民族国家统一的历史任务，因此，相较于德国历史法学派的这种“实利主义”，其显得略加学术化一些。的确，格拉克曼从事学术研究的那个时代，已然迈过了历史法学的“黄金时代”，不过，梅因、梅特兰（Frederic William Maitland）的学术观点及思想的影响力却始终未曾减弱。梅因通过对罗马法、日耳曼法、英国法的全面探究，提出了一个著名的法律进化公式，即“所有社会的进步运动，到此处为止，是一个从身份到契约的运动”。See Henry Sumner Maine, *Ancient Law: Its Connection with the Early History of Society and Its Relation to Modern Ideas*, New York: Henry Holt and Company, 1906, p. 165. 当然，他的这个法律进化公式很大程度上乃是源于其对罗马帝国后期的家庭法研究。可以说，梅因是第一位使用“历史方法”来研究古代法律的法律史学家，他的这种研究进路对于后世英国法学家起到了重要陶染。See R. H. Graveson, “The Movement from Status to Contract”, *The Modern Law Review*, Vol. 4, No. 4, 1941. 梅特兰是继梅因之后，英国历史法学的另一位代表人物，被誉为现代英国法律史之父，其一直对俄裔英国历史学家维

格拉克曼在对部落社会司法过程的研究中，一直受到历史法学思想观点的熏陶，他曾不止一次地在不同的著作、论文甚至演讲中，对马林诺夫斯基在部落社会法学问题的分析中有意忽略历史知识及历史方法进行批判。从格拉克曼对部落社会司法过程的学术思考谱系中，不仅可以看到他大段地引用梅因、梅特兰、维诺格拉多夫的观点，同时，还可以看见，他将这些历史法学家的诸多理论直接拿来分析巴罗策部落社会司法过程中的“法律史”问题。限于篇幅，接下来，笔者将举出格拉克曼对梅因的历史法学思想中几个最为核心的知识观点的吸收、运用的例子。

第一，法学研究是从法律现象处开始，而不是从法典处开始。梅因认为，为世界所周知的法律制度是从法典处开始，亦是从法典处结束……然而，毋庸置疑的是，在这些法典的后面还存在诸多的法律现象。① “法律史研究是从法律现象开始，而不是从法典开始”，这个观点被格拉克曼所接受了，因为巴罗策部落社会基本没有西方法学意义上的那种成文法典，②因此，研究该社会，就必然要从诸多的法律现象开始，比如，对于盗窃、通奸、买卖、婚姻等直观的法律现象的研究，构成了格拉克曼部落社会司法过程的研究重心。此外，格拉克曼还将司法过程本身视为法律现象的呈现，亦即一个法官借由其知识、理性、技术来对当事人之间的纠纷予以裁决的过程。

第二，古代社会的法律在本质上是以“身份”为中心，而不是以“契约”为中心。原始社会的法律关系以身份为中心——不同的人基于其不同的身份从而享有不同的权利、履行不同的义务，身份主要体现在家庭、家族的不同个体之间的亲属关系上，其外在表现媒介是个人与家庭。梅因说：

诺格拉多夫(Paul Vinogradoff)钦佩有加。维诺格拉多夫于1854年出生于俄国的科斯特罗马，他的父亲为莫斯科一女子高中的校长，母亲为一名退伍将军的女儿。维诺格拉多夫于1870年考入莫斯科大学历史系，1901年，他携其家人来到英格兰，1903年年底，他接替波洛克(Sir Frederick Pollock)担任牛津大学法理学教授。See F. M. Powicke, “Sir Paul Vinogradoff”, *The English Historical Review*, Vol. 41, No. 162, 1926. 在梅特兰看来，法律与历史之间是不可分割的，法律史不是形式而是观念，其本身就是历史。通过研究法律史，它会使过去学者的思想再一次地变得更为具有可信性。法律不是抽象的东西，它的材料必须要来自生活，而且必须还要回到生活中去。See Charles H. Haskins, “Frederic William Maitland (1850-1906)”, *Proceedings of the American Academy of Arts and Sciences*, Vol. 51, No. 14, 1916.

① See Henry Sumner Maine, *Ancient Law: Its Connection with the Early History of Society and Its Relation to Modern Ideas*, New York: Henry Holt and Company, 1906, p. 1-2.

② 1917年的《婚姻法》是个例外。但总的来看，不仅是格拉克曼所调查的赞比亚部落社会，就连非洲西部、中部，甚至整个非洲的部落社会，都很少见到成文法典。之所以如此，在笔者看来，可能性原因有四：一是缺乏制定法典的特定机构，如立法委员会；二是缺少专门的立法人才；三是没有制定成文法典的意识与思维；四是没有制定成文法典的必要。

> 古代法,对个人(individuals)是一无所知的。它关注的并不是个人,而是家庭,不是单一的个体,而是群体……每个个体,不被视为受到其出生、死亡的限制,其仅仅被视为其先祖在世的延续,其还会在其后裔中被不断延续下去。①

不难看出,在梅因看来,原始社会中的法律是在“家族”而非“个人”的社会背景中成长起来的。格拉克曼认为,梅因的这种分析同样也非常契合巴罗策部落社会的法律实践,他说:

> 在巴罗策部落社会,有关土地的诸多纠纷,其中就体现着一种“身份上的权利与义务”的特质。按照巴罗策的习惯法,在一个镇子中,头领因为其头衔(title)而从国王处获得土地,镇子的居民则因为其居民的身份而获得了在此土地上生活与工作的权利……头领的所有权利与义务都是他的社会身份中固有的一个组成部分。一个镇子居民对于其土地上的权利的享有,主要也是依靠他的身份而来。②

格拉克曼在对部落社会司法过程的研究中发现,部落社会的法庭基本上都是以梅因所谓的“身份”为中心来确定当事人之间的权利与义务的,纯粹的契约关系在巴罗策的部落社会还没有完全发展起来。他由此还特地模仿梅因的叙事模式总结道:“总体而言,洛兹社会到现在为止还是一个由身份而不是契约支配的社会。”③

20世纪60年代,当格拉克曼初步完成了对巴罗策司法过程的研究后,他开始尝试着将梅因的这种“身份”理论用在对其他部落社会的法律问题思考上。通过一系列经验观察及逻辑推演,最终,格拉克曼认为,不仅在赞比亚的巴罗策部落社会,在整个非洲的部落社会都是以“身份关系”为其主要结构特质。格拉克曼说:

> 在我们探究非洲法律特质之前,非常有必要了解一下法律运作其间的一般的社会背景。非洲部落社会主要是通过家庭间的亲属纽带

① Henry Sumner Maine, *Ancient Law: Its Connection with the Early History of Society and Its Relation to Modern Idea*, New York: Henry Holt and Company, 1906, p. 250.

② Max Gluckman, “The Technical Vocabulary of Barotse Jurisprudence”, *American Anthropologist*, Vol. 61, No. 5, 1959.

③ See Max Gluckman, *The Judicial Process among the Barotse of North Rhodesia*, 2nd ed. Manchester: Manchester University Press, 1967, p. 32.

来维持生活,他们实现他们的生活目标的方式主要是通过与他们的同伴展开合作。①

在非洲的部落社会,国王、头领、镇子上的居民,因为其不同的身份特征,在司法过程中所表现出的"举证责任"往往都是不同的。其实,早在格拉克曼从事部落社会司法过程研究之前,其在针对祖鲁的有关国王的权威、地位、政治权力等的田野调查中就曾提到,在部落社会:

> 任何人一旦进入属于某个政治权威(如酋长、族长、头领等)的领地,他即要服从这个权威。……在谈到有关领地内的土地所有权的时候,一个人要么被问到"谁是你的首领",要么被问到"你是属于谁的治下"。②

第三,部落社会司法过程中的法律术语问题。西方法学家,特别是现代英国法律史学家,往往都认为部落社会没有法律术语。不过,作为历史法学派代表人物的梅因,却持不同的观点。在梅因的著作中,他广泛讨论了与中世纪后期的欧洲人在观念上不同的罗马人、斯拉夫人与希伯来人、印度人及封建时代的人们的观念,但是在此过程中,梅因使用的却是一些当代的法学概念术语,如契约、继承、遗嘱、犯罪、侵权等。使用当代的法学术语,使他能够揭示出不同时代的人们之间的观念的同与异。③ 梅因的这种对待比较法律文化中的法律术语的态度,以及关于部落/原始社会中合同甚少、身份占据支配地位的社会中存在法律术语的命题,是格拉克曼部落社会司法过程研究的重要知识渊源。

三、现实主义法学

如前所述,部落社会的司法过程是一部动态的"法律史",而不是马林诺夫斯基那种对于野蛮/部落社会法律的静态描述。因此,如何以动态的视角去发现部落社会司法过程中存在的问题,就显得尤为重要。恰好,美国现实主义法学家(几乎都有丰富的司法经验)的经验知识可以满足格拉

① Max Gluckman,"Natural Justice in Africa",*Natural Law Forum*,Vol. 9,1964.

② Max Gluckman,"The Kingdom of the Zulu of South Africa", in Meyer Fortes and Edward E. Evans-Pritchard eds., *African Political Systems*, London: Oxford University Press, 1940, p. 29-30.

③ See Max Gluckman, *The Ideas in Barotse Jurisprudence*, Manchester: Manchester University Press,1965,p. xxiv.

克曼的研究需要。

“现实主义法学”(Legal Realism)作为恪守“现实主义理念”的法学流派,盛行于20世纪20年代至30年代的美国及斯堪的纳维亚半岛等国家与地区,其主要代表人物有霍姆斯(Oliver Wendell Holmes)、卢埃林(Karl N. Llewellyn)、弗兰克(Jerome Frank)、卡多佐(Benjamin N. Cardozo)等。卡多佐大法官曾说,“过往的10年(20世纪20年代),在(美国)法学场域最引人关注的事件,即是一个知识群体的兴起,该群体的成员将他们自己标榜为现实主义者”。① 1934年,知名法学家富勒(Lon. L Fuller)写了一篇文章,题为《美国的法律现实主义》,这是一篇被西方法学界视为经典的解读现实主义法学运动的文章。富勒说:

> 在过往的5年中(1929年至1933年),现实主义(法学)运动在美国法律思想界中可以说是达到了顶峰。诚然,关于该运动,早在20世纪之初,学界即有所感觉。现实主义者习惯于认为,霍姆斯大法官在1897年的一场演讲中表达的思想预示着这场运动的兴起。其实,早在1912年的时候,就存在着一个对现实主义者的观点的系统化解释,然而,当时却甚少为人所关注……一直以来,现实主义者都坚持认为,并不存在所谓的“现实主义学派”。②

不论美国现实主义法学家如何对自己的“学术身份”进行定位,从法律史的视角来看,这些学者的思想都存在较多的内在一致性或者说思想间存在诸多的共通性。这些“共通性的思想”为格拉克曼的部落社会司法过程研究提供了诸多的知识渊源。在笔者看来,至少在如下几个方面,表现得很明显:

第一,选择部落社会司法过程研究的理由。20世纪前40年,对西方法律人类学来说,可以说是“马林诺夫斯基时代”。如前所述,马林诺夫斯基在特罗布里恩德群岛从事田野调查时,其学术关注的核心点是,原始/野蛮社会是否存在“法律”?如果存在,那么,“法律”又发挥着怎样的功能?应该说,这种对“法律”的“总体性”关注与研究,一直是英国法律人类学研究的知识传统。只是,同样是对原始/野蛮社会的“法律”问题进行研

---

① See Benjamin Nathan Cardozo, *Selected Writings of Benjamin Nathan Cardozo*, Margaret E. Hal ed., New York: Fallon Law Book Company, 1947, p. 10.

② L. L Fuller, “American Legal Realism”, *University of Pennsylvania Law Review and American Law Register*, Vol. 82, Issue 5, 1934.

究，格拉克曼为什么没有对部落社会的某个法律制度，比如说物权、债权、土地所有权等进行观察与思考，而是选择了司法过程这样一个在当时的法律人类学家看来有点奇怪的"法律"问题进行研究呢？

纵观人文社会科学发展史，"过程"这个术语在格拉克曼从事研究的那个时代并不是个热门词汇，而且从该术语本身，人们似乎也无法洞悉它的学科意义。但是，在前面加上了"司法"一词，定然就会让它的"法学属性"得到更为明确地彰显。除此之外，还有一个重要的"学术事件"不可忽略，那就是1921年美国著名法学家、大法官卡多佐出版了《司法过程的性质》一书。该书对美国、英国、法国、德国等国家的法学理论与司法实践产生了极为深刻的影响，书中的诸多观点由此被视为不容置疑的"真理"。因此，从事"部落社会的司法过程研究"，可以说是"顺应学术潮流"的理性选择。当然，格拉克曼本身对美国现实主义法学、卡多佐思想理论的钦佩与认同，也是促成他关注该"学术事件"，或者说"利用"该"学术事件"的潜在动力。可以看到，他在探索部落社会司法过程学术问题的过程中，曾不止一次地援引卡多佐的理论与学说。在所有这些"格拉克曼从事部落社会司法过程研究"的"理由"①之中，卡多佐的个人魅力及对于现实问题的深刻洞察力，无疑对解释格拉克曼选择从事该研究最具说服力。而这无疑又从另一个侧面说明了，现实主义法学思想对于格拉克曼的渗透与影响。

第二，现实主义法学学说体系中核心观点的解释力。现实主义法学家普遍认为，法律是不确定的，在司法实践中，法官的主要任务是不断填补法律中的"缝隙"。有关这一点，卡多佐引用了英国著名法官帕克（James Parke）爵士的话：

> 我们普通法的制度是通过综合把握各种新境况，这种新境况是从法律原则与司法判例中推导出来的。而为了获得一致性、持续性与确定性，我们必须将那些明显不合情理、不便捷的规则适用于所有案件中……它并不意味着，这些规则是没有缝隙的，霍姆斯大法官在他的闪亮的格言里做了一些总结：我毫不犹豫地承认，法官必须要立法，但是他们仅仅只在有缝隙时才应这样做。②

① 当然，还有一个理由，但缺乏有效证据核实，只是笔者根据自己的知识及对当时整个英国学术氛围的理解而作出的判断：当时在英国甚至整个欧洲从事知识生产的法律人类学家、社会人类学家，没有人发现这个"学术富矿"，毕竟，从事该项研究，不但需要专业的人类学知识，而且需要有着较好的法学知识基础。

② Benjamin N. Cardozo, *Nature of the Judicial Process*, New Haven: Yale University Press, 1921, p. 68–70.

在那些“躺椅上的人类学家”或者“书斋里的法学家”看来，部落社会的法律体系，绝对不如西方或者说盎格鲁—美国的法律体系那样发达。但是，在格拉克曼田野调查的过程中，他渐渐发现，其实过去的许多法学家，特别是法律史学家（梅因除外），普遍存在一个“理解点选择”的误区，即他们大都认为原始/部落社会是没有“法律”的，既然都没有了“法律”，再大谈什么“法律制度”，岂不谬哉。格拉克曼通过自己的田野调查，对这个先验“判断”予以了有力驳斥。当然他还不止于此，因为在他看来，部落社会不仅有“法律”，而且还同西方或者说盎格鲁—美国的法律体系一样，在其“法律”中也普遍存在着缝隙。因此，部落社会的“法官”在司法实践中的任务，也就理所当然地包括了填补缝隙、进行新的立法。有关这一点，笔者观之，他是完全借鉴了卡多佐的观点，卡多佐说：

> 在我就任法官的前几年里，一直被不能在大海中找到适航的路线的问题所困扰。我寻求法律的确定性，当发现此举是徒劳时，便表现出不悦甚至压抑。我不断尝试着去寻找陆地，一块生长着确定的与既定的规则的陆地……随着我的阅历的增长，我开始渐渐明了，司法过程的最本质要义不在于发现法律，而在于创造法律。在这一系列法律创造的过程中，质疑与不安、期望与恐惧，都是智识、灭亡之痛、诞生之痛的应然构成部分，其间，既有已然超期“服役”的旧的规则，同时，也有新的规则开始诞生。①

在对部落社会司法过程的学术研究中，格拉克曼发现了卡多佐这种有关“司法过程本质”的洞见所具有的普世价值，因为他所调查的巴罗策部落社会，是一个只有语言而没有文字的部落社会。在司法过程中，可资法官借鉴的“法律”渊源，几乎没有大陆法学意义上的体系化“法典”（code），也无英美法学意义上的“判例汇编”（precedents）。被法官们所最为看重的或者说起着主要“法律”渊源作用的乃是部落社会的“习惯（法）”。即使没有一套国家法意义上的法律规则，但在司法实践中，法官们也没有偏执地以为“习惯（法）”是完美无瑕的。部落社会的法官会认为，它与西方社会的法律规则一样，其间同样存在很多的缝隙。因此，法官在裁决纠纷的过程中，一旦遇到没有习惯可用或习惯本身就存在缝隙的情

① Benjamin N. Cardozo, *Nature of the Judicial Process*, New Haven: Yale University Press, 1921, p. 166-167.

况,他/她就有必要在理性的“偏离”(leeway)范围内对眼前的法律事实进行新的立法,以实现公平与正义。

第三,司法过程中历史学、社会学等方法的运用。在部落社会司法实践中,法官如何借由一套理性、逻辑的方法来判断事实、证据的真伪,继而再在此基础上得出合理的判决,是至关重要的。然而,笔者在梳理格拉克曼对此问题的思考进路时,发现他非常欣赏甚至有些“依赖”现实主义法学家提倡的那一套方法,特别是霍姆斯、卡多佐提出的历史学、社会学方法。无论是霍姆斯,还是卡多佐,对“历史”都充满了关注。比如,霍姆斯就曾说过,如果考察一下合同法,我们就会发现其间充满了历史。① 卡多佐也强调,某些法律概念完全是历史的产物。② 在司法实践中,一旦脱离了对历史学方法的运用,必然会阻碍司法意义上的正义的实现。当然,除了历史学方法之外,现实主义法学家还将社会学方法视为司法过程中必不可少的方法之一,有关这一点,卡多佐曾经写道,“这种方法,亦即社会学方法,经常是留作备用的。它是其他方法的一个裁决者,最终由它来决定究竟应采用哪个方法……我们所处的时代,确定性的规则甚少,不可能某一天要求这些规则去证明他们自身作为实现一个目标的手段的存在的重要性”。③ 格拉克曼在对部落社会司法过程的分析中,充分运用了卡多佐提倡的社会学方法,并对它赞不绝口,格拉克曼曾写道,“卡多佐将社会学方法视为填补法律发展有缝隙时对其他方法的一个裁决者。很显然,这种方法在洛兹部落社会的每个案件的司法过程中也发挥着极其重要的作用。此外,正如霍姆斯大法官所指出的,卡多佐大法官对司法过程中所用方法的分析,因为他作为一个致力于法律中的事实发现的上诉法院的法官的工作经验而被添彩了……这种方法的适用在法官明确根据‘衡平’(equity)原则来判决的案件中表现得尤为清晰”。④

现实主义法学作为一股强调“实践中的法”或者说“行动中的法”的法学思潮,在20世纪的西方法学界,特别是美国法学界有着重要影响,它对以庞德(Roscoe Pound)为代表的社会学法学派形成了有力挑战,这也难怪

① See Oliver Wendell Holmes, “The Path of the Law”, *Harvard Law Review*, Vol. 110, No. 5. 1997.

② See Benjamin N. Cardozo, *Nature of the Judicial Process*, New Haven: Yale University Press, 1921, p. 65.

③ Benjamin N. Cardozo, *Nature of the Judicial Process*, New Haven: Yale University Press, 1921, p. 98.

④ Max Gluckman, *The Judicial Process among the Barotse of North Rhodesia*, 2nd ed. Manchester: Manchester University Press, 1967, p. 291.

这位一向斯文的哈佛大学法学院院长，为什么会发文来对这个所谓的“学派”的观点提出批判了。① 有关于此，并不是笔者讨论的问题之所在。笔者想要强调的是，格拉克曼对这种充满了实践主义风格的法学观念与方法的借鉴、吸收和运用，无疑为他部落社会司法过程的研究贴上了不同于传统法律人类学的“标签”，也为他后来体系化地建构“扩展案例分析法”提供了智识渊源。

综上所述，格拉克曼之所以研究部落社会司法过程，在许多与其同时代的法律人类学家看来，或许是一个偶然。然而，在笔者看来，此实属一个偶然中的必然。众所周知，一个简单明了的有关学术研究的基本定则是，若想从事某一项具体研究，是否掌握了该研究所要求的基本知识，将决定着该研究是否可以展开；是否掌握了该研究所需要的基本方法，将决定着该研究是否可以得出科学的结论。② 由此出发，如果说格拉克曼一直是以大陆法系的“法典主义进路”来从事部落社会司法过程的研究，那么，其所撰写的可能就是带有浓厚理性主义风格的部落社会司法过程的“法律史”了。的确，部落社会司法过程本身就是一部简短的“法律史”，只是，在我们看来，这部“法律史”中涉及的知识尤为多元，其中既有历史法学中的古代社会的“身份”本位的知识，亦有现实主义法学中的“法律是一种行动”的知识，除此之外，还有一种更为超越的哲学立场，即经验主义，贯穿于该“法律史”叙事的始末。而这些知识、方法、立场，对格拉克曼的学术品格塑造是至关重要的。甚至可以说，这些知识、方法、立场，从根本上决定了格拉克曼的学术品格。

---

① 有关庞德对现实主义法学的批判，可参见 Roscoe Pound, “The Call for a Realistic Jurisprudence”, *Harvard Law Review*, Vol. 44, Issue 5, 1931。

② 有关这一点，我们可以西方法律史发展进程中曾经发生的一场“法学论战”为例。论战的一方是哈特（H. L. A. Hart），时任英国牛津大学法理学教授；另一方是富勒（Lon L. Fuller），时任美国哈佛大学法理学教授。哈特认为，“法律是什么”与“法律应该是什么”并不等同，由此，法律是法律，道德是道德，法律与道德应该有着清晰的界限。如果将这二者放在一起，就必然失去了道德作为批判法律的工具性作用。See H. L. A. Hart, “Positivism and the Separation of Law and Morals”, *Harvard Law Review*, Vol. 71, Issue 4, 1958. 富勒对此观点提出了坚决反对，他认为，以哈特为代表的法律实证主义者坚持在法律与道德之间划清界限的做法无异于是按照“秩序与好秩序”来划分“法律与道德”，而在实践中，这两种秩序是难以分开的。See Lon L. Fuller, “Positivism and Fidelity to Law—A Reply to Professor Hart”, *Harvard Law Review*, Vol. 71, Issue 4, 1958. 于此，笔者不想去评判究竟谁的观点更生动，或谁的观点更具说服力，只想表明，即使像哈特、富勒这样世界一流的法学家，他们在对某个具体问题进行研究时，由于各自原先的知识结构及分析进路的不同，对同一个问题也会作出截然相反的解释。

第二章 部落社会司法过程研究中的法律本体论

在部落社会司法过程中，法官要面对的最为基础也是最为核心的问题就是阐释“法律是什么”。[①] 如果这个问题没有解决好，势必会影响司法裁判目标的实现。纵观 20 世纪上半叶法学与人类学的理论发展史、学术发展史，有关部落社会法律概念与术语[②]的本体论问题曾引起诸多学者参与讨论，虽然涉及的主题较广、内容较多，[③]然而，法学界与人类学界共同关注且争论最为激烈的论题主要集中在如下三个方面：一是西方现代意义上的法律概念与术语，如法律、物权、所有权、合同等，其含义是不是非常具有确定性？二是部落社会是否存在一套与西方现代文明社会类似的法律概念与术语体系？若存在，研究者又该秉持何种认识与研究进路？三是部落社会倘若存在一套现代西方法学意义上的法律概念与术语体系，其到底是用部落社会的本地语言（某族群的特有语言），还是西方社会的语言（如英语）来表述才更为科学？

---

① 作为一位行走在田野上的学者，格拉克曼对于理论问题的分析始终是以“行动中的法”（law in action）为参照，这一点，与传统法学家，特别是以埃利希、庞德等为代表的理论法学家倡导的学术进路颇为类似。如埃利希认为，法学发展的重心，无论是过去，现在还是未来，不是立法、法律科学、司法判决，而是社会本身。换言之，从社会中发现“活法”（living law），是埃利希对法的阐释/认知所秉持的基本原则。See Suri Ratnapala, *Jurisprudence*, Cambridge: Cambridge University Press, 2009, p. 203. 庞德认为，法律必须是稳定的，且又不能一成不变。社会生活变化无序，法律应该时刻关注此种“变迁”，这就要求法学家在求思实践中不断摸索变化法律秩序中的不变及不变法律秩序中的变化。See Roscoe Pound, *Interpretations of Legal History*, New York: The Macmillan Company, 1923, p. 1. 不过，与埃利希、庞德不同的是，格拉克曼对部落社会理论法学问题的关注，是通过参与式的“经验观察”来实现的，即在实践中理解/分析“行动中的法”，而不是埃利希、庞德那种在理论上理解/分析“行动中的法”。

② 从分析实证法学视角来看，“法律概念”（legal concept）主要关注的是一种哲学本体论意义上的“是什么”（what is）；“法律术语”（legal term），其不仅包括法律概念，还包括具有法律意义的诸如赠与、买卖、借贷、租赁、所有权、占有等专有名词的概念解释。不过，在 20 世纪上半叶的理论争论中，大多学者并未对其进行严格区分，格拉克曼亦是经常将“法律概念”与“法律术语”在同一场域下混合使用。笔者之所以采用“法律概念与术语”的表述，乃是为了更清晰、完整地呈现格拉克曼有关此问题的思考进路。

③ 比如，法律的作用、本质、功能等。See Edgar Bodenheimer, *Jurisprudence: The Philosophy and Method of the Law (Revised Edition)*, Cambridge: Harvard University Press, 1974, pp. 111 - 133; Wilfrid E. Rumble, Legal Realism, “Sociological Jurisprudence and Mr. Justice Holmes”, *Journal of the History of Ideas*, Vol. 26, No. 4, 1965.

与所有其他论者不同,格拉克曼在讨论这些问题时,始终围绕社会人类学的方法论视角与个人的切身生命经验而展开。这位“曼彻斯特学派”(Manchester School)[①]的创始人通过对部落社会司法过程的参与观察,以人类学家的法学情怀与法学家的人类学叙事格调对“法律概念与术语”这一本体论问题作出了知识增量上的杰出贡献。

有鉴于此,在本章,笔者拟系统考察格拉克曼对部落社会法律概念与术语的本体论探究过程,具言之:首先,揭示传统理论法学家、人类学家对法律概念确定性的追求过程,以及格拉克曼在对传统观点批判基础上建构起来的“模糊论”解释范式;其次,呈现传统学界对部落社会性质的认识进路,以及格拉克曼对部落社会法律概念与术语设置的正确认识进路;最后,系统梳理格拉克曼与博安南有关“部落社会法律概念与术语的翻译进路”问题展开的争论,并深入分析格拉克曼与博安南有关“部落社会法律概念与术语”的“翻译性”之争的实质。

第一节　法律概念与术语的“模糊论”解释范式

“现今,我们当中那些谦虚的、有学问的人已经不再尝试着给法律下定义了”,[②]这句被西方理论法学界奉为经典的格言,诉说的无非是一个,自从法学作为一门学科诞生以来的法哲学难题。虽说,学者们深知“所有对于法律的定义是危险的”(*Omnis definitio in lege periculosa*),给法律创设一个确定性的含义更是危险中的危险,但谁也未能阻止他们对这一危险的狂热追求。

一、格拉克曼对传统定义进路的批判

早在古希腊时期,学者们就对法律概念这一问题进行了思考。柏拉图认为,法律就是理性的产品,与自然本身同义;[③]亚里士多德认为,法律就是

① “曼彻斯特学派”作为一个学术流派兴起于20世纪40年代初期,其特征有三:(1)关注于非洲部落社会问题的专门研究;(2)与牛津学术传统保持密切联系;(3)以格拉克曼为学术领袖的团队合作。See Marian Kempny,“History of the Manchester ‘School’ and the Extended-Case Method”, *Social Analysis: The International Journal of Social and Cultural Practice*, Vol. 49, No. 3, 2005. “曼彻斯特学派”研究领域关涉部落社会的政治、法律、经济、仪式等各个领域,然就其对法律人类学这门知识体系的贡献来讲,则主要表现在方法论领域,特别是扩展案例分析法。See David Mills,“Made in Manchester? Methods and Myths in Disciplinary History”, *Social Analysis: The International Journal of Social and Cultural Practice*, Vol. 49, No. 3, 2005.

② See Max Radin,“A Restatement of Hohfeld”, *Harvard Law Review*, Vol. 51, No. 7, 1938.

③ See Huntington Cairns,“Plato's Theory of Law”, *Harvard Law Review*, Vol. 56, No. 3, 1942.

一个既定的政治权威关于正义的特定表述。① 受柏拉图与亚里士多德法学观的影响,古罗马法学家西塞罗(Marcus Tullius Cicero)指出,法律就是正义的显现。② 进入中世纪后,天主教拥有了压倒一切的势力,神法学家阿奎那(Thomas Aquinas)将法分为永恒法、自然法、神法与人法,③并将人法定义为"一种指引或约束人们行为的规则"。④ 中世纪后期,随着罗马法在欧洲各国的复兴,从"社会契约"(social contract)来思考"法律是什么"成了法学研究的习惯性范式,法律就是社会契约的必然结果。⑤ 18 世纪中叶至 19 世纪初叶,以边沁(Jeremy Bentham)、奥斯丁(John Austin)等为代表的英国分析法学家在谈及"法律是什么"这一问题时,一般都将其视为一种命令,⑥以"先验唯心主义"(*transcendental idealism*)为分析立场的德国古典哲理法学派,其代表人物为康德与黑格尔,前者认为,法律是道德的一个重要组成部分,法律就是对自由的保障;⑦后者认为,法律就是任何一个自由意志的存在。⑧ 而以艾科恩(Karl Friedrich Eichhorn)、萨维尼(Friedrich Carl von Savigny)等为代表的德国历史法学派则认为,法律只能自发或盲目地发展起来,⑨法律从本质上讲就是一种"民族精神"。⑩ 20 世纪初叶,以霍姆斯(Oliver Wendell Holmes)为代表的美国现实主义法学家普遍

---

① See Clifford Angell Bates, "Law and the Rule of Law and Its Place Relative to Politeia in Aristotle's Politics", in Liesbeth Huppes Cluysenaer & Nuno M. M. S. Coelho eds., *Aristotle and The Philosophy of Law: Theory, Practice and Justice*, Dordrecht: Springer Netherlands, 2013, p. 62.

② See James M. Donovan, *Legal Anthropology: An Introduction*, Lanham: Altamira Press, 2007, p. 5-6.

③ See Jack Donnelly, "Natural Law and Right in Aquinas'Political Thought", *The Western Political Quarterly*, Vol. 33, No. 4, 1980.

④ See R. W. Dyson, *Aquinas Political Writings*, Cambridge: Cambridge University Press, 2002, p. 77.

⑤ See Eugen Ehrlich, "Montesquieu and Sociological Jurisprudence", *Harvard Law Review*, Vol. 29, Issue 6, 1916.

⑥ See Edgar Bodenheimer. *Jurisprudence: The Philosophy and Method of the Law (Revised Edition)*, Cambridge: Harvard University Press, 1974, p. 104-109.

⑦ See Thomas C. Grey, "Serpents and Doves: A Note on Kantian Legal Theory", *Columbia Law Review*, Vol. 87, No. 3, 1987.

⑧ See W. F. Hegel, Translated by H. B. Nisbet, *Elements of the Philosophy of Right*, Allen W. Wood ed., Cambridge: Cambridge University Press, 1991, p. 58.

⑨ See Ernst Freund, "Historical Jurisprudence in Germany", *Political Science Quarterly*, Vol. 5, No. 3, 1890.

⑩ See Hermann Klenner, "Savigny's Research Program of the Historical School of Law and Its Intellectual Impact in 19th Century Berlin", *The American Journal of Comparative Law*, Vol. 37, Issue 1, 1989.

以“法庭”为中心来对法律的概念进行阐释，霍姆斯认为，法律就是事实上法庭将要作出的预言；卡多佐(Benjamin Nathan Cardozo)认为，法律就是一系列由法庭实践执行的规则体系。①

与格拉克曼之前的传统法学界在法律概念的阐释过程中对于其含义确定性——以“法律就是”为表述方式——的追求类似，现代西方社会/文化人类学从其诞生的那一刻开始，也踏上了一条追求法律概念确定性的道路，其大致围绕三个进路展开：(1)习惯的定义进路。比如，巴顿(R. F. Barton)认为，在伊富高，所谓法律，就是禁忌与习惯。② 哈特兰(E. Sidney Hartland)认为，在原始社会，法律就是部落习惯的总和。③ (2)权利性或义务性规则的定义进路。比如，德赖伯格(J. H. Driberg)认为，法律是一套规制个体及群体的行为规则。④ 马林诺夫斯基(Bronislaw Malinowski)认为，法律就是一套有约束力的义务规则体系。⑤ 沙佩拉(Isaac Schapera)认为，法律就是法庭将要适用的规则体系。⑥ (3)强制力/权威机构的定义进路。比如，布朗(Alfred Radcliffe- Brown)认为，法律就是政治组织化的机构对于社会控制的体系化适用。⑦ 普理查德(E. E. Evans-Pritchard)将法律的定义与是否存在立法、司法职能的机构紧密关联，并由此得出，在一个严格的单词意义上，努尔人(the Nuer)是没有法律的。⑧

格拉克曼之前的这些法学家与人类学家对“法律概念”这一问题所进行的思考，其根本目的都在于尝试着去建构一套法律“确定性的”知识体系，即法律的概念在意义层面上是确定的，其或是规则，或是民族精神，或是禁忌，或是社会控制的工具等。

对于传统理论法学界与人类学界“刻意”追求法律概念确定性的尝试，格拉克曼表示出了强烈反对。首先，他运用语义学的知识，对学界有关

---

① See C. M. N. White, “African Customary Law: The Problem of Concept and Definition”, *Journal of African Law*, Vol. 9, No. 2, 1965.

② See R. F. Barton, *Ifugao Law*, Berkeley: University of California Press, 1919, p. 11.

③ See E. Sidney Hartland, *Primitive Law*, London: Methuen & Co. Ltd., 1924, p. 5.

④ See J. H. Driberg, “Primitive Law in Eastern Africa”, *Journal of the International African Institute*, Vol. 1, No. 1, 1928.

⑤ See Paul Bohannan, “The Differing Realms of the Law”, *American Anthropologist*, Vol. 67, No. 6, 1965.

⑥ See Isaac Schapera, *A Handbook of Tswana Law and Custom*, London: Oxford University Press, 1938, p. 35-38.

⑦ See Alfred Radcliffe-Brown, *Structure and Function in Primitive Society: Essays and Addresses*, Glencoe: The Free Press, 1952, p. 212.

⑧ See E. E. Evans-Pritchard, “The Nuer of the Southern Sudan”, in M. Fortes & E. E. Evans-Pritchard eds., *African Political Systems*, London: Oxford University Press, 1940, p. 293.

该问题争论的实质予以了说明。

> 很多的讨论都将注意力的焦点放在了“法律是什么”(what is law)这个主题上。如果让我说得直截了当一点的话,这种争论尤为鲁莽。因为,其间的许多论战都是来自有关“法律”这一单词本身的争论,而这又是以他们假设这个单词必须只能有一个含义为基础的。①

其次,格拉克曼引用著名法理学家斯通(Julia Stone)的观点,以强调“法律”这一概念的含义多样性对于法律社会学/人类学研究的必要性。

> 如果我们意欲用英语作为法律社会学研究的学术语言,那么,诚如斯通所言,“保持法律概念的含义多样性,无论是对具体问题做社会分析,还是逻辑分析,都是极其重要的”。②

最后,从社会/文化人类学视角出发,格拉克曼对传统人类学界、法学界的一些权威性观点予以了批判。

> 如果按照人类学家布朗所谓的“政治上有组织的,是意味着法庭的存在的话,那么,显而易见,很多社会是没有法律的”;普理查德也强调,由于努尔人生活的地区没有法庭,那么,努尔人也就没有法律,但其学生豪厄尔作出的结论却并非如此。许多法学家亦是循沿着既定的(确定性的)分析路径来对法律的概念进行探究,这一点,法律史学家维诺格拉多夫、法理学家古德哈特等即是代表。要我再去列出更多的对法律概念的含义确定性追求的范例实属乏味。在我看来,“法律”这个单词没有一个严格意义上的定义。③

尤为吊诡的是,格拉克曼对传统法学、人类学界有关法律概念确定性追求的批判,只是选择了在理论法学与社会/文化人类学领域较有影响的几位学者,这难免让后世学者感觉有点“选择性批判”的“味道”。不过,笔

① Max Gluckman, *Politics, Law and Ritual in Tribal Society*, Oxford: Basil Blackwell, 1965, p. 178.

② Max Gluckman, *Politics, Law and Ritual in Tribal Society*, Oxford: Basil Blackwell, 1965, p. 180-181.

③ Max Gluckman, *Politics, Law and Ritual in Tribal Society*, Oxford: Basil Blackwell, 1965, p. 181-182.

者以为,格拉克曼之所以这样做,原因可能有三:一是这几位被批判的学者都是学界大家,批判他们的观点容易引起学界关注;二是格拉克曼确实对这些被批判者的学术立场、理论观点特别熟悉,误批的可能性相对较小;三是格拉克曼觉得相较于批判,建构一套新的知识体系会显得更有意义。

众所周知,之所以法学界会追求法律概念的确定性,从方法论视角来讲,是因为早期法学学科本身研究方法的局限性所致。无论是早期的罗马法学,还是后来的英美法学,规范分析、案例分析都集中于法学知识框架内部,"以法释法"现象屡见不鲜,缺乏对法律在实践场域中的功能、价值、意义及实效所作的深度现实主义分析。然而,人类学家也步法学家的"后尘",继续以法律概念确定性为追求,这让格拉克曼觉得甚是诧异。在格拉克曼看来,人类学家对法律概念的分析虽然不如法学家那么专业,但应该比法学家更善于厘清法律内部的各个因素,仅仅强调一个因素,比如,强制或法庭,忽略其他因素,这是不应该的。

为了能让学界放弃对法律概念确定性的那种不切实际的追求,从20世纪40年代早期到50年代中期,格拉克曼借用两套标准的人类学田野技术(直接观察及信息报道人的叙述,以前者为主),①对部落社会司法过程中法官所运用的"法律"的含义进行了实证分析,并在此基础上创设了一套笔者概括为"模糊论"的解释范式。

二、"模糊论"解释范式的内容、渊源与创设目的

格拉克曼"模糊论"解释范式的思想体系极其复杂,接下来,笔者将围绕其核心内容、理论渊源与创设目的来展开讨论。

关于格拉克曼"模糊论"解释范式的核心内容。其一,法律概念的含义,从形式上看是不确定的,然在实质上却非常确定。20世纪50年代中期,格拉克曼通过对非洲巴罗策洛兹部落社会法律概念进行实证分析后指出,部落社会的法官对"法律"(*mulao*,洛兹语)这一单词的理解与适用看上去似乎是非常模糊的,比如,有时候他们会将其视为自然规则,有时候他们会将其视为道德规则,还有时候他们会将其视为部落习惯。换言之,从形式上看,在巴罗策洛兹部落社会法官的眼中,*mulao* 不仅包括成文法意义上的"法典"(corpus juris),还包括非成文法意义上的"法律规则"(legal

---

① See James G. March, "Sociological Jurisprudence Revisted", A Review (More or Less) of Max Gluckman, *Stanford Law Review*, Vol. 8, No. 3, 1956.

rules)等,[①]含义之多、范围之广,令人眼花缭乱。不过,在实践中,法官对于"法律"这一单词的解释与适用,却从未引起纠纷当事人双方的误解与反对,格拉克曼认为,其原因在于巴罗策洛兹部落社会法官有着一套成熟的"特殊化处理"技术,这种技术对理解任何社会的法律概念确定性问题的实质都尤为重要。

> 对我来说,显而易见的是,处理"法律是什么"及与之相关的这些问题,应该充分利用英语语言的丰富性,并对于一系列与法律相关的单词予以一个特殊化处理,以让其涵括在这个"法律"场域中所牵涉的各种不同的问题及事实类型。"法律"这个单词,其含义本身可能是模棱两可的,但是为了获得一致性与方便性,我们就应该完成对其特殊化的处理过程。唯有此,我们才能使我们将单词适用于具体事实的这种分析方法推进下去。[②]

其二,法律概念的含义不确定性,对于维持法律概念的含义确定性有着非常特殊的价值,只有承认,而不是回避或否认法律概念的意义多样性的事实,并在此基础上给法律概念建构一个意义层级,才能形成对这一理论问题的透彻理解。在对巴罗策部落社会司法过程的实证分析中,格拉克曼始终将自己定位为一位研究法学问题的社会/文化人类学家,他强调他只是客观地记录庭审的全部过程,而不是带着各种疑问在庭审过程中寻找答案。伴随格拉克曼对这种纯粹的客观庭审记录追求过程的,是其对学界既有错误思维的反思,即只凸显确定性的价值,而否认不确定性的价值。他援引马林诺夫斯基的观点时谈道:"无疑,对于历史学家而言,从事战争研究会比和平研究更加有趣,但是,在我看来,对和平的研究会更有意义。"[③]申言之,对和平展开研究,于历史学家而言,更有助于拓宽既有的知识领域。从这一预设的逻辑认识进路出发,格拉克曼对部落社会司法过程中,法律概念的意义不确定性的价值进行了深入探究,最终他发现,其价值主要有二:一是让法官灵活地把握司法过程,从而实现司法的任务;二是通

---

① See Geoffrey MacCormack, "Professor Gluckman's Contribution to Legal Theory", *The Judicial Review*, 1976.

② Max Gluckman, *Politics, Law and Ritual in Tribal Society*, Oxford: Basil Blackwell, 1965, p. 182.

③ See Max Gluckman, "Limitations of the Case-Method in the Study of Tribal Law", *Law &Society Review*, Vol. 7, No. 4, 1973.

过为其设置参照物,以衬托法律概念的含义确定性。[①] 只是,法律概念的含义不确定性的价值的发现,需要法官对“法律”这一单词内部的意义层级有着深入洞察。格拉克曼说:

> 我们必须要接受单词(包括法律在内)的意义多样性这个事实,然后再给这个具体的单词建构一个意义的层级体系,唯有在此基础上,我们才能进一步地讨论社会控制、秩序及其他法学问题。[②]

关于格拉克曼“模糊论”解释范式的理论渊源与创设目的。格拉克曼的“模糊论”解释范式以承认“法律概念的含义多样性”为前提,强调法律概念内部存在着不同的意义层级(如风俗、习惯、理性、道德、成文法等),究竟在哪个层级上作出选择,需要部落社会法官结合纠纷类型与司法任务来综合判断,有关这一点,其思想渊源可追溯至格拉克曼20世纪40年代早期提出的“情境理论”。[③] 不仅如此,该范式还强调“法律概念的含义既是确定的,又是不确定的,含义的不确定性对于衬托含义的确定性有着重要的价值”这一辩证法逻辑,[④]有关这一点,则可追溯至格拉克曼20世纪50年代中期提倡的“冲突—平衡理论”。[⑤]

“情境理论”与“冲突—平衡理论”共同构成了格拉克曼“模糊论”解释范式的理论渊源。当然,不容否认的是,这两套理论内部均存在一定的缺

---

① See Max Gluckman, *The Judicial Process among the Barotse of North Rhodesia*, 2nd ed, Manchester:Manchester University Press,1967,p. 37–45.

② Max Gluckman, *The Judicial Process among the Barotse of North Rhodesia*, 2nd ed, Manchester:Manchester University Press,1967,p. 295–305.

③ See Max Gluckman, “Analysis of a Social Situation in Modern Zululand”, *Bantu Studies*, Vol. 14, Issue 1, 1940.

④ 在欧美法学界、人类学界,有些学者将格拉克曼定位为“马克思主义法律人类学家”或者“深受马克思主义影响的法律人类学家”。See T. M. S. Evens & Don Handelman, “Introduction: The Ethnographic Praxis of the Theory of Practice”, *Social Analysis: The International Journal of Social and Cultural Practice*, Vol. 49, Issue 3, 2005; Paul Cocks, “Max Gluckman and the Critique of Segregation in South Africa Anthropology, 1921 – 1940”, *Journal of South African Studies*, Vol. 27, No. 4, 2001. 就笔者对格拉克曼的法学、人类学、历史学思想观点的整体性观察而言,将格拉克曼视为“马克思主义法律人类学家”或者“深受马克思主义影响的法律人类学家”都是合适的。但是需要注意的是,格拉克曼与马克思对“冲突”所带来的必然结果,却有着截然相反的看法。马克思认为,冲突所带来的必然是革命,而格拉克曼却认为,冲突所带来的将是更加稳定的平衡。

⑤ See Max Gluckman, *Custom and Conflict in Africa*, Oxford: Basil Blackwell, 1955. 虽说20世纪40年代早期,格拉克曼在其“桥文”中便萌发出有关“冲突—平衡”的辩证法思想,不过,该思想的完全成形则晚至20世纪50年代中期。

陷，于此，受主题所限，笔者不便展开。然而，值得注意的是，格拉克曼并未止步于向学界宣示“法律概念的意义不确定性”的事实，他还进一步就法律概念与术语的“模糊性”所具有的功能问题展开了深入探究。

三、法律概念与术语“模糊性”的功能

不容否认，也有学者与格拉克曼一样，认为法律概念与术语的含义是模糊的，[①]但是，他们却没有考虑另一个更深层次的问题，即这种所谓的含义的模糊性，是否还有着什么功能/价值？[②]

对格拉克曼而言，法律术语的含义模糊性才是法律的常态，一种规则本身的“秩序理性”（reason of order），[③]而法律术语的含义确定性反倒是个弗兰克意义上的“神话”（myth）。只是，在格拉克曼看来，这种模糊性反倒有着重要的价值/功能。

一是让法官可以灵活地把握司法过程，从而实现司法的任务。汉密尔顿（Walton H. Hamilton）曾说：“司法的过程就是一个法官审理案件的智识过程，其间，它综合了所有的蓄意的或潜意识的思想方式，所有法官的个性、职业、环境中的因素都推动着判决的最终形成。”[④]格拉克曼观察发现，在巴罗策洛兹部落的司法过程中，法官以洛兹语来审理案件，但洛兹语中许多“法律术语”的含义都是模糊的。比如，*swanelo*，如果将其翻译成英

---

① 比如分析法学家奥斯丁、哈特等。比较详细的论述，可参见 Graham Hughes，“Professor Hart's Concept of Law”，*The Modern Law Review*，Vol. 25，No. 3，1962。

② 这一点，在很大程度上离不开格拉克曼的“结构—功能主义”学术倾向。揆诸历史，18～19世纪的人类学家在分析社会问题时，总是被“渐进”（progress）主义的思维观所主导，强调习惯、风俗、“法律”的由落后/野蛮到先进/文明的进化论逻辑。20世纪后，以马林诺夫斯基为代表的人类学家开始以“功能主义”的思维观来分析社会（包括法律）问题。功能主义思维关注的是一种现世意义上的价值、意义、作用，对于历史可以不闻不问。比如，他们会认为，一个人要研究飞机或人体是怎么运行的，他/她首先要学习的是力学法则或生理法则，而不需要去研究飞机的历史或人体的历史。See E. E. Evans－Pritchard，*Social Athropology*，London：Cohen & West Ltd，1951，p. 47－48. 格拉克曼的“结构—功能主义”倾向，从知识渊源上来讲，与马林诺夫斯基的“功能主义”相去甚远，与布朗的“结构—功能主义”则“一脉相承”（布朗直接继承了法国社会学家涂尔干的思想），只是，格拉克曼在强调社会的结构、功能之时，更为注重于从历史主义的视角来展开。

③ “秩序理性”（reason of order）是笔者近十年来，在阅读格拉克曼法学、人类学、历史学著述过程中“提炼”出的术语，其所表达的核心意义即“秩序的自生自发、自我平衡过程”。它与哈耶克所谓的“自生自发的秩序”不同，因为，格拉克曼始终将“秩序”的本质视为“动态的‘斗争’与平衡”的过程，亦即在“秩序”的生成过程中，掺杂了无数的“因素”，或是自然的，或是人为的，又或是自然与人为共同的，但这些“因素”却又因为各种经济的、政治的、文化的和社会的“整体利益”而不断被“中和”。

④ See Laura Nader，“Styles of Court Procedure：To Make the Balance”，in Laura Nader ed.，*Law in Culture and Society*，Berkeley：University of California Press，1997，p. 69.

语，其既可以表示“权利”(rights)，也可以表示“义务”(obligation)，还可以表示“责任”(duty)。与 *swanelo* 同义的是 *synonym*，该词来自 *kuluta*，其意为正确的、正直的、直接的。因此，在司法实践中，洛兹的法官很难把握其准确的含义。比如，通常在一个民事纠纷的案件中，法官会说，如果你未能履行你的 *swanelo*(义务)，那么，你就不能享有你的 *swanelo*(权利)。再如，洛兹法律术语，*sinyeho*(伤害)或者 *sinyehelo*(损害)，这两个单词同时还可以表示“浪费”“破坏”“损坏”的意思。① 格拉克曼认为，正是这种法律术语含义的模糊性，使洛兹法官可以灵活地把握司法过程，从而完成司法过程的任务。他以他借由参与观察而记录的真实个案“徒劳的果园所有权人”为例：

> 温杜(Wendo，人名)离开了叔父穆坦多(Mutondo，人名)所在的镇子，说他只要去了他母亲所在的那个镇子，就会被委任为该镇子的继承人(heir)，但是，当温杜赶到那里的时候，已经有另外一个人被任命为该镇子的继承人了，没辙，温杜只能蒙羞回家。回家后，他想在他母亲的旁系亲属留马(Liuma，人名)所在的镇子附近盖房子，但是他的叔父穆坦多说，他不想让温杜在他的果园里劳作，除非他住在留马所在的那个镇子上。温杜感觉自己的权利受到了侵害，便向法庭提起了诉讼。法庭经审理后认为，穆坦多提出的要求是合理的，如果温杜要想获得在果园里劳作的权利，他就必须要住在留马所在的那个镇子上。②

格拉克曼分析认为，在这个案例中，法官坚持“温杜要想获得在果园劳作的权利，就必须要住在他的旁系亲属留马所在的镇子上”的观点。但是，这里的“权利”，用巴罗策的洛兹语表示就是 *mung'a*，这个法律术语的含义是非常不确定的，其包括了一系列个人、官方的对于同一块土地上的所有权。③ 按照巴罗策部落社会的习惯法，果园的所有权不仅属于国王，同时还属于该果园所在镇子的头领以及具体耕种该果园的某个巴罗策臣民。在司法过程中，法官会非常灵活地利用该术语的模糊性，比如说，在上述这

---

① See Max Gluckman, *The Judicial Process among the Barotse of North Rhodesia*, 2nd ed. Manchester: Manchester University Press, 1967, p. 298-299.

② Max Gluckman, *The Judicial Process among the Barotse of North Rhodesia*, 2nd ed. Manchester: Manchester University Press, 1967, p. 309.

③ See Max Gluckman, "The Technical Vocabulary of Barotse Jurisprudence", *American Anthropologist*, Vol. 61, No. 5, 1959.

个案件中,法官就为温杜设置了一个具体的实现该权利的义务。不仅如此,在格拉克曼看来,有时候,法官为了实现“案结事了”的司法任务,他还会在“权利”这个术语的含义里,设置一系列道德要求、标准要求。比如,一个人向法庭提起诉讼,要求法庭支持他在某个大坝捕鱼的权利,法官在调查案件事实后发现,原来,该人之所以不被准许到大坝捕鱼,是因为之前,他一直不履行向国王进贡的义务,因此,遭到了头领及其他臣民的“唾弃”。此时,法官在司法过程中便会向该当事人解释道:每个臣民都享有其所在镇子上的大坝的 *mung'a*(所有权),但是,如果他未能符合一定的道德标准,他就不享有该 *mung'a*。①

确实,在格拉克曼看来,洛兹法官个个都是“操控”法律术语的“高手”。按照洛兹部落法官的司法逻辑,当一个纠纷被提交到法庭上的时候,法官们在听完当事人的陈述之后,对于该案的一般印象很快便形成,而后,随着证人提供的证言以及当事人对证据的质证,是正义,还是不正义,渐渐在法官的脑海中就“定型”了。虽然,巴罗策的部落社会中没有系统的成文法,②但正义却是每个法官心目中时刻秉持的一种价值情怀。③正是这种普遍自然法意义上的正义感的存在,使洛兹法官可以将这些法律术语的含义予以非常情境化的运用,最终完成司法赋予他们的任务。

二是通过为其设置外在参照物,从而衬托出法律术语的含义确定性。法律术语的含义是模糊的,但其却能从一个相反的角度衬托出法律术语含义的确定性。格拉克曼指出,在巴罗策部落社会的司法过程中,经常被法官拿来运用的法律术语主要有“法律”“习惯”“权利”“义务”“犯罪”“物”“人”“财产”等,它们不仅含义是非常多样的,同时可以用来参照的客体也是多元的。比如说,“法律”这一术语便可以同时用来指自然规则、实体规则、审判过程、判决、赔偿等。“财产”这一术语可以同时用来指对土地的所有权、对衣服的所有权、对特定人主张的权利诉求等。此外,诸如“犯罪”“疏忽大意”“挑衅”等,这些法律术语同样都有着非常不确定的含义。④

---

① See Max Gluckman, *The Judicial Process among the Barotse of North Rhodesia*, 2nd ed. Manchester:Manchester University Press,1967,p. 178-187.

② 不仅在洛兹部落社会,就是在整个非洲部落社会也普遍如此。

③ 比如,格拉克曼曾说:“我认为,通过证据材料可以显示出非洲人通常有着某个约束他们的国王的自然正义,即法治的观念,即使他们没能发展出以抽象的法律术语来表达一些土著的法律概念。但是,他们之所以不能这样,是因为他们书写方面的欠缺。”See Max Gluckman, “Natural Justice in Africa”,*Natural Law Forum*,Vol. 9,1964.

④ See Max Gluckman, *The Judicial Process among the Barotse of North Rhodesia*, 2nd ed. Manchester:Manchester University Press,1967,p. 304.

有关于此,格拉克曼以“果园所有权争夺案”为例:

> A、B、C(三人是同胞兄弟)因为某些位于一个小平原的边缘地带的果园的所有权的问题而起诉他们的叔父 Y,Y 是他们所在的纳塔尔镇子的头领。一天,他们的堂兄 Z(Y 的儿子)在与 C 的妻子通奸时,被 C 给抓住了,然后 C 便打伤了 Z。彼时,B 正在白人社区劳动。C 的妻子事后按照当地的习惯法,交付了一头牛给 *Kuta*(洛兹语,法庭)作为罚款,按理,Z 应该付给 C 两头牛以作为精神损害赔偿,但是 Z 却并没有这样做,不仅如此,Z 还辱骂了 C,当 C 向其叔父 Y——亦即 Z 的父亲——诉苦时,没想到却被 Y 赶出了镇子。A 为 C 打抱不平,要求 Z 对此行为给出合理的理由,但被 Z 告知尽快离开这个镇子。B 就在 A、C 即将被要求离开镇子的那个晚上从白人社区回来了,然后 A、B、C 便一起离开了镇子,就在他们离开镇子后没多久,他们发现 Z 一直在他们原先的果园里耕种,而且还将果园里的土豆、杧果给摘回去享用了。后来,A 又向其叔父 Y 提出抗议,Y 回应对此事并不知情,但是他会让 Z 恢复原状,可是,后来的事实证明,Y 什么也没做。
>
> 基于此,A、B、C 坚持认为,他们的叔父 Y 对他们是有偏见的,即他只支持自己的儿子 Z,而故意反对他的三个侄子。后来,三个侄子就将此事投诉至族长 Sikwa 那里,但这位族长要求他们不能与其叔父 Y 住在一起(以免他们之间会发生冲突),与此同时,这位族长还说,因为他们离开了这个镇子,因此,他们已经失去了他们的果园所有权。但是,A、B、C 三人始终认为,既然他们并没有任何过错,为什么会被剥夺了对于果园的所有权?他们为此向法庭提起了诉讼。①

在这个案例中,出现了许多巴罗策法学意义上的法律术语,如“离开”“过错”“权利”“精神损害赔偿”等。比如,“离开”(leave),它既可以表示“自愿地离开”(leave by oneself),亦可以表示“被赶出去的”(be driven out),但是,无疑这二者的法律后果是不一样的。因此,格拉克曼强调,在此案中,法律规定“如果一个人‘离开’(leave)他所居住的镇子,他就失去了土地”,但是这个“离开”需要具体的解释与适用,其位于一个术语含义

① Max Gluckman, *The Judicial Process among the Barotse of North Rhodesia*, 2nd ed. Manchester: Manchester University Press, 1967, p. 37-38.

层级的最低端,必须要被适用于一系列从自愿的出发点到另一个诸如“被赶出去”的“含义杆”的实践过程中。① 再比如,“权利”(right),其通常表述的是法律关系的主体可以自主决定为或不为某种行为的自由。但是,在该案中,我们可以看出,权利的含义里面不仅有着身份“要素”,即居住在一个镇子上,就自然享有该镇子某个特定土地区块上的果园所有权。同时,权利的含义里面还有着无过错的“要求”,即只要有任何过错,那么就自然失去对果园的所有权。为什么要在“权利”这个术语上面“绑上”如此多的“义务”要求呢?格拉克曼指出,透过这个具体案件,我们可以清晰地洞察到法律的实际运用逻辑,即“你将不能在你的果园里劳作,除非你住在镇子上”。之所以如此,是为了促成一个基于处在争吵不可修复的危险的亲属双方之间关系的和解。②

正是基于这种“秩序理性”的强烈诉求,法官在该案的审理过程中对“权利”的含义进行了“扩展”解释:一方面,本来在巴罗策的部落社会,权利、所有权、义务都是用同一个洛兹语 *mung'a* 来表示,因此,说耕作的权利也好,还是说果园的所有权也罢,其都着落在 *mung'a* 这一单词上;另一方面,在这个具体的个案纠纷中,无论是当事人还是法官,都会认为,既然没有任何过错,任何人就不应被剥夺原先对于果园的所有权。由此,通过格拉克曼的细致揭示,我们会发现,法官对于“权利”一词的阐释是从两个向度展开的:首先,其可以用来表示“对于某物的完全享有”;其次,还蕴含了“无过错”的义务要求;最后,我们还可以发现,法官对权利这一术语所做的“情境”解读过程,始终是以衬托权利这个法律术语本身的存在为目的的。

通过经验的观察、记录与分析,格拉克曼批判了传统法学界、人类学界对法律概念与术语的含义确定性追求的不切实际,强调“模糊性”才是法律概念与术语的意义表达形式的“常态”,并就“模糊性”所具有的实践功能予以了深刻论证。作为一位行走在田野场域的法律人类学家,格拉克曼更多的还是相信经验、相信客观材料。从田野的现实场景中寻求对理论问题的科学理解,是格拉克曼对法学问题研究的基本态度。值得注意的是,格拉克曼在对部落社会法律概念与术语问题的分析中,多次提到了霍

---

① See Max Gluckman, *The Judicial Process among the Barotse of North Rhodesia*, 2nd ed. Manchester: Manchester University Press, 1967, p. 306.

② See Max Gluckman, “Natural Justice in Africa”, *Natural Law Forum*, Vol. 9, 1964.

菲尔德(Wesley Newcomb Hohfeld),①并详细介绍了他对此类问题的阐释逻辑。② 然而,相较于向学界呈现法律概念与术语的解释范式,更难的是发现并完整揭示部落社会法律概念与术语的认知进路。为了能让法学界与人类学界均能理解他的观点,他有意选择梅因的论说作为他探究的起点。

第二节 部落社会法律概念与术语的认识进路

在格拉克曼之前的法学与人类学发展史上,大多学者都基于"法典化"(codification)的视角,认为部落社会没有法律概念与术语,只有英国法律史学家梅因是个例外。在梅因看来,合同甚少的部落社会里也有法律概念与术语。③ 只是,作为一个纯粹的理论法学家,梅因的这一论说很容易被视为对部落法学理论问题的简单"臆测"。为了证明梅因学说的合理性,④格拉克曼深入思考了两个问题:一是传统学界对部落社会法律概念与术语这一问题的研究,是否存在前提性的错误预设?如果存在,其现实表现又是什么?二是何种认识进路才是理解部落社会法律概念与术语的正确进路?在对这两个问题的思考过程中,格拉克曼始终是以社会/文化人类学的视角来展开的。

---

① 霍菲尔德 1879 年出生于美国加利福尼亚的奥克兰,早年任律师,而后担任斯坦福大学、耶鲁大学的法学教授,在学术贡献上,其主要以对"权利""义务"的概念分析而享誉学界。霍菲尔德提出了八个基本法律概念,并将其作为"法律的最低公分母",他认为,这些概念足可以用来分析所有的法律关系。然而,法理学的经验知识告诉我们,不管立法还是司法、理论还是实践,法律概念千千万,而且法律概念作为一种"意识"的表现形式,必然会受经济、政治、文化与社会的现实影响,并由此而不断发生意义的变迁。参见沈宗灵:《对霍菲尔德法律概念学说的比较研究》,载《中国社会科学》1990 年第 1 期。笔者以为,这应该是霍菲尔德法律概念学说中最大的缺陷所在,但据此就否认霍菲尔德对于西方法学界作出的贡献,显然是不科学的。

② 纵观西方法学发展史,霍菲尔德对法律概念(特别是权利与义务)的分析,堪称现代英美法学界的权威。霍菲尔德认为,法律概念本身不是目的,如何让其被充分、合理地运用于司法实践,帮助法官实现司法的任务才是最终目的。将法律概念这一纯粹理论问题与经验的司法实践有机枢连,是霍菲尔德在思考此问题时的一个基本立场,难怪其于 1913 年在《耶鲁法学杂志》上发表的文章被署名为《司法推理中应用的基本法律概念》,可参见 Wesley Newcomb Hohfeld, *Fundamental Legal Concepts as Applied in Judicial Reasoning, and Other Legal Essays*, W. W. Cook ed., New Haven: Yale University Press, 1923。

③ See Robert Redfield, "Maine's Ancient Law in the Light of Primitive Societies", *The Western Political Quarterly*, Vol. 3, No. 4, 1950.

④ 格拉克曼对梅因的学说与思想非常钦佩,其在给法学与人类学专业学生授课过程中会不时援引梅因的观点。See Max Gluckman, *The Ideas in Barotse Jurisprudence*, Manchester: Manchester University Press, 1965, p. xxi.

一、传统学界对部落社会性质的错误预设

从 1940 年至 1947 年，格拉克曼花了大约 27 个月的时间，对非洲巴罗策兰的洛兹部落的政治法律制度进行了系统的参与观察，[①]其所调查的巴罗策兰，一直是个非常落后的“前工业社会”，文字在族群成员之间还未能普及。洛兹是巴罗策兰的一个支配部落，也是最有权威、影响的部落。[②] 洛兹的经济结构很复杂，它要求洛兹人之间必须要通力合作。农业、畜牧业、渔业是其主要的经济支柱。[③] 这样一个非常落后，甚至是有点原始的社会，若想证明它有着一套与西方法学文明类似的法律概念与术语体系，在一个当代法学家看来，确实有点不可思议。格拉克曼说：

> 法律史学家霍尔兹沃思(William Holdsworth)先生在其伟大的著作《英国法的历史》中说道，原始(社会)法学中没有法律术语。如果我们想着用一个发达的词汇去定义不同种类的来自个人间关于财产及合同的关系，这种理解是正确的……但是，在霍尔兹沃思意义上，缺少法律术语并不意味着部落法学(tribal jurisprudence)压根上就不存在任何法律术语。[④]

那么，为什么学界不承认部落社会有法律术语呢？格拉克曼认为，其主要原因就在于，传统学界在研究此问题的一开始，便对其研究对象——部落社会——的性质产生了错误的预判，有关这一点，在如下三个方面表现得尤为明显：

第一，忽略了文明社会与部落社会在“社会关系构成”方面存在的差异。格拉克曼所研究的巴罗策部落社会，便是一个非常典型的、具有一般代表意义的非洲部落社会。通过对其所调查的部落社会的关系性质的全面考察，格拉克曼指出，虽然其存在一套组织极度有序的法庭体系，但其社

① See James G. March, “Sociological Jurisprudence Revisited, A Review (More or Less) of Max Gluckman”, *Stanford Law Review*, Vol. 8, No. 3, 1956.

② See Max Gluckman, “Civil War and Theories of Power in Barotseland: Africa and Medieval Analogies”, *Yale law Journal*, Vol. 72, No. 8, 1963.

③ See Max Gluckman, *The Judicial Process among the Barotse of North Rhodesia*, 2nd ed. Manchester: Manchester University Press, 1967, p. 4-5.

④ See Max Gluckman, “The Technical Vocabulary of Barotse Jurisprudence”, *American Anthropologist*, Vol. 61, No. 5, 1959.

会主要是借由亲属关系及为各种目的服务的政治关系群体所组成。① 一个以亲属关系为主要关系类型的社会与一个以工业文明、市场经济框架中的陌生人关系为主要关系类型的社会,显然不可等同。亲属关系强调的是集体本位、家庭关系,陌生人关系强调的是个人本位、契约精神,一旦学界忽略了这二者之间的区别,拿西方文明意义上的个人本位思维来研究集体本位意义上的部落文明的法律问题,必然得不到正确的认识。

第二,直接将部落社会的集体所有制等同于共产主义制,刻意放大集体与个人之间的对立。格拉克曼指出,在部落社会中,经常会存在对农产品平均分配的现象,许多西方学者对此现象借由经验观察后便认为,那些族群成员间是"共产的"(communistic),土地及其他物品上的个人权利是不存在的。② 产品的平均分配并不必然等同于共产主义制,至少就平均分配而言,有关平均分配是基于什么样的权利诉求?平均分配是否需要履行相应的义务?平均分配中所包含的权利、义务要求是否对等?这些问题都是需要搞清楚的,若没有对部落社会的平均分配现象背后的缘由进行详细考察,便将其等同于共产主义制,很容易陷入对部落社会成员"权利—义务"关系的错误认识陷阱中。

第三,早期传教士将部落社会定性为野蛮社会,这种错误认识不断传播并影响到了后世学者的正确判断。那些早期来到非洲部落的传教士,总是习惯于戴着"有色眼镜"来审视部落文化,在他们看来,大部分的非洲部落社会都没有文字,落后与野蛮是这些社会的共同特质。③ 格拉克曼认为,此乃正如一些观察者所言:充斥原始社会秩序的不是关爱、友好、容忍,而是妒忌、诽谤与仇恨。④ 这种习惯性的错误认识,由于长久未经学者的实践检验,再附上西方学者的文明优越感,便一直固化地流传下来,最终被视为一种不需验证的"正确的"认识。

---

① See Max Gluckman, "Reasonableness and Responsibility in the Law of Segmentary Societies", in Hilda Kuper & Leo Kuper eds., *African Law: Adaptation and Development*, Berkeley: California University Press, 1965, p. 121.

② See Max Gluckman, "Property Rights and Status in African Traditional Law", in Max Gluckman ed., *Ideas and Procedures in African Customary Law*, London: Oxford University Press, 1969, p. 252.

③ 这一点甚至还可以从马林诺夫斯基的经典法律人类学作品《野蛮社会的犯罪与习俗》(*Crime and Custom in Savage Society*)中看出,马氏用的 savage society(野蛮社会)一词,明显带有"贬低"的性质。此外,在马氏的日记中,更是随处可见其对部落社会的各种歧见。See Bronislaw Malinowski, *A Diary in the Strict Sense of the Term*, Stanford University Press, 1989.

④ Max Gluckman, "Papers in Honor of Melville J. Herskovits: Gossip and Scandal", *Current Anthropology*, Vol. 4, No. 3, 1963.

二、部落社会法律概念与术语的正确认识进路

如上这些前提性认识误区的存在，显然对理解部落社会法律概念与术语这一理论问题形成了严重阻碍。为了消除学界对部落社会法律文明存在的偏见，特别是对部落社会存在法律概念与术语的质疑，格拉克曼首先以一个社会/文化人类学家的身份强调了一个事实，即在部落社会，个人与群体之间是密不可分的。基于这样一个为学界所普遍接受的事实，格拉克曼又以具体参与观察的个案为例，详细分析了"所有权"（英语 *ownership*，洛兹语 *bung'a*）这一法律术语为部落社会成员理解的过程。格拉克曼说：

> 曾经有这么一个案件，一个乡村中学的老师和许多来自葡属西非的移民发生了争吵，后来，那个中学老师就威胁要将他们驱逐出巴罗策兰。其中有一个法官就对他指责道，"将人们驱逐出国家——土地没有所有人！土地有一个所有人？——它是国王的土地"。随之，法官开始强调一个事实，即"国王是所有土地的所有权人"，只有他才可以将一个人驱逐出巴罗策兰；反之，也只有他才有权许可人们在土地上定居。当人们在国王的土地上定居的时候，他们就变成了国王的臣民……凭借他作为所有者的权利（rights），他能够要求任何定居其土地之上的人都要对他忠诚；他是所有还没有分配的土地的直接所有人（holder），他可以要求臣民们去分发那些不在使用中的土地，对于那些被遗弃的土地或所有人已过世但没有嗣子的土地，他可以重新收回支配。他能够要求来自土地之上的贡品，他控制着土地的分配，他可以对有关土地所有及使用的方式进行立法。他还可以基于公共目的来征用土地，但是在此种情况下，他必须要用其他的土地作为礼物以来表示对此征用的土地的补偿。所有国王的这些权利（right）、权力（power）及特权（privilege）都被涵括在他的所有权（ownership）的含义里，即他的 *bung'a* 里。①

通过如上案例，格拉克曼强调，不难看出，国王对其所辖领域内的所有土地均享有所有权（*bung'a*）。巴罗策人认为，所有的土地、物品都属于国

① Max Gluckman, "The Technical Vocabulary of Barotse Jurisprudence", *American Anthropologist*, Vol. 61, No. 5, 1959.

王。在洛兹普通人的观念中，他们乐有所居、丰衣足食皆是拜国王所赐。① 不过，这并不意味着酋长、族长、平民等对土地就没有所有权。有关于此，格拉克曼指出：(1)在生活实践中，他们会根据其特定的"身份—头衔"来享有相应具体的土地所有权，自国王至奴隶，与身份等级降低相伴随着的只是个人权力(利)的逐渐递减，而不是消失。② (2)国王对一切动产、不动产拥有 *bung'a* 这个事实，并不代表国王就可以随心所欲。在巴罗策，流行着一句口头禅，其也被视为巴罗策的"宪法条文"："国王什么也不能做"，其大意是"国王不能尝试着从自己的个人意志出发来为自己的期望与诉求谋利，一旦这样做，就会损害其他某个臣民的权益，届时，即使那个臣民向法庭提起诉讼，亦很难保证其可获得法庭提供的权利救济"。③ (3) *bung'a* 这个法律术语，虽可以表达国王的权力、权利、特权，但是其间还存在许多义务性要求，有关这一点，在格拉克曼看来，最为关键，对此，他特意做了详细阐释：

> 国王的所有权(ownership)里同样也包含着义务，此即提供可耕种的及适宜做住宅的土地给他的臣民们，同时还要允许他的臣民们有使用公共的渔场、放牧、捕野兽的权利。在实践中，大部分适宜做住宅的土地及可耕种的土地，如许多渔场一样，都已经通过他们的头领(headmen)分配给了各个镇子。这些被分配的土地被视为某个国王或巴罗策历史上的其他国王所给予的礼物。国王不能打乱这些分配抑或以头领的头衔(title)的名义，无正当理由即拿走他的土地。如果国王想得到已被分配了的土地的话，他必须要提出申请。因此，巴罗策人说，"国王也是个乞丐"。④

---

① See Max Gluckman, "Property Rights and Status in African Traditional Law", in Max Gluckman ed., *Ideas and Procedures in African Customary Law*, London: Oxford University Press, 1969, p. 253-254.

② 不过，秉持"辩证主义"思维观的格拉克曼，在强调国王权威至高无上性的同时，又时刻强调国王权威的虚弱化(frailty)特质。格拉克曼认为，为了能保持住国王的权威，在实践中，他们通常习惯于让办事员代其执政。这样做，会有两个好处。一是若该办事员"施政"失败，遭到批判的是办事员，而不是国王，国王彼时则可以一个"拯救者"的面目出来挽回残局。二是若该办事员"施政"有方，收获赞誉的是国王而不是办事员。比如，在巴罗策，当有不幸的事情发生的时候，总理的主要"职责"是承担罪责，国王的主要"职责"是接受夸赞。See Max Gluckman, *Custom and Conflict in Africa*, Oxford: Basil Blackwell, 1955, p. 39.

③ See Max Gluckman, "Civil War and Theories of Power in Barotseland: Africa and Medieval Analogies", *Yale law Journal*, Vol. 72, No. 8, 1963.

④ Max Gluckman, "The Technical Vocabulary of Barotse Jurisprudence", *American Anthropologist*, Vol. 61, No. 5, 1959.

通过格拉克曼有关该问题的思考进路,可以看出,其坚信,在巴罗策部落社会的法律术语里,*bung'a*(所有权)一词的意义是双重的,即同时包含了权利与义务的“质素”。不仅如此,它还规定了权利实现的前置要件,即义务必须得到履行。国王、头领、居民都按照其“身份—头衔”来相应地享受附属其上的权力、权利、义务。难怪,伊利亚斯(T. Olawale Elias)会说:在部落社会,没有哪一块土地没有主人。一个人可能会失去一个不合理的长期未用的土地的分配的权利,但是,“头衔”(title)是不会被废弃的”。①从“头衔”来把握具体的身份关系,再从身份关系抽象出具体的权利、义务,是巴罗策部落社会庶民理解法律术语的基本进路,也是格拉克曼竭力向学界所展示的正确地认识部落社会法律概念与术语的进路。

综上所述,格拉克曼通过长期对巴罗策部落社会“所有权”这一法律术语在实践中“运行轨迹”的“参与观察”,以翔实的经验材料,说理充分、论证有力,推翻了一些理论法学家有关部落社会没有法律术语的感性判断,②其不仅从经验主义的视角证实了梅因的论述——部落社会存在法律术语——的正确性,同时,还创造性地提出“理解部落社会法律概念与术语的主要工具是身份(status)与头衔(title)”。

格拉克曼所提出的“身份—头衔”的部落社会法律术语认识进路获得了学界的普遍赞誉,此后,学界纷纷承认并接受部落社会存在法律概念与术语这一观点。与之相关,欧美等国的法理学著作中亦开始加入“法律与人类学/原始法”的内容,以来作为研究不同文明类型社会法律术语的素材。③

随着格拉克曼在人类学界及法学界的学术影响越来越大,很快,一个新的问题便被提了出来,即部落社会的法律概念与术语究竟应该使用部落社会的本地语言,还是西方文明社会的语言来表述才更为科学?对于该问

---

① See T. Olawale Elias, *The Nature of African Customary Law*, Manchester: Manchester University Press, 1956, p. 166.

② 比如,戴梦得(A. S. Diamond)在其《原始法》(*Primitive Law*)一书中曾写道:原始社会没有诸如“所有权”这样的法律术语,因为在原始社会,人们不知如何去表述人和物之间的关系。根据牛津大辞典上的表述,直到公元 1583 年,在英语语言中才出现了“所有权”(ownership)一词,但是“拥有”(own)这个单词早在公元 888 年即存在,格拉克曼对此观点表达出强烈反对。See Max Gluckman, *The Ideas in Barotse Jurisprudence*, Manchester: Manchester University Press, 1965, p. 141.

③ See Suri Ratnapala, *Jurisprudence*, Cambridge: Cambridge University Press, 2009, pp. 193-194; James Bernard Murphy, *The Philosophy of Positive Law: Foundations of Jurisprudence*, New Haven: Yale University Press, 2005, pp. 217-225; Keith C. Culver, *Readings in the Philosophy of Law*, 2nd ed. Toronto: Broadview Press, 2008, p. 152-169.

题，格拉克曼进行了认真的思考，在他看来，借用西方文明社会的法律概念与术语完全可以准确地认识、理解部落社会的法律问题。不过，大洋彼岸的美国法律人类学家博安南（Paul Bohannan）却表达了截然相反的观点。最终，在他们二人之间"爆发"了一场"部落社会法律概念与术语可否用西方社会法律概念与术语来翻译"的争论，这也就是著名的"格博之争"。

第三节　部落社会法律概念与术语的翻译困境

对部落社会法律概念与术语究竟是采用"普世性"的翻译进路，还是"局地性"的翻译进路？这在20世纪60年代的西方法学、人类学领域是个存在重大争议的问题，也是格拉克曼与博安南争论的问题核心。① "格博之争"前后持续了十多年，其间不仅吸引了诸多学者加入讨论，还引起了学界对法学与人类学知识传统间差异的深入探究。从知识/思想发展史视角来看，格拉克曼与博安南的争论，可从"批判的展开""批判的回应""争论的实质"来予以呈现。

一、博安南对格拉克曼翻译进路的批判

格拉克曼最早较为系统地阐述其有关部落社会法律概念与术语的翻译进路的观点——部落社会的法律概念与术语可用西方法学意义上的法律概念与术语来表达，是在1955年出版的《北罗得西亚巴罗策的司法过程》一书中。然而，仅仅2年后，博安南便在其《提夫人的正义与审判》一书中对格拉克曼的观点提出了批判。有关于此，穆尔（Sally Falk Moore）说：

> 当格拉克曼熟稔地将现代西方法律术语拿来翻译巴罗策部落社会司法过程中的"法律"术语的方式得到了不少法学、人类学学者的赞赏与肯定的同时，一些学者却对此提出了批判。在这些批判者中，博安南提出的对立观点可谓最尖锐、最深刻。博安南认为，将任何一个非英语语言社会中的"法律"术语翻译成英语的法律术语都是一种扭曲的行为。②

---

① 王伟臣从比较法的视角对"格博之争"的过程、实质及意义做了较为全面的研究，可参见王伟臣：《英美法律人类学的困境：格卢克曼与博安南之争》，商务印书馆2013年版。笔者在本书中对"格博之争"的分析，仅限于他们有关部落社会法律概念与术语的翻译进路的争论领域。

② Sally Falk Moore, "Certainties Undone: Fifty Turbulent Years of Legal Anthropology 1949－1999", *The Journal of the Royal Anthropological Institute*, Vol. 7, No. 1, 2001.

显然,要理解博安南对格拉克曼“普世性”翻译进路的批判过程,如下三个被博安南预设的“分析框架”不容忽视:(1)在博安南看来,其所研究的提夫部落与格拉克曼所研究的洛兹部落,在社会结构、政治制度、发展水平等方面虽存在一定差异——提夫部落一直是一个缺少中央权威、行政机构及体系化的司法机构的部落社会,直到1930年,他们才在英国的建议下以他们自己的方式吸纳了酋长、法庭、警察及其他的公职人员①——但并不存在较大的本质性区别。因此,其有关提夫部落法律概念与术语的研究结论,对格拉克曼研究的洛兹部落同样适用。(2)博安南引用法律史学家梅因的观点,即“借由我们所属特定时代的道德理念来评价其他时代的人们,其就如假设当代社会机器中的每一颗螺丝钉、每一个轮子都能在早期社会里找到对应物那样的荒诞”,②以来表明其与作为梅因“信徒”的格拉克曼一样,不仅赞成梅因的观点,还将其作为部落社会法律概念与术语这一问题研究的逻辑起点。然而,问题恰恰在于,格拉克曼并没有理解梅因这个经典论述中的内涵,即不同社会发展阶段的问题的“不可比较性”。(3)博安南将法律比喻为一只“变色龙”,认为法学家与人类学家对其关注的视角存在明显区别。③ 由此,研究部落社会法学问题,因为学者所持研究进路的差异——人类学研究进路,或者法学研究进路——必然会得出不同的结果。博安南认为,格拉克曼与他一样,也是一位人类学家,因此,其也应该坚持人类学的研究进路。

循沿如上三个分析框架,博安南对格拉克曼“普世性”的翻译进路展开了批判。不过,在批判之前,博安南还是肯定了格拉克曼“模糊论”解释范式的合理性。博安南说:

> “法律”这一术语就是一个词义既丰富又模糊的单词,在一个一般的语境中,其有着诸多不同的意义。④

在承认“模糊论”解释范式合理性的基础上,博安南指出,格拉克曼翻

① See E. Adamson Hoebel, “Review: Justice and Judgment among the Tiv by Paul Bohannan”, *American Anthropologist*, Vol. 60, No. 6, 1958.

② See Henry Sumner Maine, *Ancient Law: Its Connection with the Early History of Society and Its Relation to Modern Ideas*, New York: Henry Holt and Company, 1906, p. 301.

③ See Paul Bohannan, “Anthropology and the Law”, in Sol Tax ed., *Horizons of Anthropology*, Chicago: Aldine Pub Co., 1964, p. 191-199.

④ Paul Bohannan, *Justice and Judgment among the Tiv*, London: Oxford University Press, 1957, p. 4.

译进路的第一个错误在于：忽略了每种文化体系的独一无二性。[①] 格拉克曼所研究的洛兹部落与西方文明意义上的工业社会存在根本区别：前者以"身份关系"为中心，注重传统"习惯法"在熟悉的人际关系中的运用；后者是以"契约关系"为中心，注重国家法在陌生的人际关系中的运用。拿西方法学文明意义的概念术语来描述部落社会的法律概念与术语，显然忽略了不同文化之间的差异性。人类学家应该看到并承认这种差异，而不是遮蔽并否认这种差异。

接着，博安南指出，格拉克曼翻译进路的第二个错误在于：忽略了部落社会内部成员（局内人）与部落社会外部成员（局外人）在部落社会法律体系的观念理解上的区别。有关于此，博安南强调，格拉克曼在《北罗得西亚巴罗策的司法过程》一书中所呈现的分析材料，是由格拉克曼自己有关巴罗策法律体系的观点，而不是由巴罗策人对其自身法律体系的观点所组成的。[②] 像格拉克曼谈及洛兹部落社会的法典一样来谈及提夫这个部落社会的法典，那就意味着我们参照的是一个分析体系，而不是一个"民俗体系"（folk-system）。[③] 然而，"民俗体系"才是人类学研究的核心。人类学家从事研究的主要危险在于，他把他自己社会中的民俗体系中的术语转换成分析体系，并尝试着给予该术语超过其本身的价值与功用的更宽泛的适用范围。[④] 在这一点上，博安南认为格拉克曼有点"误入歧途"了。

二、格拉克曼对博安南批判的回应

对于博安南的批判，格拉克曼从1960年到其离世（1975年）的十多年里，陆续在其不同的著述中予以了多次回应。其中，较为完整、系统的回应主要有三次，其间我们可以看到格拉克曼对其"普世性"翻译进路的坚定捍卫。

1966年，格拉克曼与博安南在奥地利格洛格尼茨的温纳格伦国际学术研讨会上，就部落社会法律概念与术语这一问题进行了深入的讨论与交流，其间，格拉克曼对博安南的批判予以了第一次较为系统的回应：

---

① See Sally Falk Moore, "Certainties Undone: Fifty Turbulent Years of Legal Anthropology 1949–1999", *The Journal of the Royal Anthropological Institute*, Vol. 7, No. 1, 2001.

② See Sally Falk Moore, "Law and Anthropology", *Biennial Review of Anthropology*, Vol. 6, 1969.

③ See Paul Bohannan, *Justice and Judgment Among the Tiv*, New York: Oxford University Press, 1957, p. 57.

④ See Paul Bohannan, *Justice and Judgment Among the Tiv*, New York: Oxford University Press, 1957, p. 4–5.

> 我虽然在巴罗策部落社会司法过程的研究中，使用了诸如“证据”“协议”“权利”“义务”“责任”“法律”“侵权”“违法”“伤害”“犯罪”等法律术语，但是，需要注意的是，我在使用这些法律术语的每个具体场合都对其予以了一定的限制并提出了一些定义的范例。当然，一旦我们使用英文来写作，在某些点上，我们就不得不去翻译，而这也就必然牵涉到了使用英语（或者罗马—荷兰语）的词类。即使是罗马—荷兰语、拉丁语或荷兰语的单词，通常也会被翻译成英语。因为，我们法律术语体系的一个组成部分就是拉丁语……我不认为，博安南是因为意识到了不同社会类型中的法律术语翻译过程中存在的困境，就试图去逃避。因为，在许多关键的问题点上，他也是使用英语的法律术语的。当然，毫无疑问，我不同意他的观点，即一个民族志学者的首要任务——或任何一个观念或实践体系的记录者——是尽可能充分、细致地去考虑所有的术语翻译问题，博安南将此称为“民俗体系”……然而，事实上，我和博安南都同意一个观点，即一个民族志学者的首要任务是去清楚地记录他所研究的社会中发生的事实。其实，在我看来，我们二者之所以有分歧，乃在于我们所着力的问题兴趣点不同所致……使用法律术语是有危险的，但是，我们知道，没有哪个冒险的想法是没有风险的。①

1967年，格拉克曼在其《北罗德西亚巴罗策的司法过程》（第二版）一书中专门新增了一章内容，以此来解释其与博安南在分析方法层面的差别及对部落社会的法律概念与术语采用“普世性”翻译进路的原因，这也可视为其对博安南批判的第二次较为系统的回应。其间，我们还是可以看到格拉克曼对其“普世性”翻译进路的坚定捍卫。

> 我必须要强调的是，我与博安南在分析方法上存在的不同……特别是，在我的《北罗德西亚巴罗策的司法过程》（第一版）一书出版后不久，他的《提夫人的正义与审判》便面世了……我使用英语词汇来分析部落社会司法过程中的法律术语，乃是因为我一直是用英语来写作的，而且我还经常感觉到，对于要求读者在头上顶着诸多的方言术语的这种做法实在是不公平的……我坚信，标准的法学范式对于研究

① Max Gluckman, "Concepts in the Comparative Study of Tribal Law", in Laura Nader ed., *Law in Culture and Society*, Berkeley: University of California Press, 1997, p. 353-373.

> 巴罗策部落社会的司法过程中的某些问题应该是比博安南的更为精练与丰富。如果我们将我们的兴趣转至一个特定的社会关系场域中的规范的维续的问题研究上,博安南的方法可能更为精练与丰富。但是,我的主要观点是,在使用西方的社会人类学的语言与使用西方法学的语言在处理这种类型的问题时,二者并没有什么不同。①

1973年,格拉克曼在《北罗德西亚巴罗策的司法过程》(第二版)重印的序言中,不仅深刻反思了博安南对其批判的根源,还分析了博安南论述进路中的误区,以此凸显其对"普世性"翻译进路的坚定信仰,这可视为格拉克曼对博安南批判的第三次较为系统的回应。格拉克曼说:

> 从1966年至今(1973年),有关部落社会法律概念与术语翻译问题的争论一直聚焦于"人们究竟能使用西方的法学理论与概念到什么程度上"。至今我还坚持认为,以往学界对我的批判,是立基于错误的阅读之上的。作为批判主角的博安南,其认为每个法律的"民俗体系"都有着它的中心支配概念,对于这些支配概念的研究应该相应地支配着分析者的研究实践。然而,在对他的许多论点做了诸多阅读、精读及重新分析他所报道的案例之后,我发现,他在他的分析甚至是田野调查中对提夫人如何根据概念来分类问题的过度关注,已然阻碍了他的进一步探究。②

无论是博安南对格拉克曼"普世性"翻译进路的批判,还是格拉克曼对博安南批判的回应,"格博之争"总是不脱一个核心论题:部落社会的法律概念与术语与西方文明社会的法律概念与术语是否具有可转译性。虽然,最终谁也没能说服谁,但其并不阻止学界对其争论实质的讨论。

三、"格博之争"的实质及意义启示

瑞丽丝(Annelise Riles)认为,20世纪60年代,在英美人类学界与法学界,出现了诸多有关法律人类学方法的关系的争论,其中,最具代表性的便是"格博之争"。从其争论中,我们可以明显地感受到那些参与讨论的学

① Max Gluckman, *The Judicial Process among the Barotse of North Rhodesia*, 2nd ed. Manchester: Manchester University Press, 1967, p. 368-404.

② Max Gluckman, *The Judicial Process among the Barotse of North Rhodesia*, 2nd ed. Manchester: Manchester University Press, 1973, p. xxvi-xxvii.

者在“认识论”方面的对立。①

纵观西方法学、人类学界有关“格博之争”的实质的讨论，大致可分为“片段式评价”与“深入式评价”两种。给予“片段式评价”的学者较多，观点也较为分散，比如，有学者认为，其实质是有关描述方法与研究目的的争论；②有学者认为，其实质是有关本土法律术语是否是理解外来法律术语的最佳进路的争论；③有学者认为，其实质是有关“传统本土法”的解释路径的争论。④ 给予“深入式评价”的学者不多，然而在笔者看来，最具客观性与系统性的，应该是由纳德尔(Laura Nader)作出的。在谈到“格博之争”的实质时，她说：

> 博安南所描述的方法的贡献，在于他所开创的“民俗体系”与“分析体系”的解释范式，此范式算不上“新颖”，却击中了人类学领域的翻译与意义问题的核心。格拉克曼认为，从英语法学中提炼出来的法律术语比部落法学中提炼出来的法律术语更适合于部落法学的问题分析。对此观点，博安南表达出了反对，因为，在他看来，在描述、分析一个文化中的法律问题时，通过把本土的法律术语体系翻译成另一个文化中的法律术语体系，只会导致困惑与扭曲。他对格拉克曼把西方法律的民俗体系转换成一个分析体系后，又把洛兹部落社会的法律术语强行地转换成一个西方的法律术语的行为予以了指责。他举了很多例子，以此来论证当把提夫的法律术语“校正”翻译成西方的法律术语“制裁”时，对于提夫人的实际行动会带来多么大的误解。事实上，在我看来，解决这些问题的答案既不在于格拉克曼，也不在于博安南，因为一个民族志学者意欲去揭示或描述他所调查的社会，一开始便是与他所坚信的他的这个描述能起到什么作用是密切相关的，而这也就将我们带入到了一个比较的疑问之中。博安南尝试着去发现并形塑提夫部落社会的正义与审判的观念。但我发现，他试图逃避这样一个问题：一个相对的方法论范式乃是意味着比较，然而，他当时似乎对于比较并不抱持多大兴趣。格拉克曼对于部落社会法律术语

① See Annelise Riles, “Representing In-between: Law, Anthropology, and the Rhetoric Interdisciplinarity”, *University of Illinois Law Review*, No. 3, 1994.

② See Francis G. Snyder, “Anthropology, Dispute Processes and Law: A Critical Introduction”, *British Journal of Law and Society*, Vol. 8, No. 2, 1981.

③ See Sally Falk Moore, “Law and Anthropology”, *Biennial Review of Anthropology*, Vol. 6, 1969.

④ See Franz von Benda-Beckmann, “Law out of Context: A Comment on the Creation of Traditional Law Discussion”, *Journal of African Law*, Vol. 28, No. 1/2, 1984.

> 的分析与一个语言学家的分析进路较为类似，他始终尝试着把巴罗策部落社会中的语法填充进罗马—荷兰法学的范式类型中来以从事比较。①

无论是纳德尔对“格博之争”的全面分析，还是其他学者对其所作的片段式总结，对于理解“格博之争”都有一定的指导意义。不过，在笔者看来，除此之外，有关“格博之争”的实质，还有两个重要因素不可忽略。

第一，个人的生命经验及学术使命。格拉克曼作为一位出生在南非，而后主要在英国学术界从事知识生产的学者，他的家庭背景（父母是俄裔犹太人）及由此而“引发”的身份“遭遇”，②使他先天性地拥有对于非洲殖民地部落文化的深刻理解与同情，因此，格拉克曼总是期望着在他自己的学术研究中，能够通过“证据”材料来证实非洲法律文明与西方法律文明之间的相似性。他相信，西方法学理论中的概念、术语甚至是庭审过程、法官的司法逻辑等都可以在非洲部落社会的法庭上找到。博安南因为出生在美国，其既没有格拉克曼的那种身份困境，又没有格拉克曼的那种学术使命，这便使博安南在从事法律人类学的研究过程中对非洲的部落族群总是展现出一种“异族”文化视角下的优越感，其坚信，部落社会的法律文明无论是在发展水平，还是文明层次上都远远落后于现代西方文明社会，这一点在其《法律的不同领域》一文中有着较为明显的表现。③

第二，知识训练的背景。格拉克曼出生于一个法律世家，早年曾在南非的金山大学学习法律，后来才前往牛津大学学习人类学。博安南则是早年在美国亚利桑那大学学习德语，而后前往牛津大学专攻人类学。相较于格拉克曼，博安南在从事法律人类学研究过程中更倾向于因袭人类学的知识传统。人类学以强调文化相对性为学科特征，④即相较于同质性而言，更加强调差异性。与此同时，语言方面的杰出天赋，让博安南有能力处理好部落社会法律术语内部的语义难题，这也是其在部落社会法学问题的研究过程中，始终强调法律语言作为法学研究的前提价值的重要原因。⑤ 格拉

① Laura Nader, “The Anthropology Study of Law”, *American Anthropologist*, Vol. 67, No. 6, 1965.

② See T. M. S. Evens & Don Handelman, “Historicizing the Extended - Case Method”, *Social Analysis*, Vol. 49, No. 3, 2005.

③ See Veena Monga, “On Bohannan and the Law”, *American Anthropologist*, Vol. 69, No. 2, 1967.

④ See Jean G. Zorn. “Lawyers, Anthropologists, and the Study of Law: Encounters in the New Guinea Highlands”, *Law & Social Inquiry*, Vol. 15, No. 2, 1990.

⑤ See Paul Bohannan, “The Differing Realms of the Law”, *American Anthropologist*, Vol. 67, No. 6, 1965.

克曼由于同时接受了法学与人类学的知识训练，因此，在对部落社会问题的思考过程中，始终坚持人类学问题的法学叙事格调，重视"罗马—荷兰法学"的知识价值，并积极将其运用到具体的问题分析中。

相较于青年时代对自己学术观点的坚定捍卫，晚年的格拉克曼自从移居以色列生活后，便开始对早年的一些学术观点作反思与修正。对博安南的分析范式亦不再报以完全否定的态度，一方面，其认为，翻译的困境不可能完全克服，这是法学、人类学理论发展过程中，学科间知识传统的不同造成的；另一方面，其认为，可以预先限定一些部落社会法律概念与术语的意义范围，这会减少争论的可能性。凡此种种，无疑为其部落社会司法过程学术思想的进一步完善提供了认识论基础。

或许，历史有时就是一部由无数个偶然事件构成的片段。格拉克曼与博安南的争论无意间却为法律人类学的纵深推进添加了"催化剂"。此后，法律多元主义视角下的国家法与习惯法关系，渐渐成了20世纪70年代后法律人类学的关注中心。① 遗憾的是，格拉克曼的早逝，让我们无法看到其有关此问题的深入思考，但毋庸置疑的是，"格博之争"让我们看到了格拉克曼对自己学术思想的捍卫及对法律人类学时代问题的关切与回应，这是值得后世学者尊敬与学习的。

格拉克曼对法律概念与术语这一本体论问题所作的思考，始终以其对生活的经验及对生命的体验为背景。作为一位出生在南非而后在英国学术界从事知识生产的俄裔犹太学者，似乎从其出生的那一刻起，就背负起了一个身份背景所赋予的历史使命。无论是早年对部落社会结构问题的关注，还是从牛津大学博士毕业后对部落社会法学问题的研究，格拉克曼的习惯性思考路径或者说思维前见便是："西方文明社会既然存在法律文明，那么，部落社会同样也存在法律文明。西方文明社会的理性人，与部落社会的理性人之间并不存在本质差异。"②正是有了这种前见，致使其在对部落社会法律概念与术语问题的分析、探究过程中，遭到了以博安南为代表的诸多人类学家、法学家的反对。然而，不可否认的是，从法学、人类学理论发展史的视角来看，格拉克曼有关法律概念与术语的思想理论是具有开拓性的。这种开拓性不仅表现在对于问题的时代性回应，还在于带给历史进程中后来研究者的意义启示。

① See Jean G. Zorn, "Lawyers, Anthropologists, and the Study of Law: Encounters in the New Guinea Highlands", *Law & Social Inquiry*, Vol. 15, No. 2, 1990.

② See Max Gluckman, *The Judicial Process among the Barotse of North Rhodesia*, 2nd ed. Manchester: Manchester University Press, 1967, p. 368-416.

首先,格拉克曼对法律概念与术语所作的"模糊论"定位,以及在此基础之上对法律概念与术语所作的意义层级分类,有力地批判了传统法学、人类学界对法律概念与术语的确定性追求。格拉克曼以其早年在"桥文"中提出的"社会情境分析法"(analysis of social situation)为基础,①将"历史—关系—过程"的社会/文化人类学分析框架植入对法律概念与术语这一理论问题的思考过程中,创造性地提出"法律概念与术语的含义既是确定的,又是不确定的"。② 申言之,在格拉克曼看来,法律概念与术语既是一个理论问题,也是一个实践问题,在具体的司法过程中,法官会借由当事人双方的权利、义务关系及社会的道德要求来阐释某个法律概念与术语的现实含义。虽然说,格拉克曼的这一分析进路存在诸多缺陷,比如,如何才能保证法官对法律概念与术语作出较为科学的解释?法律概念与术语的"伸缩性"究竟有多大?法律概念与术语是不是从理论上就完全没有合理解释的可能?等等,然其却为司法目标的实现提供了更多的选择空间,也为我们思考基层司法实践中的"案结事了"提供了重要启示。

其次,格拉克曼认为,部落社会法律概念与术语的认识进路是特殊的,其不能在西方法律文明意义上的那种规范条文中找答案,而是要深入部落社会内部,参与其司法实践过程,最终通过"身份—头衔"来把握某个法律概念与术语的现实含义。格拉克曼之前的法学家,纵然有人承认部落社会也有法律概念与术语,却并没能进一步对如何认识、阐释部落社会的法律概念与术语这一问题展开深入思考。就这一点而言,格拉克曼无疑是具有洞见的,其对此问题所作的"实践主义"思考,为我们深刻理解并把握部落社会法学问题的实质及研究意义提供了指引。

最后,格拉克曼法律概念与术语的思想理论的启示意义还在于,研究法律概念与术语这一本体论问题,必然要有着对时代背景、学术使命的有效回应。格拉克曼之所以会与博安南之间发生较为持久的论战,其中一个重要原因便在于二者所肩负的学术使命不同。格拉克曼的学术研究着力于从理论层面为殖民主义宗主国与被殖民主义地区之间的矛盾的解决及部落社会法律文明与现代工业社会法律文明之间的冲突的协调提供智识基础;博安南则更多的是对"异文化"作纯粹的人类学理论阐释。格拉克曼出生于犹太法律世家,其父亲身上的正义感及对殖民主义的深恶痛绝影

---

① See Max Gluckman, "Analysis of a Social Situation in Modern Zululand", *Bantu Studies*, Vol. 14, Issue 1, 1940.

② See Max Gluckman, *The Judicial Process among the Barotse of North Rhodesia*, 2nd ed. Manchester: Manchester University Press, 1967, p. 291-326.

响到格拉克曼对自己身份“遭遇”的理解，而这一切则是博安南的学术生命中所缺乏的。由此，格拉克曼对部落社会司法过程中的法律概念与术语的学术研究与思想体系，既立足于时代，又超越于时代，有种穿越历史的借鉴意义。

综上所述，格拉克曼对传统法学界与人类学界有关法律概念与术语定义进路展开批判，厘清部落社会法律概念与术语的正确认知进路，确定部落社会法律概念与术语的翻译模式，均可为部落社会司法过程意义上的“法律本体论问题”的解决提供科学的法律人类学方案。然而，司法过程是一部短暂的“法律史”，循沿法律概念与术语本体论问题之后的，将是更为复杂的法律发现论问题。

第三章　部落社会司法过程研究中的法律发现论

格拉克曼曾说:"'法律'[①]并不是只有一种特质的盒子。事实上,更多情况下,它是一个充满了'人的理性'的潘多拉魔盒,一旦打开,必有灾难。"[②]对"法律概念与术语"进行本体论探究固然必要,但无论是法学家,还是人类学家,定然永远也无法得出令对方满意的答案。为此,格拉克曼在其部落社会司法过程学术思想的建构过程中,将更多精力放在了"如何发现法律"或者说"法律的发现技术"[③]领域。他以"部落社会司法过程中,法官所运用的法律发现技术是否与现代西方社会法官所运用的法律发

---

① 部落社会的"法律概念与术语",当然包括"法律"这一概念本身,其含义始终是模糊的、不确定的。诚如笔者在第二章中所呈现的,部落社会的*mulao*,除了可被翻译为英文的law之外,还可以被翻译为custom、rule、morality等。因此,笔者在本章所使用的"法律"概念,若无特殊说明,均是广义的或者说部落法学意义上的"法律"概念。

② See Max Gluckman, *The Judicial Process among the Barotse of North Rhodesia*, 2nd ed. Manchester: Manchester University Press, 1967, p. 227. 笔者以为,无论是早期的自然法学家还是历史法学家,其对于法律本身的定义都凸显出强烈的"学派视角"。20世纪后,随着西方法律人类学渐渐发展为一套成熟的知识体系,特别是马林诺夫斯基通过参与式观察的方式来认识、理解"法律",并将"规则是如何适应人类生活的文化过程"描述得淋漓尽致,法律与文化、法律与秩序,自此不再被各自作为历史的"横切面",而是共同被写进社会生活秩序的演进过程之中。确实,"法律"的本质就是一种秩序,这一点就连后来的社会学家马克斯·韦伯亦不否认,如果循沿此逻辑推演,"法律"的本质就是经由立法或司法的实践,以实现其秩序理性的过程。这种认识进路,也是格拉克曼在从事部落社会司法过程研究中始终强调的。

③ 在当下国内法学界,"法律发现"经常与"法律方法"同时出现,据此,有学者认为,法律发现的本质就是法律方法的实践过程。参见张顺:《法律发现的三种进路》,载《法律方法》2015年第2期。还有学者认为,法律发现就是法官在既定的法律渊源体系中寻找可以作为裁判依据的法律规范的方法。参见赵玉增:《法律发现:法官"找法"的规则新解》,载《上海政法学院学报》2019年第4期。无论是将法律发现视为法哲学意义上的方法论实践过程,还是视为司法意义上的寻找法律渊源的方法,其都离不开"技术"。换言之,法律发现虽然看上去像是一种方法,但是一旦将法律发现置于具体的司法过程,其必然就涉及法官的归纳、分析、判断等技术。因为,司法的过程是动态的、实践的有关司法价值、目标与意义的综合选择与判断过程,它不仅包括发现可以适用的法律渊源,还包括对证据,事实及缝隙的发现等。申言之,发现是目的,方法只是表现形式,只有技术才是贯穿于发现全部过程的。虽然笔者并未见到格拉克曼在对部落社会司法过程探究中使用"法律的发现"或"法律的发现技术"这一专门术语,但纵观格拉克曼有关部落社会司法过程学术思想的知识、方法体系的整体建构过程,可以看到,他在其不同的著作、文章中都大量地提到了诸如"技艺"(craft)或"技术"(technique)的术语,由此,笔者在本章中特以"法律发现论"为题,继而全面呈现格拉克曼对部落社会司法过程中法官有关法律渊源,以及证据、事实与缝隙的发现技术的探究过程。特此说明。

现技术类似”为分析起点，通过参与观察，再综合运用历史法学、现实主义法学等知识，详细地为世人展示了部落社会法官的“技术理性”。

在本章中，笔者将全面揭示并深入分析格拉克曼对部落社会司法过程中法律发现问题的技术思考进路。众所周知，马林诺夫斯基的法律人类学研究，为我们描绘了一幅原始社会法律图谱，并剖析了作为文化重要组成部分的法律的功能与意义。遗憾的是，因为缺少了对大量具体司法个案的实践分析，马林诺夫斯基的研究无法让我们从动态的现象层面把握“法律”的“实践理性”，更无法洞察不同的法律渊源被发现的“艺术过程”。① 从法学视角出发，再借由人类学的经验分析来展现部落社会司法过程中的法律发现技术，是格拉克曼对马林诺夫斯基法律人类学研究的现实超越。② 但是，值得注意的是，格拉克曼对部落社会司法过程中法律发现技术问题的探究，始终将卡多佐着力描述的盎格鲁—美国的司法过程作为潜在比较对象。

第一节　法律发现的实践场域与思维工具

在极个别承认部落社会存在司法现象的学者看来，部落社会的司法裁决几乎都是通过大声叫嚷、激情的辩论、挥动手臂等随意性方式展开的，毫无技术性可言。③ 然而，格拉克曼通过对部落社会司法过程的深入观察，全面抽象、归纳与总结出了其间为法官所熟练运用的一系列法律发现技术，若要把握它的具体展开过程，则需要对部落社会的“场域特征”以及指引法律发现展开过程的“思维工具”有着清晰的认识。

一、法律发现的实践场域

格拉克曼所探究的非洲部落社会，其族群成员普遍是通过亲属之间的关系纽带来建立联系。个体意义上的族群成员，利用与族群内其他同伴的

---

① “艺术过程”是格拉克曼非常喜欢用的一个术语，在他看来，巴罗策部落社会的司法过程就是一个法官表现其知识、智慧、技术路径的技艺过程。不仅如此，爱泼斯坦（A. L. Epstein）1967年主编的一本有关社会人类学的起源、技术与问题的论文集名称，也借用了格拉克曼的表述方式，将社会人类学视为是一门技艺（craft）。See A. L. Epstein, *The Craft of Social Anthropology*, London: Tavistock Publications, 1967.

② 有关这一点，我们可以从格拉克曼在部落社会司法过程研究中的叙事风格看得出来。与传统的法律史学家梅因、梅特兰、霍尔兹沃思斯等所表现出的“纯粹的法律理论关怀”不同，格拉克曼始终是以“行动中的法”（law in action）来作为自己分析“法律”问题的起点。

③ See John H Wigmore, *A Kaleidoscope of Justice*, Washington: Washington Law Book Co., 1941, p. 404.

关系，实现自己关于生活的目标。不仅如此，族群成员还会经常聚集在一起，形成一个政治群体或宗教群体，从而分享他们的族群精神。① 在格拉克曼田野调查的巴罗策地区，有近三十个不同的族群部落，其中又以洛兹部落为支配性部落。洛兹的国王不仅统治着洛兹部落，就连其他的部落也都在他的统治之下。从面积上来看，巴罗策王国大约有8万平方英里，其位于罗德西亚的西北部，王国内人口数大概在25~30万。作为巴罗策王国的统治者，洛兹人居住在赞比西河上游的冲积平原上，该平原大约有120英里长、25英里到35英里宽。洛兹人在平原的土丘上修建镇子，但是，每当赞比西河的水流暴涨时，他们便会搬到平原的边缘地带去住，有些人会在洪水退却后，迅速迁回原先的住处，还有很多洛兹人便永远住在平原的边缘地带了。②

与许多非洲其他地方的部落社会一样，洛兹人也会将其部落的起源归因于神的旨意。因此，一种超越族群意义上的"神意"构成了洛兹人的共同文化信仰。③ 此外，在巴罗策洛兹部落的神话传说中，皇室一般被认为是Nyambe之神的女儿的后代，Nyambe娶了他的女儿为妻，并生育了许多子女。一天，他们的一个儿子来到平原地区打猎，当时，那里已经居住着许多部落，其中一个部落的成员知道了这个神的儿子的特殊身份后，便纷纷将他们所捕到的鱼交给这个儿子。相较于另一个部落的慷慨，洛兹部却显得非常吝啬，因为，他们一直不肯将他们捕获的鱼分给这个神的儿子。直到后来，他们才决定推选这位由Nyambe之神与他的女儿生的儿子为他们部

① See Max Gluckman, "Natural Justice in Africa", *Natural Law Forum*, Vol. 9, 1964.

② MaxGluckman, "Civil War and Theories of Power in Barotseland: Africa and Medieval Analogies", *Yale law Journal*, Vol. 72, No. 8, 1963.

③ 有关这一点，我们可以在许多法律人类学家对于部落社会的族群研究的著述中看到，比如，马林诺夫斯基在其对特罗布里恩德群岛人的田野调查中发现，他们对于"灵魂"的认识非常不同于现代西方文明社会，他们相信有着一种超自然的"灵魂"的存在，他们最害怕的是巫师们"驾驭"那些"灵魂"来使人得病。See Bronislaw Malinowski, *Argonauts of the Western Pacific: An Account of Native Enterprise and Adventure in the Archipelagoes of Melanesian New Quinea*, London: Routledge, 1922, p. 55-56；普理查德曾经也提到，在尼罗河苏丹人中间，如果一个人被闪电击中而亡的时候，或者是一个人被敌人穷追不舍，不得已想找个地方避难的时候，这时，都意味着他的先祖的"魂灵"(spirit)在向他呼救。因此，平时这些部落族人都会向先祖的魂灵祭祀，以来获求那些魂灵的护佑。参见 E. E. Evans-Pritchard, "The Nuer Col Wic", *Man*. Vol. 49, 1949；霍贝尔也曾指出，因纽特人会认为在他们的部落中"弥漫着"一种人与动物普遍具有的"魂灵"(spirit beings)，这是他们的共同精神信仰。See E. Adamson Hoebel, *The Law of Primitive Man: A Study in Comparative Legal Dynamics*, Cambridge: Harvard University Press, 1954, p. 69.

落的国王,并同意上交部分他们的猎物给他。[①]

在这样一个无法被史料证实的神话叙事中,巴罗策人主要强调的是"王权"(kingship)由人所创设的事实。国王与神的关系最近,但是其权力却是人民赋予的。[②] 因此,在巴罗策的部落社会,形成了特殊的权力、权利结构图谱。[③]

国王是整个巴罗策土地的权利所有人;国王之下,是各个镇子的头领;头领之下,是各个部落的族长;族长之下,是族群的普通成员,伴随此种"地位"由上而下的是"权力(权利)"的由强变弱。此外,国王还是巴罗策境内所有纠纷的最终裁决者。当一起特定的纠纷被提交到法庭进行裁决,当事人如果不服裁决结果,不仅可以直接向更高一级法庭提起上诉,还可以径直去国王住处请求其主持公道。[④]

如此原始却又"专制"的部落社会,似乎很难与"法律发现"这个主题发生联系。然而,格拉克曼却凭借人类学家所特有的经验观察视角,厘清并概括出了隐藏在部落社会司法过程中的"法律发现"技术,以及指引"法律发现"技术运用的思维工具。

二、指引法律发现的思维工具

格拉克曼对部落社会司法过程中法律发现问题的探究,是从寻找指引法律发现的"工具"开始的。通过对巴罗策洛兹部落司法过程的长期参与观察,格拉克曼指出,部落社会法官在其裁决过程中会不断运用"通情达理之人"(reasonable and customary man)或者说"理性人"

---

① MaxGluckman, "Civil War and Theories of Power in Barotseland: Africa and Medieval Analogies", *Yale law Journal*, Vol. 72, No. 8, 1963.

② 这也表现出了格拉克曼的辩证主义思维观。在西方学术界,有很多学者认为其受到了马克思(Karl Marx)辩证主义思想的强烈影响。比较具有代表性的著述,可参见 T. M. S. Evens & Don Handelman, "Introduction: The Ethnographic Praxis of the Theory of Practice", *Social Analysis: The International Journal of Social and Cultural Practice*, Vol. 49, Issue 3, 2005; Paul Cocks, "Max Gluckman and the Critique of Segregation in South Africa Anthropology", 1921–1940, *Journal of South African Studies*, Vol. 27, No. 4, 2001。

③ 在巴罗策的洛兹部落,无论是权力,还是权利,都用洛兹语 *mung'a* 来表示。由此,究竟表达的是"权力"还是"权利",取决于表达者所处的语境,以及表达者借由其他"参照物"对该术语的语义予以"具体化"的结果。

④ 比如,请求国王来对案件的判决结果予以评判。

(reasonable man),[1]来作为指引其法律发现的“思维工具”。

纵观西方法学发展史,“理性人”源自英国,是英国法学的核心概念,其所表达的是“一个理性/正常的人,在一个特定情境中通常会怎么做”。[2] 虽然“理性人”概念不是格拉克曼的原创,但是,格拉克曼却是第一位在部落法学研究中使用“理性人”概念的学者。[3] 1954 年 8 月,当格拉克曼受英国广播电视公司(BBC)之邀,发表有关部落社会法学问题的系列电视演讲时曾谈道:

> 至今我仍能清楚地记得,一天,当我坐在巴罗策部落法庭旁听审判,我认出了一位我在法学研究过程中经常关注的老朋友。他在我笔记本上有关法庭交叉质证过程记录的反面,用大写字母写下了一个短语——理性人。他不仅在该短语下面划了着重线,还在该短语后连打了六个感叹号。凡此过程,真的让我惊叹不已![4]

在格拉克曼看来,“理性人”不仅是英美法学中的核心概念,也是巴罗策部落社会法学中的核心概念,[5]其部落语的表述为 *mutu yangana*,其中 *mutu* 是人的意思,*ngana* 是思想、智慧、智力、才智、理性、意识、常识的意思。两个单词合在一起就是“一个有意识的人”(a man of sense)。[6] 不

---

① 纵观格拉克曼公开发表的各类专著、论文与讲演,其有时使用的是“理性人”(reasonable man),有时使用的是“通情达理之人”(reasonable and customary man)。究其原因,笔者以为,很可能是“理性人”作为英美法学意义上的“基础性概念”,表述的是西方工业社会场域的“人”的理性限度与范围,而格拉克曼作为一位信奉“辩证主义”哲学的学者,其使用“通情达理之人”,既是为了叙说该概念与英美法学意义上的“理性人”在本质上的相似性,还意在强调该概念在部落社会场域所凸显的法人类学意义。有关格拉克曼“辩证主义思维”在部落社会问题分析中的现实运用,可参见 Max Gluckman, “The Village Headman in British Central Africa”, *Africa*, Vol. 19, No. 2, 1949; Max Gluckman, “The Peace in the Feud”, *Past & Present*, No. 8, 1955; Max Gluckman, “The Utility of the Equilibrium Model in the Study of Social Change”, *American Anthropologist*, Vol. 70, Issue 2, 1968。

② See J. R. Lucas, “The Philosophy of the Reasonable Man”, *The Philosophical Quarterly*, Vol. 13, No. 51, 1963.

③ See A. L. Epstein, “The Reasonable Man Revisited: Some Problems in the Anthropology of Law”, *Law and Society Review*, Vol. 7, No. 4, 1973.

④ Max Gluckman, “The Reasonable Man in Barotse Law”, *Journal of African Administration*, Vol. 7, No. 2, 1955.

⑤ See John M Conley & William M O'Barr, “Classic in Spite of Itself: The Cheyenne Way and the Case Method in Legal Anthropology”, *Law & Social Inquiry*, Vol. 29, No. 1, 2004.

⑥ Max Gluckman, *The Judicial Process among the Barotse of Northern Rhodesia*, 2nd ed, Manchester: Manchester University Press, 1967, p. 125.

过，虽然都用“理性人”来表述，但部落社会的“理性人”，与英国乃至整个欧美司法场域的“理性人”既有共性，也有差异。对此，格拉克曼指出：

> 对于巴罗策部落社会法官而言，他们在定义“理性人”的时候，会有意无意地掺入诸多无关法律的生活事实，这些事实甚至包括一系列有关社会与个人的偏见。我相信，此现象在西方社会的法官与陪审团的裁决中亦尤为常见。①

申言之，格拉克曼认为，无论是部落社会的“理性人”，还是欧美社会的“理性人”，都不是一个纯粹的“超验的”概念，而是会受一系列生活事实或社会事实的影响。不过，针对格拉克曼有关部落社会司法过程中“理性人”概念的阐释进路，马歇尔（T. H. Marshall）说：

> 格拉克曼所说的“理性人”，基本可被理解为“守法的”（law-abiding）人。事实上，“理性人”与“守法的人”，在洛兹人中间可能经常也是被视为等同的。但我总是认为，他所使用的“理性的”概念，与西方现代法学意义上的“理性人”概念存在本质上的差异。②

纵然学界对格拉克曼提到的部落社会“理性人”概念有所批判，甚至质疑，③但格拉克曼并未受此影响。他通过一系列真实发生的个案，向学界完整呈现了部落社会法官借由“理性人”思维来发现法律的过程。

第二节　司法渊源主义视域下的法律发现

“司法渊源”讲述的是“司法过程中为法官所援引的法律从何处来”的

---

① Max Gluckman, “The Reasonable Man in Barotse Law”, *Journal of African Administration*, Vol. 7, No. 2, 1955.

② T. H. Marshall, “Gluckman On the Judicial Process of the Barotse”, *The British Journal of Sociology*, Vol. 6. No. 4, 1955.

③ 马奇（James G. March）认为，格拉克曼对西方法学意义上的“理性人”的使用，存在一种使得问题复杂化的倾向。See James G. March, “Sociological Jurisprudence Revisted, A Review（More or Less）of Max Gluckman”, *Stanford Law Review*, Vol. 8, No. 3, 1956. 当然，还有很多其他学者也对格拉克曼的“理性人”概念提出了批判，有关于此的总结与归纳，可参见 A. L. Epstein, “The Reasonable Man Revisited: Some Problems in the Anthropology of Law”, *Law and Society Review*, Vol. 7, No. 4, 1973。

问题，不同的法学流派，对此会做不同的解读。[①] 在卡多佐（Benjamin N. Cardozo）看来，美国工业社会司法过程中，“可以”为法官作为裁判依据援引的法律渊源是极为多样的，既包括制定法与先例，也包括习惯与道德等。[②] 但是，具体援引哪种法律渊源作为裁判依据，需要一定的法律发现技术。与卡多佐更为关注从理论思辨角度，即“可以”来呈现美国司法过程中法律发现技术的分析进路不同，格拉克曼采用的是经验主义的案例分析进路，即“实际”来呈现部落社会司法过程中的法律发现技术。[③]

一、主要法律渊源的发现

所有法律均是从习惯开始，[④]就连英国法律史学家波洛克（Frederick Pollock）也认为，构成英国普通法主要部分的“习惯法”（customary law）的

---

① 比如，奥斯丁认为君主的命令是法律的渊源，萨维尼和梅因都认为习惯是法律的最重要的渊源。自然法学派的法学家们一般都会认为，人的理性是法律的渊源，其他的一些神学家，则将宗教教义视为法律的渊源。有关法律渊源的概念辨析，可参见马驰：《法律认识论视野中的法律渊源概念》，载《环球法律评论》2016 年第 4 期。

② See Benjamin N. Cardozo, *Nature of the Judicial Process*, New Haven: Yale University Press, 1921, p. 14-50.

③ 格拉克曼从未参与过具体的立法过程，因此就不存在所谓的立法经验，他所熟悉或者说关注的仅仅是司法过程。司法场域的法律渊源，无论是从理论上，还是从实践中，对于格拉克曼来说，主要表达的就是司法渊源，即司法过程中，法官所使用的法的来源问题。就笔者的有限阅读来分析，格拉克曼对于部落社会司法过程中法律渊源问题的思考，可能是受到了英国著名法律史学家、牛津大学教授维诺格拉多夫（Paul Vinogradoff）的影响，维诺格拉多夫作为英国历史法学派的代表人物，以历史的视角来认识法律，或者说法律史的建构过程就是一种重新发现历史中的法律的过程，是他所极力强调的。See Paul Vinogradoff, “The Meaning of Legal History”, *Columbia Law Review*, Vol. 22, No. 8, 1922. 此外，早在 1914 年时，维诺格拉多夫在提到有关法律渊源的问题时就将其主要限定于两个向度了，即“法律或是提前为某个规制未来事件的目的而制定的，或是其他的由法院的法官在实践中对于其判决的宣判”。See J. A. G. Griffith, “Review: Common Sense in Law by Paul Vinogradoff”, 2nd edition, revised by H. G. Hanbury, *The Modern Law Review*, Vol. 11, No. 3, 1948. 这是一种典型的历史主义、现实主义的认识路径，格拉克曼对于该问题的分析进路，在很大程度上与维诺格拉多夫类似。

④ See David J. Bederman, *Custom as a Source of Law*, Cambridge: Cambridge University Press, 2010, p. 3. 根据外国法制史的学术通说，世界上已知的第一部比较系统、完整的成文法典《汉穆拉比法典》于公元前 18 世纪就诞生了，这部法典不仅包含了丰富的民事、刑事方面的材料及有关部落、家庭、教法等的风俗，同时还包含了许多有关在法律程序与惯例的过渡阶段的有益启示。See E. H. B, “Review: The Code of Hammurabi by Robert Francis Harper”, *The American Law Register* (1898-1907), Vol. 52, No. 9, 1904. 然而，从性质上来讲，其主要还是一部对两河流域的生活、风俗习惯的汇编。有关这一点，在许多古代西方的其他法律或法典中也可以看到，比如日耳曼法，其主要就是日耳曼诸部落在侵入西罗马帝国，建立“蛮族”国家的过程中，由原有部落习惯逐渐发展而成的。参见由嵘：《日耳曼法简介》，法律出版社 1987 年版，第 6 页。

“规则”(rules)便是出自习惯。[①] 格拉克曼强调,在部落社会司法过程中,法官援引作为裁决依据的“法律”比较多,这些“法律”共同组成了一个“体系化结构”,位列结构底端的是习惯,其被视为“主要‘法律’渊源”,亦即在结构中发挥着最为重要的基础性作用。格拉克曼以巴罗策洛兹部落司法过程为实证分析对象,指出其最为重要与丰富的法律渊源是习惯。[②] 不过,格拉克曼同时也强调,在洛兹部落社会司法过程中,法官对“习惯”(洛兹语,*mikwa*)与“法律”(洛兹语,*mulao*)的发现技术掌握得比较熟练。[③] 在司法裁决过程中,法官会经常以“按照……的习惯,原告或被告应该……”来作出裁决。为此,他以自己参与观察并完整记录的“丈夫外出小便案”(案例一)、“妻子谷仓食物被拿案”(案例二)为例:

> 案例一:一个醉汉丈夫,本是和其妻子 A 同床的,其间,他出去小便,却不小心走进了一个房间,那间房子里住的是他的另外一个妻子 B。随即,这位丈夫准备在此房间内小便,但没想到的是,最终他的小便却尿到了妻子 B 的身上……当该纠纷被提交至 Namakau 法庭时,族长 Ishewambuto 经审理后作出了如下判决:支持醉汉的两位妻子 A、B 提出的“立即与她们的丈夫离婚”的诉求。因为,按照洛兹的习惯,丈夫是不允许这样对待两位妻子的。[④]
>
> 案例二:一个妻子回她的娘家了,刚好就在她离开的第二天,她的几个亲戚便来到了她丈夫的屋里,当时,她丈夫便从她的谷仓里拿了部分食物给这些亲戚享用。后来,有人出价购买她谷仓里的谷物,他便拿一些去卖了。等她回来了,他把卖谷物的钱全部交给了她。不久,这位妻子向法庭提起诉讼,声称她的权利受到了侵害,要求法庭支持她的离婚请求。法庭经审理认为,虽然这位丈夫是为其妻子利益而出售那些谷物的,但是,按照当地的习惯,丈夫在未经妻子允许的情况下,不能擅自去妻子的谷仓。最终,法庭判决,准许原告与被告离婚。[⑤]

---

① See Frederick Pollock, *A First Book of Jurisprudence for Students of the Common Law*, London: Macmillan and Co., Ltd., 1896, p. 240-245.

② Max Gluckman, *The Judicial Process among the Barotse of Northern Rhodesia*, 2nd ed. Manchester: Manchester University Press, 1967, p. 236-237.

③ See Max Gluckman, *The Judicial Process among the Barotse of Northern Rhodesia*, 2nd ed. Manchester: Manchester University Press, 1967, p. 237.

④ Max Gluckman, *The Judicial Process among the Barotse of Northern Rhodesia*, 2nd ed. Manchester: Manchester University Press, 1967, p. 140.

⑤ Max Gluckman, *The Judicial Process among the Barotse of Northern Rhodesia*, 2nd ed. Manchester: Manchester University Press, 1967, p. 140.

关于案例一,借由格拉克曼的完整记录,我们不难看出,法庭之所以支持这位丈夫的两个妻子A、B提出的与她们的丈夫立即离婚的请求,源于这位丈夫的行为违反了当地的习惯。不仅是法官,就是部落成员也可轻松借由"理性人"思维发现这一习惯。因此,援引这个习惯作为裁决依据,具有很强的说服力。关于案例二,借由格拉克曼的完整记录,我们同样不难看出,法官发现并援引了"丈夫不得进入其妻子谷仓"的习惯,虽然该丈夫以"前往其妻子的谷仓,是为了她的经济利益考虑"为由,要求法庭不予支持原告的诉讼请求,但法庭并没有认可该理由,最终还是判决妻子胜诉。虽然格拉克曼没有刻意强调,但是,在该案的裁决过程中,我们可以清晰地感受到,格拉克曼意欲表达的是,法官对其所在的部落社会习惯有着非常强烈的认同感,以致全然不顾习惯发生、发展的具体化过程与场景,径直借由"大前提—小前提—结论"的三段论逻辑,得出了其所认为合理的判决结果。而推动部落社会法官作出合理判决的"因素"在于,"丈夫不得进入其妻子谷仓"作为部落族群成员普遍认可与接受的习惯,是任何一个"理性人"都能发现并知晓的。因此,法官没有,也没必要对其所发现的习惯的含义做进一步阐释。甚至,很有可能的是,在法官的观念中,发现并援引此种类型的习惯,定然能够降低当事人诉讼过程中的理解成本,推进司法过程的顺利展开,提升司法裁决的可接受性。

习惯是巴罗策部落社会司法过程中最重要的法律渊源,位于结构的底端,然而在格拉克曼看来,它在巴罗策司法过程中被适用的时候,还要受到两种"特殊情况"的限制,每种"特殊情况"出现时,法官都应结合具体情境,从"理性人"的思维出发,运用相应的法律发现技术。

第一种"特殊情况"是,如果法官在庭审过程中,发现其所援引的习惯,存在与成文法的基本精神相悖逆的情况,那么,他就必须拒绝援引这个习惯,而改用成文法或其他习惯。正如格拉克曼所说,"习惯一旦与任何成文法有所冲突,都不能被适用"。[①] 他以"个人居住自由案"为例:

> 一个巴洛瓦勒地区的卢瓦勒部落的酋长起诉他的侄女儿,该侄女是他的妹妹与其第一个洛兹人丈夫所生的。法庭的法官向被告(那个侄女儿)问了一些问题,而后,被告回答道,"我的妈妈很久以前就把我和我爸爸抛弃了。我不能去巴洛瓦勒,让我妈妈来把我接回去吧!"

① Max Gluckman, *The Judicial Process among the Barotse of Northern Rhodesia*, 2nd ed. Manchester: Manchester University Press, 1967, p. 240.

在把这句话强调了三遍以后，被告继续说道，“我还是希望和我的爸爸住在一起”。最后，法官作出判决：好吧！这是我们的白人统治者的法律，即“一个人应该住在他/她内心所喜欢居住的地方”。[①]

格拉克曼在对该案的分析中指出，按照卢瓦勒部落的习惯，[②]这个侄女必须要回到她的母系亲属那边去，因此，法庭最终作出这样的判决明显与卢瓦勒部落的习惯相违背。然而，根据英国政府的相关法律规则及1906年莱瓦尼卡国王颁布的法律，人们有权居住在其所乐意居住的任何地方，只要这个居住的地方被官方承认为一个合法的镇子单位。此外，格拉克曼还认为，在这个案件中，之所以法庭会作出这样的判决，很大程度乃是因为，一旦法官在该案中“舍此求彼”，完全借由其所发现的习惯来否定国家法，就必然会损害成文法的权威性及其普遍被适用的意图。[③]

诚如前述，在格拉克曼田野调查的洛兹司法场域中，法官对习惯的发现并不是随意的，它需要一定的法律技术。如果借用亚里士多德对于“法治”两层含义的描述，[④]以及格拉克曼对部落社会司法过程中习惯与成文法的动态关系的经验观察，我们可以进一步总结认为，洛兹司法过程中被法官所发现并援引的习惯至少得具备两个基本特质：(1)该习惯本身应该是确定的、有效的、众所周知的；(2)不同的习惯之间不能互相矛盾与冲突。由此，洛兹司法过程中的习惯，必然与洛兹族群的伦理、道德保持内在一致，体现的是洛兹族群的整体价值理性与道德理性。只是，强调成文法

---

① Max Gluckman, *The Judicial Process among the Barotse of Northern Rhodesia*, 2nd ed. Manchester: Manchester University Press, 1967, p. 171.

② 巴洛瓦勒地区的卢瓦勒部落与巴罗策的洛兹部落不同，其当时还是一个母系社会部落。

③ Max Gluckman, *The Judicial Process among the Barotse of Northern Rhodesia*, 2nd ed. Manchester: Manchester University Press, 1967, p. 240. 笔者以为，格拉克曼对法律(成文法)所做的功能分析，确实有点类似于波士皮斯尔(Leopold Pospisil)的观点。波士皮斯尔在讨论法的属性这一问题时，主要是从法的现象的视角来展开分析的，他认为，(成文)法具有四个重要的、必不可少的属性：权威(authority)、普遍适用的意图(intention of universal application)、义务(obligatio)、制裁(sanction)。按照波士皮斯尔的观点，权威性乃是区别法与习惯的重要标准，但他同时也认为，权威并不仅仅局限于法律场域，而且还包括其他场域。See Leopold Pospisil, *Kapauku Papuans and Their Law*, New Haven: Yale University Press, 1958, p. 258－272.

④ 亚里士多德一直被马克思、恩格斯称为“古代最伟大的思想家”，他认为，所谓法治乃是指，“已成立的法律获得普遍的服从，而大家所服从的法律又应该本身是制订得良好的法律”。该表述通常又被细分为如下两层含义：第一，被制定出来的法律本身必须是良法；第二，该良法得到了普遍遵守。参见亚里士多德：《政治学》，吴寿彭译，商务印书馆1965年版，第199页。

与习惯发生冲突时，拒绝后者而肯定前者，其背后究竟蕴藏的是法官对“法律发现”的技术理性的独特理解，还是“种族歧视”思维在司法过程中的渗透，格拉克曼并未展开讨论，我们也无法通过“臆测”来得出较有说服力的结论。不过，可以肯定的是，英国殖民统治者的强权逻辑，巴罗策部落社会的法官绝对是深有体会，但如何把握这种逻辑的技术实践与司法过程的目标追求，这便涉及政治学问题，限于笔者的主题，于此就不再展开。

第二种“特殊情况”是，如果法官在司法过程中发现其所援引的“新习惯”与很久以前便存在的“旧习惯”存在冲突时，其就必须从“理性人”的思维出发，运用一定的法律技术，从而援引在其看来能够完成司法目的与任务的习惯。[①] 格拉克曼以“父子争夺牛的支配权案”为例：

> 一个男人因为过失杀人罪而被投入监狱，留下了几头牛让他的父亲照看，这些牛是这个男人靠自己挣的钱买来的。而后，他的父亲却让其邻居代为放养。当时邻居就对那个父亲说：“承蒙您的好意，但是我相信您儿子出狱后，必然会反对这种赠与。”（其中几头由那个父亲带回家，另外还有几头他留给了邻居。）但那个父亲却声称：“没关系的，我们可以找 Sambi（首席议员）来做证人，届时他可以帮助证明我的赠与是出于自愿的。”后来，那个儿子出狱了，在得知他的几头牛被其父亲赠给了邻居后，便向法庭提起诉讼，要求法庭判决邻居归还他所有的牛及其幼崽。在听完原告的事实陈述后……法庭认为：父亲可以本人使用其儿子的牛（这是以前一直就存在的习惯），但是现今，一旦孩子们是靠自己所挣的钱来养活他们自己并用自己的钱购买了某个动产时，父亲就不能够以签订合同的形式将这些动产（牛）转让给其他人使用，哪怕这份合同是以其孩子的利益为目的。最终，法庭判决原告胜诉。[②]

---

① Max Gluckman, *The Judicial Process among the Barotse of Northern Rhodesia*, 2nd ed. Manchester：Manchester University Press，1967，p. 240.

② Max Gluckman, *The Judicial Process among the Barotse of Northern Rhodesia*, 2nd ed. Manchester：Manchester University Press，1967，p. 109–110.

对于此案,格拉克曼作了详细分析,①但是,笔者以为,有两个值得注意之处:一是法官在发现并援引习惯的过程中,有没有搞清楚哪个是新的习惯?哪个是旧的习惯?② 其间涉及哪些法律技术?从文化人类学视角来看,所谓"旧习惯",通常是指祖辈们一直延续使用下来的习惯,这样的习惯与文化传统紧密相连。相较于"旧习惯","新习惯"常常是指那些与现代性紧密相连的习惯,在巴罗策部落社会,其又表现为"文化接触"意义上的英国习惯。比如,自己对自己的债务负责,不牵连家人;女人也有一定的意见表达权和人身受保护权;每个小孩可以自由选择是与其父亲住在一起,还是与其母亲住在一起;等等。此外,因为巴罗策部落是由"协商会议"主导立法、司法乃至整个法律体系的运行,③而会议成员通常是以年龄偏大的贵族为主,其在面对"旧习惯"与"新习惯"之冲突时,往往会基于"理性人"思维,从而自觉地选择其熟悉的"旧习惯"。这种选择的实践过程,与其说是一种技术,不如说是一种经验。二是在巴罗策部落社会司法过程中,如前所述,法官的主要目的,与卡多佐大法官所言的美国法官的目的是一致的,即寻找正义或帮助当事人实现正义,④那么,在这个案件中,原告的父亲已经明确表示,其与邻居(代其放牧者)签订的"赠与合同"是为了原告利益考虑的,可为什么原告就不理解?或者说原告表示反对,但为什么不给出一个明确的反对理由?难道其父亲的所作所为,不符合赞比亚部落"理性人"乃至非洲所有族群"理性人"的基本正义观吗?⑤ 遗憾的是,格拉克曼对这些看似细微实则重要的问题,同样没有给予应有的关注。当然,由此我们并不能否认格拉克曼有关"一旦发现新习惯与旧习惯在部落社会司法过程中同时出现,法官会运用一定的法律技术来予以判断"的

---

① 格拉克曼的核心观点是,该案中的法官之所以认为父亲不再对那些牛拥有所有权,乃是出于这样的考虑:如果那位父亲没有获得其儿子的同意就转让这种所有权,其不符合当下的习惯,他应仅限于自己使用这头牛。See Max Gluckman, *The Judicial Process among the Barotse of Northern Rhodesia*, 2nd ed. Manchester: Manchester University Press, 1967, p. 110.

② 有关法律渊源意义上的习惯的判断问题的讨论,可参见 Dale Beck Furnish, "Custom as a Source of Law", *American Journal of Comparative Law Supplement*, Vol. 30, 1982。

③ See S. F. Nadel, "Reason and Unreason in African Law", *Africa: Journal of the International African Institute*, Vol. 26, No. 2, 1956.

④ See Benjamin Nathan Cardozo, *Selected Writings of Benjamin Nathan Cardozo*, Margaret E. Hal ed., New York: Fallon Law Book Company, 1947, p. 19-50.

⑤ 关于非洲族群正义观念的讨论,可参见 John Hund, "Witchcraft and Accusations of Witchcraft in South Africa: Ontological Denial and the Suppression of African Justice", *The Comparative and International Law Journal of Southern Africa*, Vol. 33, No. 3, 2000。

事实观察的客观性。①

综合格拉克曼对部落社会法官发现并援引习惯的技术分析，麦科马克(Geoffrey MacCormack)指出，在巴罗策部落社会司法过程中：(1)可被法官发现与援引的习惯大致分为三种类型，分别是统治部落(洛兹)的习惯、被大多数巴罗策兰(Barotseland)地域内的部落所使用的习惯、巴罗策兰所有部落共有的习惯，②法官对习惯的发现、认知和评价，依据的是部落"理性人"思维，其间涉及的法律技术并不复杂。(2)习惯是巴罗策司法过程中最重要的法律渊源，在巴罗策兰，其通常与"一般的实践"意思等同，③但"一般的实践"不是僵硬的生活信条，其会因为具体生活情境的不同，而表现出不同的"面相"，因此，在司法实践中，法官必须要运用"情境分析"技术，厘清不同类型的人(身份不同)所适用的习惯种类。(3)巴罗策法官在司法实践中所引用的习惯，一定是不能与成文法有所冲突的习惯。换言之，法官对习惯的援引，以其不违背成文法的基本规定与精神为前提。在

① 在部落社会，原有的习惯固然会随着社会的变迁而发生一些内容的改变，这也是达尔文社会科学进化论的信徒们不假思索便信以为真的。但是，如果我们借用格拉克曼在社会人类学、政治人类学研究中常常强调的"社会变迁"与"冲突—平衡"理论框架就会发现，当格拉克曼在分析这个问题时，不仅仅关注到了"社会变迁"这一视角，他更加关注或者说强调的是变迁过程中发生的"冲突与平衡"。早年，格拉克曼在从事祖鲁部落的社会秩序、结构、关系研究时，曾以祖鲁人与英国人之间的关系为考察对象，在通过浸入式的"参与观察"后，他发现，在一个具体的情境(particular situation)中，两个群体的人是既有合作，又有对立的，而祖鲁人的习惯，就是在这种一个又一个特定的"合作—对立"或者说"冲突—平衡"关系模式中不断发生着变迁：一方面，祖鲁人会不断吸收英国人的习惯，比如，一些富有的祖鲁人会按照英国人的那种"绅士"风度来对待他的仆人；另一方面，英国人也会吸收祖鲁人的习惯，比如有一些与祖鲁人关系走得比较近的英国人就会娶多个妻子。因此，旧的习惯与新的习惯在内容上并不只是一个单线进化的历史演进，毋宁，其是一个复杂的多元化的"冲突—平衡"过程。See Max Gluckman, "Analysis of a Social Situation in Modern Zululand", *Bantu Studies*, Vol. 14, Issue1, 1940; Max Gluckman, "The Kingdom of the Zulu of South Africa", in Meyers Fortes and E. E. Evans-Pritchard eds., *African Political Systems*, London: Oxford University Press, 1940, p. 46-55; Max Gluckman, *Custom and Conflict in Africa*, Oxford: Basil Blackwell, 1956, p. 27-53; Max Gluckman, *Politics, Law and Ritual in Tribal Society*, Oxford: Basil Blackwell, 1965, p. 279-299.

② See Geoffrey MacCormack, "Professor Gluckman's Contribution to Legal Theory", *The Judicial Review*, 1976.

③ 将习惯等同于"一般的实践"(usual practice)，在笔者看来，非常契合部落社会的"法律"文化特质。毕竟，部落社会的文字文明始终处于一个不发达阶段(有关这一点，我们在马林诺夫斯基研究的特罗布里恩德群岛人，布朗研究的安达曼人，博安南研究的提夫人以及普理查德研究的努尔人中都可以看出)，因此，习惯的内容一般都是靠口耳相传的方式来传承的。然而，需要我们注意的是，在非洲的一些部落，各种各样的"巫术与宗教仪式"往往也是传递习惯的一个重要手段，仪式的结果可以改变人们之间的社会关系，而不断变化的社会关系，又会产生新的习惯。具体可参见 Max Gluckman, "Les Rites De Passage", in Max Gluckman ed., *Essays on the Ritual of Social Relations*, Manchester: Manchester University Press, 1962, p. 1-52。

巴罗策的洛兹部落,所谓的成文法,一般指的是英国殖民当局制定或巴罗策国王颁布的法律。事实上,巴罗策的法官大都没有成文法意识,然而作为有着强烈"法学观念"的族群,法官又不能在裁决过程中拒斥法律/规则思维的适用,职是之故,法官常常会在司法实践中"技术化"地将习惯与法律等同起来,以习惯代法律,以法律的方式来表述习惯。(4)在巴罗策司法实践中,法官是特别具有智慧理性的群体,他们通常会考虑到习惯的现代适应性,一旦发现某些习惯不符合洛兹族群社会、经济、文化发展的基本要求,便会及时抛弃那些习惯。①

借由格拉克曼有关部落社会"习惯"发现的知识谱系,可以看到,法律与习惯在巴罗策司法过程中的地位、作用及意义非常不同。不仅如此,被巴罗策法官在司法实践中作为重要法律渊源予以援引的习惯,在部落社会司法场域的适用,比在英美工业社会司法场域的适用要更为复杂。在英国法律体系中,习惯作为司法过程中的法律渊源通常都是被限定于特定的区域且并非最为重要。同样的情况,在美国的法律体系中亦是如此。② 为什么部落社会司法过程中对习惯的发现,需要法官从"理性人"思维出发、同时运用一定的法律技术?在格拉克曼看来,其主要还是因为,巴罗策部落社会一直处于法律史学家梅因(Henry Sumner Maine)所谓的"身份社会"发展阶段所致。③

二、次要法律渊源的发现

与位列结构底端只有习惯这一种法律渊源的情形不同,位列结构中端与顶端的法律渊源,不仅形式更加多元,而且内容也更为丰富。格拉克曼依照这些法律渊源发挥的作用及被适用的概率,将成文法、先例与道德置于结构中端,将自然规则置于结构顶端,但强调它们都是"次要法律渊

① 与格拉克曼的文化阐释进路不同,在西方理论法学发展史上,有诸多学者自规则分析进路对"习惯"进行了探究,其中最受关注的是哈特(H. L. A. Hart)的观点。他指出,"可以想象,在一个没有任何立法机关、法庭或类似人员的社会里,经常被提到的'法律'就是'习惯',其通常意味着那些非常古老的、比其他规则的强制力稍弱的'习惯性规则'(customary rules)。仅仅在一个亲属纽带、共同情感、信念等紧密串联的小型社群中,人们才能在这种'非正式规则'(unofficial rules)中生存。习惯是不灵活的,因为它不受任何人的理性控制。当然,更缺乏一个有效的、众人认可的改变习惯的既定程序"。See H. L. A. Hart, *The Concept of Law*, Oxford: Oxford University Press, 1994, p. 88-92. 哈特对于习惯所作的分析,显然与部落社会司法实践中,法官对习惯的理解或者说习惯的实际"地位"存在较大差异。

② See Geoffrey MacCormack, "Professor Gluckman's Contribution to Legal Theory", *The Judicial Review*, 1976.

③ See Max Gluckman, *The Ideas in Barotse Jurisprudence*, Manchester: Manchester University Press, 1965, p. xvi.

源”。在对这些“次要法律渊源”发现过程中的法律技术进行探究之时，格拉克曼总是围绕着具体的个案来展开。它让原本略显乏味甚至晦涩的学理讨论，顿时变得通俗易懂。

格拉克曼首先揭示了部落社会法官对成文法的发现与援引技术。在格拉克曼从事田野调查的巴罗策部落社会，早在1936年之前，其所在地区的国王便制定过一系列法典，如1917年的《婚姻法》，1928年的《成文法》，但其内容都较为简陋。1936年，由英国政府制定的《巴罗策土著权威条例》《巴罗策土著法庭条例》开始实施，[①]自此，巴罗策部落社会真正进入了“混合法”时代。发现英国政府及巴罗策国王制定的成文法，继而将其作为裁决的依据，所需要的技术并不复杂。格拉克曼专门以“未生育的寡妇案”为例：

> 一个男人在1938年时娶了一位处女，当时，他将三头牛作为彩礼送给了女方家。1944年，这个男人去世，由此他与妻子的婚姻关系便终止了，但当时那个妻子还没有怀孕。后来，死去的丈夫的父亲向省上诉法院提起诉讼，要求被告（女方）“正如所有婚姻关系终止的那样”（亦即包括那些因为死亡而导致婚姻关系终止的情况）归还其一头牛及牛的幼崽。因为根据1917年耶塔三世国王（King Yeta Ⅲ）颁布的《婚姻法》的规定：一个男人在与一个结婚时还是处女，且离婚时还未怀孕的女人离婚时，两头牛中的第二头牛应该作为彩礼还给男方，同时，这头牛产下的幼崽也应该还给男方。省上诉法院经审理后认为，根据巴罗策本土的习惯，如果夫妻双方的婚姻关系是因为死亡而终止的话，彩礼是不能归还的。因此，省上诉法院最终作出如下判决：驳回上诉，维持原判（Sulu法庭及Saa-Katengo法庭依此习惯作出的判决）。但是，后来，北罗德西亚高等法院的首席大法官却推翻了省高等法院作出的判决，他认为，根据耶塔三世国王颁布的《婚姻法》，不论婚姻关系是因为死亡或者离婚而终止，女方都应该还一头牛给男方家。[②]

在该案中，北罗德西亚高等法院的大法官之所以推翻了先前由省高等法院作出的判决，在格拉克曼看来，主要是因为他们所坚持的“成文法主义

---

① See Malama Katulwende, *Bitterness*, New York: Mondial, 2005, p. 160.

② Max Gluckman, *The Judicial Process among the Barotse of Northern Rhodesia*, 2nd ed. Manchester: Manchester University Press, 1967, p. 175.

立场”。在此过程中,法官的法律发现技术主要体现在“发现与事实相对应的成文法”“排斥与事实相对应的习惯”“解释排斥的理由”。但纵观格拉克曼有关该案的观察记录,有两个问题值得进一步关注:一是法官在面对“法条主义”与“理性主义”时,如何发现二者之间的“连接点”?二是在作出抉择的过程中,如何发现道德与法律的“平衡点”?很显然,对这两个问题的解答,势必会涉及更为复杂的“法律发现”问题。然而,格拉克曼却并未就此展开深入分析。从格拉克曼对该案的揭示过程中,可以感受到的是,巴罗策部落社会法官对英国殖民政府及巴罗策国王制定的成文法的援引极为慎重,①笔者以为,可能有如下几个原因:(1)巴罗策部落社会法官与庶民一样,对殖民政府及巴罗策国王制定的法律,有着一种基于部落“理性人”思维而特有的排斥情绪。殖民、压制与专横,是巴罗策人有关英国政府的现实印象,出于民族情绪,他们不希望他们的民族被英国“同化”。(2)文字文明的缺失,让巴罗策部落社会法官无法了解这些成文法的“符号意义”。虽然不排除有些法官为了更好地践行正义、维持部落社会的和谐秩序,会去主动学习更多的“法律知识”,但是部落族群的社会发展史则表明,文化意义上的“知识”传播载体——“文字”在部落社会不甚发达。或者说,在许多部落社会根本就没有文字,巫术、流言蜚语是其文明的重要表达与传承方式,②这就致使那些好学的法官有“心”但无“力”。(3)巴罗策部落社会的法官固然有着强烈的法律意识,可是,西方文明意义上的成文法,在法律精神的术语表达、法律条文的意义深度、规则与原则的适用方式等方面,均与部落社会的成文法存在明显差异,拿部落法学意义上的“个人—集体”关系模式,阐释西方法学意义上的“权利—义务”关系模式,无疑会超出部落社会“理性人”的认知范围。因此,对于巴罗策部落社会法官来说——以追求“族群内部和谐关系模式”为目标——保守未尝不是一件好事。

接着,格拉克曼呈现了部落社会法官对先例的“法律发现”技术。众所周知,先例在英美法系司法实践中发挥着极其重要的作用,③遵循先例,亦即遵循某个被先前司法判决所确定的关键要点,是英美司法过程中

① 当然,从法哲学意义上来说,“慎重”援引或者“随意”援引,在本质上也是法律技术的表现形式。

② See Max Glcukman,“Psychological, Sociological and Anthropological Explanations of Witchcraft and Gossip: A Clarification”,*Man(New Series)*,Vol. 3,No. 1,1968.

③ See Randy J. Kozel,“The Scope of Precedent”,*Michigan Law Review*,Vol. 113,No. 2,2014.

的重要原则,[①]也是普通法区别于其他法的本质性特征。[②] 与卡多佐所描述的欧美司法场景一样,在巴罗策部落法庭,也存在引用先例的情形。只是,格拉克曼强调,在巴罗策部落社会的司法过程中,法官对先例的引用,大致是围绕两个具体"技术行动"展开的,是发现并厘清"先前的判决"(previous decisions)[③]与"道德范例"(moral exemplification)的区别,接着再发现并援引适合案件事实,并能实现司法目标的"道德范例"。[④] 对此,格拉克曼以"健讼的教师案"为例:

> 一位天主教学校的教师作为原告将几个卢瓦勒人告上了法庭,他声称:这几个卢瓦勒人就住在他所在的学校附近,他们养的山羊踩坏了他在学校里的园圃。关于原告的事实陈述,被告向法庭承认,确实是他们的山羊踩坏了原告的园圃,但同时,这几位被告却提出了反诉,其诉由是:那个原告先前当他们的面说过,"你们这些可怜的卢瓦勒人,我要把你们赶出这个国家"。该案在审理过程中,书记员总是多次就相关案件事实向原告、被告双方发问,其中,在提到原告的这种行为不应再发生时(作为一位教师、一位公民,不应辱骂他人),便引用了之前的一位"范例"。那位书记员说:"之前,在离咱们这不远的Saw-mills(一个地名),有一个包工头,就因为他对他手下的那些员工经常辱骂而被解雇了,你如果以后还坚持不改的话,也会被学校解雇的。"[⑤]

对于该案,格拉克曼强调了两个具体事实:一是原告向法庭提起诉

---

① See Edgar Bodenheimer, *Jurisprudence: The Philosophy and Method of the Law*, Cambridge: Harvard University Press, 1974, p. 425.

② See William F. Clarke, *The Soul of the Law*, Boston: Bruce Humphries, Inc., 1942, p. 185.

③ 一般是直接援引已决的"类似"案件。"遵循先例"之所以在英美司法界会有着广阔的"市场",主要在于其所具有的"工具理性"价值。比如,遵循先例可以提高法官的案件审结效率,See Benjamin N. Cardozo, *Nature of the Judicial Process*, New Haven: Yale University Press, 1921, pp. 68–70。遵循先例可以保证法律规则体系的稳定性与可预测性,See H. L. A. Hart, *The Concept of Law*, Oxford: Oxford University Press, 1994, p. 135。

④ 之所以援引"道德范例",格拉克曼将其原因归结为"文字文明"的不发达及不同级别、地区间的法庭甚少联系,但是霍贝尔却不太同意他的观点,有关霍贝尔对格拉克曼的批判,可参见E. Adamson Hoebel, "Three Studies in African Law", *Stanford Law Review*, Vol. 13, No. 2, 1961;格拉克曼对霍贝尔的批判的回应,可参见Max Gluckman, "Comment: The Role of the Barotse King in the Judicial Process", *Stanford Law Review*, Vol. 14, No. 1, 1961。

⑤ Max Gluckman, *The Judicial Process among the Barotse of Northern Rhodesia*, 2nd ed. Manchester: Manchester University Press, 1967, p. 71–75.

讼,要求法庭判决那几个卢瓦勒人(因为他们的山羊踩坏了他的园圃一事)赔偿他的经济损失;二是那几个卢瓦勒人在庭审过程中提出了反诉,因为原告曾威胁要把他们赶出这个国家。由此,一个原本要求被告赔偿经济损失的"民事诉讼"不经意间变成了对那位老师的"刑事审判"。[①] 巴罗策部落社会法官对那些"道德范例"的发现,并非只是聚焦于"正面典型",同时也会关注到"反面典型",从目的、意义层面来看,"反面范例"具有与正面"道德范例"一样的"作用"。因为借由"理性人"思维,可以清晰地发现"反面典型"的警示意义。只是,这一点却并未受到格拉克曼的关注。

揭示了部落社会法官对先例的发现技术,格拉克曼又阐释了他们对道德的发现技术。格拉克曼指出,在巴罗策部落社会,法官会强调,道德不仅包括一些真理,还包括公道(*kulikana*)、自然正义(*milao yabutu*)、正义(*tukelo*)、正直或好的道德(*sishemo*, *likute*, *bunde*)、上帝之法(*milao yanyambe*)、万民法(*milao yamacaba kaufela*)以及公共政策(*bupilo bwasicaba*)等。[②] 有关法官在司法过程中对道德的发现技术,格拉克曼以"懒惰丈夫不负责任案"为例:

> 一个妻子A抱怨,她的丈夫C娶了第二位妻子B的时候,却并没有为B准备一间房子,而是向她(A)乞求,希望她能搬到一个老房子里去住,以让这位新妻子B能住在她的房子里。丈夫C承诺,他一定会为她(A)修建一间新房子。由此,A便答应了C的请求。在A将房子让出的第一年里,丈夫总是不停地找各种理由不为她修建新房子,眼看到了第二年,还未有任何动工的迹象。后来,镇子头领D(C的哥哥)得知该情况后,便催促他的弟弟C赶快为A盖一间房子,同时还要给予她一定的物质赔偿,但C却不以为然,之后A与C便发生了争吵,D前去调解,却以调解失败而告终。不久,A将C告上了法庭,要求法庭支持她的离婚请求。法官在听完当事人双方对于案件的事实陈述后,说道:"C让A住到老房子里去,而让其第二位妻子B住到之前C住的房子里,这种行为本身就是不道德的。此外,C还答应要给A盖座新房子,但是快两年了,却还迟迟不见有任何动作,这更是比不道德还要不道德。因此,C应该给予A一定的物质赔偿。如果

---

① See Max Gluckman, *The Judicial Process among the Barotse of Northern Rhodesia*, 2nd ed. Manchester: Manchester University Press, 1967, p. 76-77.

② See Max Gluckman, *The Judicial Process among the Barotse of Northern Rhodesia*, 2nd ed. Manchester: Manchester University Press, 1967, p. 259.

A 还是执意坚持要离婚的话,她可以分得其与 C 婚姻期间所有共同财产的一半。"①

从格拉克曼记录的这个案件中,我们可以看到,巴罗策部落社会法官发现并援引"道德"的技术主要表现为"区别道德的类型""借由'理性人'思维选择'一般的道德'作为裁决依据"。比如,格拉克曼强调,那个丈夫 C 对于妻子 A 的态度,可以显示出他是缺乏以"公平"的态度对待两位妻子,这被视为不道德;②同时,如果说丈夫 C 之前对于 A 有所承诺的话,那么,他最终却没有履行这个承诺,这同样是不道德的。如何向当事人叙说"一般的道德"并不是很难,③但是,将"一般的道德"与"公正的判决"逻辑地结合起来(量、质两方面综合考虑),它需要法官发现道德类型与司法目标之间的内在关联,以及对"理性人"内涵展开实践主义阐释。④

---

① Max Gluckman, *The Judicial Process among the Barotse of Northern Rhodesia*, 2nd ed. Manchester:Manchester University Press,1967,p. 144.

② 在巴罗策部落社会,关于婚姻的限制相对不多。不过,一个男人虽然可以娶多个妻子,但是必须要公平地对待她们,这既是一个习惯,也是一个法律规定(1917 年耶塔三世国王颁布的《婚姻法》中有这样的条文)。当然,并不是所有部落社会都是如此,有些部落便对婚姻作了一系列严格限制,具体可参见 Daniel Bradburd,"The Rules and the Game: The Practice of Marriage among the Komachi",*American Ethnologist*,Vol. 11,No. 4,1984.

③ 法理学家富勒(Lon L. Fuller)在论述法律与道德的关系时,曾使用了两对范畴,即"渴望的道德"(morality of aspiration)与"义务的道德"(morality of duty)及"外在道德"(external morality)与"内在道德"(inner morality),其中,"义务的道德"主要指的是人们必须要遵循的道德,其标准较低,人们遵守它,不会受到赞扬,但若有人违反它,便会受到其他人的指责。笔者以为,格拉克曼此处所谓的"一般的道德"与富勒所谓的"义务的道德"基本上是意思类似的。有关富勒对"义务的道德"的阐释,可参见 Lon L. Fuller, *The Morality of Law*(*Revised Edition*),New Haven:Yale University Press,1969,p. 5-6。

④ 如果未能实现"一般的道德",在法官看来,就是一种"违法"行为。在上述案件中,法官作出判决的最终依据或援引的法律渊源就是"一般的道德",不过,其并没有具体交代丈夫 C 在多大程度上违背了"一般的道德",格拉克曼对此也没有作特别说明。需要指出的是,一方面,在巴罗策部落社会,道德作为一种法律渊源意义上的规则体系,其构成极其复杂,既有公平、正义,亦有上帝的理性、公共政策等,这无疑反映出巴罗策部落社会虽是"身份社会",然与其他社会,比如博安南(Paul Bohannan)从事田野调查的"提夫"(Tiv)——提夫部落是一个"半班图(Semi-Bantu)部落",居住在尼日利亚北部的贝努埃河两岸,在英国人建立法庭之前一直没有制度化的政府机构——进行比较,其发展水平(尤其是农业)还是要高很多;另一方面,从法律社会史视角来看,在巴罗策部落社会司法过程中,无论是法官还是当事人,其对道德本身的认识也在不断发生改变。究其原因,主要是因为巴罗策部落社会与西方工业社会之间的"文化接触"所致。作为一个致力于"案结事了"的部落社会法官,发现那些被社会所逐渐"遗忘的"道德,并将这些道德运用于具体的司法实践,是他们的基本职责所在。See Paul Bohannan,*Justice and Judgment Among the Tiv*,New York: Oxford University Press,1957,p. 9; Max Gluckman, "Anthropology in Central Africa", *Journal of the Royal Society of Arts*, Vol. 103,No. 4957,1955.

最后,格拉克曼围绕部落社会法官对自然规则的发现技术展开了探究。格拉克曼强调,与习惯、成文法、先例及道德等法律渊源在结构中扮演的"角色"不同,自然规则位列结构顶端,一般很少被提及。① 但在巴罗策部落社会,人们根据"理性人"思维,普遍坚信"许多自然的规则都是由神来安排,与其破坏它,不与遵守它。这些规则通常被巴罗策人称之为人类法、民族法、神的理性、自然的理性"。格拉克曼认为,巴罗策人在许多语境中是交替使用"人类法"(law of humankind)与"民族法"(law of nations)的——此乃正如罗马人对于"自然法"(ius naturale)与"万民法"(ius gentium)的使用一样。② "自然规则"涵括范围很广,既包括有关环境的自然规则,也包括有关生活的自然规则。比如,种植与收获庄稼的最佳时节、女人的孕期、未婚女人对待陌生男人的态度、称职女婿的应然标准等。格拉克曼以"怀孕新娘被诉案"为例:

> 一个卢瓦勒男子作为原告向法庭提起诉讼,要求法庭判决他的婚姻无效。他起诉的理由是,他的妻子在和他结婚之时就已经怀孕了。就在案例审理之时,那个女子的孩子已经有 15 个月大了。法庭上的法官立即按照他们的结婚时间展开了推算,其间参考卢瓦勒的天气、雨水、庄稼种植及卢瓦勒人的名字所代表的月份等因素。最后,法庭认为,这个小孩是在他们婚后八个月的时候出生的,这八个月非常符合一个女子正常的妊娠期(他们普遍认为是在 6 个月到 12 个月之间)。此外,法庭还强调,如果该女子真的是在婚礼当天就已经怀孕了的话,那么,她一定会有某些不同寻常的表现。由此,原告应该第一时间去将此情况报告镇子的头领或他的岳父、岳母,这些人也定会找一个懂这方面的妇女来看看。只是,原告并没有这么做。基于这些理由,法庭认为,原告提出的诉由是不合理的,他之所以向法庭提起诉讼,真正的原因是,他对他的妻子厌倦了。③

在该案中,作为原告的丈夫最终并没有"得逞",即未获得其岳父的"退款"。之所以如此,在格拉克曼看来,乃是参与该案审理的法官发现并

---

① See Max Gluckman, *The Judicial Process among the Barotse of Northern Rhodesia*, 2nd ed. Manchester:Manchester University Press,1967,p. 267-268.

② See Max Gluckman,"Natural Justice in Africa",*Natural Law Forum*,Vol. 9,1964.

③ Max Gluckman, *The Judicial Process among the Barotse of Northern Rhodesia*, 2nd ed. Manchester:Manchester University Press,1967,p. 122-123.

援引了契合案件事实的"自然之法/自然规则"来作为"法律"渊源。[①] 我们不知道巴罗策部落社会司法实践或者成文法中对于"诉讼时效"是否有所规定,[②]但按照巴罗策部落社会的"理性人"思维,既然这位原告(丈夫)早就应该知道了他妻子怀孕的事实,那么,他为什么不及时去找头领或者懂得助产术的妇女呢? 这一点,法官觉得甚是蹊跷。法官会认为,按照一个"理性人"的习惯性思维,一旦某个男子的妻子怀孕了,该男子必定会有所"行动"(或是找头领帮忙,或是找医生来了解妻子的身体状况),而不是久拖不理(除非他们之间早已没有了婚姻感情)。借由这个认识,法官进一步运用"逻辑推理"技术,发现"在他们看来,女性妊娠期是可以测算的(6个月到12个月之间),这是一个'自然之法',被巴罗策人普遍'信仰',援引这个'自然之法'不仅可以查究出事实的真相,同时还可以作为裁决的依据"。最终,法庭作出的判决,充分彰显了该案裁决过程中法官的"法律发现"技术。

格拉克曼在对巴罗策部落社会司法过程的经验观察中,发现了习惯、成文法、先例、道德及自然规则等法律渊源,并通过一系列真实案例,向世人展示了法官在法律渊源发现与援引过程中的法律技术。凡此实践,无疑对长期生活在现代工业社会并从事知识生产的欧美学者的历史偏见提出了挑战。然而,格拉克曼并未就此止步,其还对"司法系统主义视域"[③]下的几项具体"法律发现"进行了探究。

第三节 司法系统主义视域下的法律发现

司法渊源主义视域下的法律发现,聚焦的是法官对两种不同类型法律渊源的发现过程。然而,司法系统主义视域下的法律发现,关注的却是整体程序意义上的法律发现,其间关涉的技术因此也就更为复杂。结合格拉

---

① See Max Gluckman, *The Judicial Process among the Barotse of Northern Rhodesia*, 2nd ed. Manchester: Manchester University Press, 1967, p. 268.

② 关于"诉讼时效"这一问题,笔者翻阅了格拉克曼记录的所有案件,其间并未发现有关此方面的论述,因此,也就不能妄加推断。只是,考虑到巴罗策社会纠纷的类型特质(以婚姻、家庭纠纷为主,大概占到整个案件的近八成)及巴罗策人的好讼习俗这两个"社会事实"。笔者以为,巴罗策人似乎不太可能会在纠纷发生许久后才到法庭提起诉讼,由此,实有可能的是,"诉讼时效"这个概念对他们来说显得有所"多余"。

③ 最早运用该框架对非洲部落社会法学问题展开探究的是格拉克曼的得意门生,后成为"曼彻斯特学派"(Manchester School)核心人物的法人类学家爱泼斯坦(A. L. Epstein),可参见A. L. Epstein, *Juridical Techniques and the Judicial Process: A Study in African Customary Law*, Manchester: Manchester University Press, 1954。

克曼有关于此问题的思想谱系与观念谱系，接下来笔者将围绕“技术”这一关键词，全面呈现格拉克曼对部落社会司法实践中的证据、事实与缝隙的“法律发现”过程。

一、证据的分类与判断

纵观西方社会的早期司法发展史，“无令状便无诉讼”一直被视为不容置疑的信条。[①] 不过，格拉克曼却认为，在大部分非洲部落社会，程序则不会因令状而受到阻碍，令状或特别的程序要求亦不是阻碍法庭诉讼的因素。[②] 虽有一些法律意识极其强烈的族群，如布索加（Basoga）、[③]茨瓦纳（Tswana）、[④]卡韦朗多（Kavirondo）[⑤]，但巴罗策部落族群在证据发现过程中所运用的分类与判断技术则是这些族群难以企及的。格拉克曼指出，巴罗策的洛兹人将其所发现的证据分为三类：传闻证据、间接证据、直接证据。[⑥] 所谓直接证据，是指那些原则性事实可以被证人、事物或文件等直接证明的证据，除此以外的其他证据都是间接证据。[⑦] 传闻证据或者说“道听途说的证据”一般是不能被接受以作为建构任何具体可被证实的事实的。[⑧] 传闻证据种类繁多，但在实践中往往能起到类似于直接证据的作用。[⑨] 面对三种不同类型的证据，格拉克曼进一步强调，部落法官是借由

---

① See Andrew H. Hershey, “Justice and Bureaucracy: The English Royal Writ and ‘1258’”, *The English Historical Review*, Vol. 113, No. 453, 1998.

② See Max Gluckman, *The Ideas in Barotse Jurisprudence*, Manchester: Manchester University Press, 1965, p. 2-3. 有的时候，“无令状便无诉讼”，也被表述为“无令状便无权利”“无令状便无救济”。令状的格式是极其复杂的，由此衍生出的是“程序中心主义”的司法/法律逻辑。参见米健：《比较法导论》，商务印书馆2018年版，第274~276页。

③ See Lloyd A. Fallers, *Law without Precedent: Legal Ideas in Action in the Courts of Colonial Busoga*, Chicago: The University of Chicago Press, 1969, p. 2.

④ See Isaac Schapera, “Contempt of Court in Tswana Law”, *Journal of African Law*, Vol. 21, No. 2, 1977.

⑤ See Gunter Wagner, “The Political Organization of the Bantu of Kavirondo”, in Meyer Fortes and Edward E. Evans-Pritchard ed., *African Political Systems*, London: Oxford University Press, 1940, p. 197-236.

⑥ Max Gluckman, *The Judicial Process among the Barotse of Northern Rhodesia*, 2nd ed. Manchester: Manchester University Press, 1967, p. 82-83.

⑦ See W. M. Best, *The Principles of the Law of Evidence: With Elementary Rules for Conducting the Examination and Cross-Examination of Witnesses*, Albany: Weare C. Little & co., Publishers, 1875, p. 557.

⑧ See George W. Bradner, *Rules of Evidence as Prescribed by the Common Law for the Trial of Actions and Proceedings*, Chicago: Callaghan and Company, 1898, p. 412.

⑨ 有关西方早期传闻证据的含义及运用的代表性研究，可参见 T. W. Hughes. *An Illustrated Treatise on the Law of Evidence*, Chicago: Callaghan and Company, 1907, p. 51-52。

"理性人"思维来对每种具体类型的证据展开"是否具有可信性"的判断的。① 他以"小偷盗窃案"为例展开说明：

> 一位酋长将一个被指控为小偷的犯罪嫌疑人送到了法庭。后来，该酋长给土著专员写了一封信，信中写道："根据我们巴罗策部落社会的习惯，法庭不能够惩罚一个盗窃的犯罪嫌疑人，除非他在被抓时手上还在拿着被窃物。"②

对于此案，格拉克曼评价道：

> 酋长所谓的这个习惯性规则现在已经不被完全适用了。小偷现今都是通过间接证据的方式来被证明其犯罪行为的。由于巴罗策部落社会没有指纹识别技术，因此，要确认疑难案件中的犯罪证据，这样一个规则的存在就可以理解。③

可以看到，在该案中，洛兹法官是通过逻辑的推理技术展开分析的，即正常情况下，现今的巴罗策小偷在实施盗窃行为时，都是"秘密的"。反之，如果一定要以"公开地（被逮个正着，人赃俱获）"来判断是否构成了盗窃罪，不符合当下洛兹族群中的"理性人"的行为与认知习惯。略显遗憾的是，在该案中，其中有一些在笔者看来很重要的关涉"思维"与"逻辑"的问题却未被格拉克曼开放出来，比如，要证明这个小偷的盗窃行为成立，究竟有哪些间接证据可以采信？是不是家中遇到了经济问题？该小偷是偶犯，还是惯犯？之前该小偷在某个特定场合是否曾表达过可能的犯罪意图？该小偷在被抓时是否已经准备了作案工具？等等。虽然格拉克曼没有提到这些问题，抑或对这些问题有所忽略，但还是可以领略到部落社会法官借由"理性人"思维对其所发现的证据展开进一步判断的技术。不过，相较于证据发现过程中所运用的分类与判断技术，事实的发现过程所运用的还原与运用技术要更为复杂。

---

① Max Gluckman, *The Judicial Process among the Barotse of Northern Rhodesia*, 2nd ed. Manchester: Manchester University Press, 1967, p. 83.

② Max Gluckman, *The Judicial Process among the Barotse of Northern Rhodesia*, 2nd ed. Manchester: Manchester University Press, 1967, p. 105.

③ Max Gluckman, *The Judicial Process among the Barotse of Northern Rhodesia*, 2nd ed. Manchester: Manchester University Press, 1967, p. 105-106.

二、事实的还原与运用

对于事实的发现，尤其是“法律事实”的发现，是确保司法过程顺利展开的必要条件。① 事实本身虽然客观存在，但当其呈现于司法场域时，不过是法官或陪审团关于那些由当事人提到的过去的事实的信念。② 法官借由法律来主观分析、描述事实的现象虽不可避免，③但无法否认的是，事实发现所使用的还原与运用技术却离不开法官自身的知识、经验与习惯。只是，在部落社会，格拉克曼强调，如果法官发现纠纷被提交到法庭后，借由“理性人”思维，也无法捕捉到当事人所陈述的事实信息，那么，其就得驳回当事人的诉求，待其将拟要陈述的事实基本厘清后，再来对其予以还原。他以“含糊的控告案”为例：

> 一个妇女因不服地方法庭判决她丈夫与其离婚，而向更高一级的Saa-Katengo地区法庭提出上诉。当她来到法庭的时候，便开始了一个漫长的、不着边际的有关婚姻彩礼的陈述，法官实在听不下去了，便打断了她。“直接进入主题，你到底想要起诉什么？”一位法官说道。听到法官这样说后，该妇女又开始滔滔不绝地说起来。法官不一会儿便又让她停了下来。“我们真的搞不清楚你到底来法庭是为了什么纠纷”？法官纷纷表示道。后来，他们只能让书记员去记下那位妇女到底想要表达什么，即真正的事实究竟是什么。④

与此同时，若法官在案件审理过程中，发现了一系列“矛盾的事实”，其还是会借由“理性人”思维来对“事实”的可信性予以判断，格拉克曼以“谨小慎微的妻子要求离婚案”为例：

> 一个女人（原告）向当地法庭提起诉讼，要求法庭支持其与其丈夫（被告）离婚的诉讼请求。原告说她生病的时候，其丈夫不仅拒绝

① See Allison Orr Larsen, “Confronting Supreme Court Fact Finding”, *Virginia Law Review*, Vol. 98, Issue 6, 2012.

② See Edmond Cahn, “Fact - Skepticism and Fundamental Law”, *New York University Law Review*, Vol. 33, No. 1, 1958.

③ Nicola Gennaioli & Andrei Shleifer, “Judicial Fact Discretion”, *The Journal of Legal Studies*, Vol. 37, No. 1, 2008.

④ Max Gluckman, *The Judicial Process among the Barotse of Northern Rhodesia*, 2nd ed. Manchester: Manchester University Press, 1967, p. 78-79.

> 给她占卜生病原因，还把她送回了娘家治疗。被告说他之所以把她送回娘家，是因为她的父亲（原告的公公，证人）了解她这个疾病，且之前有过治愈的经验。原告的公公说给原告提供了药，但不能给她现场治疗，因为他不能看到原告赤身裸体……原告说："但是，我的丈夫（被告）抢走了我的一些毯子、水壶，然后把这些送给他新娶的妻子使用，有关这一点，我的妈妈可以为我作证。"原告妈妈说："是的，这个事实我是可以作证的"……法庭法官在听完当事人一系列事实陈述后，说道："我们有充足的理由可以确认你（原告）和你的母亲（证人）肯定在撒谎。"①

为什么法官会认为原告和证人都在陈述虚假的事实呢？格拉克曼对此进一步展开了探究：

> 一些其他事实很快被还原了。原告的父亲说："我要求法庭支持她的离婚请求，实乃事出有因……因为，当她的丈夫在赛南加（Senanga，一个地名）时诱拐了我的妹妹并把她收为'二房'。如此，就使他的两个妻子（一个是我的女儿，一个是我的妹妹）都是我的'孩子'了。但是，对于毯子这件事，我一无所知。"对此，法官回应道，一个男人同时娶了两个是亲戚的女人做妻子是违反法律规定的。但是，我们无法探究这个事实，因此，我们只能驳回你（原告）的诉讼请求。②

法庭之所以认定原告及证人（原告的母亲）是在陈述虚假事实，是因法官从一个"理性人"的思维出发，对母女二人提了诸多关联事实的问题，如"到底有没有被治疗？究竟有没有收到药物？能不能确定毯子被拿走了？"等等，当母女回答这些问题时，法官便再次借由"理性人"思维逐一对她们的答案予以判断，最终发现了事实中的瑕疵。此外，为了厘清原告与被告离婚的真正原因，法官还运用"扩展情境"的分析技术，要求原告的公公来陈述一些与案件本身并非直接相关的事实，以此来为法官辨析事实可靠与否，从而发现客观的事实提供参考。

---

① Max Gluckman, *The Judicial Process among the Barotse of Northern Rhodesia*, 2nd ed. Manchester: Manchester University Press, 1967, p. 145–146.

② Max Gluckman, *The Judicial Process among the Barotse of Northern Rhodesia*, 2nd ed. Manchester: Manchester University Press, 1967, p. 145–146.

值得注意的是，格拉克曼对部落社会法官事实发现过程中所运用技术的分析，明显受到了美国法学家弗兰克(Jerome Frank)的影响。弗兰克曾举了一个非常著名的例子：在芝加哥的一次聚会上，斯密斯先生(Mr. Smith)被介绍给了琼斯先生(Mr. Jones)。"你知道我的朋友 Schnicklefritz 吗？他住在丹佛"，琼斯问道。"不，我不知道这个人"，斯密斯答道。到了晚上的时候，当斯密斯提到丹佛的时候，琼斯再一次问斯密斯是否认识 Schnicklefritz，得到的还是一个否定的回答。后来，晚宴结束了，斯密斯说他今晚就准备去丹佛，琼斯便第三次问他是否认识 Schnicklefritz。"这个人啊，他的名字听起来很熟悉"，斯密斯答道。① 弗兰克借由这个例子是来说明并论证"事实本身的不确定性"。虽然它容易给人一种针对事实予以心理学分析的印象，②然而在代表作《法律与心灵》中呈现出来的主观主义倾向，还是让他的"心理主义"分析进路成了人们的攻击目标。③ 格拉克曼在对部落社会法官有关事实发现问题的探究过程中，不但多次表达了对弗兰克"事实怀疑"理论的关注，还细致运用弗兰克的心理学进路，对部落社会法官的事实还原与运用技术予以了体系化归纳。④ 与弗兰克所关注的美国司法场域不同，格拉克曼所调查的部落社会的"法律事实"不是由专门的陪审团，而是由法官来确定的。从形式上看，法官似乎很容易滥用"事实裁量权"，但因为部落社会是个同质社会，⑤且通常是多个法官同时参与审理案件。因此，一系列"生活事实"是诸多法官的观念相互妥协之后，再借由"理性人"思维对其筛选、剔除、整理，最终还原并作为"法律事实"被适用的。

三、缝隙的发现与填补

从司法系统主义的视角来看，格拉克曼认为，除了上述两项"法律发

---

① Jerome Frank, *Courts on Trial: Myth and Reality in American Justice*, Princeton: Princeton University Press, 1949, p. viii.

② 值得注意的是，弗兰克非常喜欢在各种场合有意地撇清其对心理学进路的依赖，参见 Julius Paul, *The Legal Realism of Jerome N. Frank: A Study of Fact-Skepticism and the Judicial Process*, Hague: Martinus Nijhoff, 1959, p. 27-28.

③ See Neil Duxbury, "Jerome Frank and the Legacy of Legal Realism", *Journal of Law and Society*, Vol. 18, No. 2, 1991. 纵观弗兰克的"事实怀疑"理论，呈现出三个极为明显的特征：批判人们有完全还原过往事实的能力，质疑人们能预测到精准的事实及未来的有价值的裁决，认为个人因素在司法过程中至关重要。See Edmond Cahn, "Jerome Frank's Fact-Skepticism and Our Future", *The Yale Law Journal*, Vol. 66, No. 6, 1957.

④ See Max Gluckman, "Limitations of the Case-Method in the Study of Tribal Law", *Law & Society Review*, Vol. 7, No. 4, 1973.

⑤ See Max Gluckman, *The Ideas in Barotse Jurisprudence*, Manchester: Manchester University Press, 1965. p. 10.

现”外,巴罗策法官在司法过程中的另一项“法律发现”是“缝隙的发现与填补”,亦即部落社会法官在司法实践中借由“理性人”思维,发现法律、习惯中的缝隙并对其进行填补。① 不过,若要全面把握格拉克曼有关此问题的阐释进路,还得从工业革命之后的欧洲法律发展史谈起。

19 世纪早期,当欧洲很多国家都在为能制定一部像《拿破仑法典》那样的法典而跃跃欲试之时,德国法学家萨维尼(Friedrich Carl von Savigny)却显得异常冷静,他把《拿破仑法典》比喻为不断扩散的癌细胞,认为其内含的政治质素已然覆盖了技术质素,②萨维尼坚信,就是再完备的法典,其一定都会有这样或那样的缝隙存在,坚持“法律的内生性秩序成长进路”可避免人为性地对法典进行历史建构,萨维尼的这种法律思想迅速传播到了美国。③ 受萨维尼影响,20 世纪初,以卡多佐为代表的美国现实主义法学家普遍认为,相较于发现实在法,如何填补实在法的缝隙才是更为关键且重要的。④

在对部落社会司法过程“法律发现”问题的探究中,格拉克曼比卡多佐的思考与分析更进了一步。因为,他在深度“参与观察”部落社会司法过程后指出,部落社会法官不仅可以发现法律(成文法)中的缝隙,而且还能发现习惯中的缝隙。他以“鱼贩子无故索取高价案”为例:

> 一个年轻人因为四条小鱼卖了 6d(d 为巴罗策的货币单位)而被一名警察抓了,后来那名警察将这名鱼贩子送到了法庭。在搞清楚基本案件事实后,几位法官一致说:鱼的价格应该回到之前的价格,即一条鱼只要 1d。Solami 法官在听完上述几位法官的意见后说:“如果法庭要通知全体巴罗策臣民鱼的价格是由法庭设定的,此刻,我还没有这个权力,因为 Ngambela(法庭上的‘审判长’,其所做的决定被视为法庭的终审判决)不在庭上。一旦 Ngambela 来了,我会向他报告这个事情……如果所有的巴罗策臣民都能同意这件事,那就很容易把他们召集到一起,然后再告诉他们有关价格如何调适的事情。”最后,那个

① See Max Gluckman, *The Judicial Process among the Barotse of Northern Rhodesia*, 2nd ed. Manchester: Manchester University Press, 1967, p. 305-322.

② See Karl A. Mollnau, "The Contributions of Savigny to the Theory of Legislation", *The American Journal of Comparative Law*, Vol. 37, No. 1, 1989.

③ See Maurice Eugen Lang, *Codification in the British Empire and America*, Clark: The Lawbook Exchange, 2005, p. 147.

④ See Benjamin N. Cardozo, *The Nature of Judicial Process*, New Haven: Yale University Press, 1921, p. 16.

青年鱼贩子被法庭当场释放了。①

对于该案,格拉克曼认为,在此之前,巴罗策一直没有价格调适方面的相关法律。因此,要调适价格就必须进行新的立法。既然没有"该行为是否构成犯罪"的法律规定,从"理性人"的思维出发,就不能认为那个鱼贩子的行为是违法行为。② 与此同时,还需要注意的是,之前巴罗策鱼的买卖价格一直遵循的是一条鱼 1d 的习惯,现在突然价格提升了,其也提示,随着社会的发展,习惯中的缝隙也随之凸显出来了。发现缝隙相对较为简单,但是比其更为复杂、更为重要,同时也必须要完成的"法律实践"则是填补缝隙。他以"通奸行为所生孩子抚养权归属案"为例:

> 一个男人(原告)去外地工作多年未归,若干年后,当其回到家中时被其父亲告知,其妻子已与当地一个"无赖"(被告)生了一个孩子。原告的父亲对原告说:"你应对你妻子的过错负责,因你长期未归。她是一个好妻子。"原告虽然接受了其父亲的"忠告",同意不去训斥妻子,却向法庭提起诉讼,不仅要求被告赔偿其精神损害,同时还主张其对孩子的抚养权。法庭最终同意了其赔偿请求,但拒绝了其对孩子抚养权的请求。因为,法庭强调,孩子必须和其亲生父亲生活在一起,这是法律。③

格拉克曼对该案并没做深入分析,但强调该案与"头领大坝所有权"案中法官所运用的"法律发现"技术极为相似。④ 结合"头领大坝所有权"案的实证分析,⑤可以发现,部落社会法官在司法裁决中通常会以"……这是法律"作为依据。只是,格拉克曼强调,此处的"法律",作为一套规则,亦如沙佩拉(Isaac schapera)所描述的适用于茨瓦纳法庭上的"法律"一

---

① Max Gluckman, *The Judicial Process among the Barotse of Northern Rhodesia*, 2nd ed. Manchester:Manchester University Press,1967,p. 69-70.

② See Max Gluckman, *The Judicial Process among the Barotse of Northern Rhodesia*, 2nd ed. Manchester:Manchester University Press,1967,p. 70.

③ Max Gluckman, *The Judicial Process among the Barotse of Northern Rhodesia*, 2nd ed. Manchester:Manchester University Press,1967,p. 191.

④ See Max Gluckman, *The Judicial Process among the Barotse of Northern Rhodesia*, 2nd ed. Manchester:Manchester University Press,1967,p. 192.

⑤ See Max Gluckman, *The Judicial Process among the Barotse of Northern Rhodesia*, 2nd ed. Manchester:Manchester University Press,1967,p. 178-191.

样,其含义不是"一成不变的",而是"灵活的"。[①] 的确,上述案例中提到的那条"法律",因为含义本身过于灵活,便呈现出如下几处明显的缝隙,由此容易导致一系列模糊的或弹性的解释:(1)如果儿子自己不愿意和其父亲在一起,怎么办?(2)父亲没有经济能力抚养孩子,又该如何处理?(3)孩子与其父亲在一起生活,那母亲是否也要和他们在一起?在格拉克曼看来,诸如此类的缝隙是极为容易被发现的,而填补这类法律的缝隙,当然可以运用卡多佐大法官的"社会学方法",[②]即将法官视为立法者,[③]关注社会福利,[④]考虑社会变迁与社会需要,[⑤]改变规则的适用形式以来达成正义。[⑥] 但部落社会法官的缝隙填补技术,比卡多佐所倡言的"社会学方法"要更为复杂,因为洛兹法律概念有一个基于"一般性"而构成的意义"位阶",立于最高位阶的是"一般性概念",立于最低位阶的是"特殊性概念",[⑦]法官通常会以"理性人"思维为思考起点,再根据族群成员普遍拥有的常识与经验——除非特殊原因,儿子通常都愿意与父亲生活在一起;父亲没有经济能力抚养孩子,舅舅便有抚养的义务;母亲可以自由选择是否与其儿子、丈夫一起生活——在"位阶"体系内部不断"伸缩"组成法律规则的"法律概念"的"意义空间",以此来实现司法的任务与目的。[⑧]

格拉克曼以经验主义视角,向西方学界宣示,部落社会法官在司法实践中的"法律发现",也会运用为英美法系所引以为傲的思维工具——"理性人"。[⑨] 如果历史的年轮转回 1921 年,当大法官卡多佐受邀在耶鲁大学法学院发表美国"司法过程性质"的演讲时,不知他内心深处有没有考虑

---

① See Max Gluckman, "Comment: The Role of the Barotse King in the Judicial Process", *Stanford Law Review*, Vol. 14, No. 1, 1961.

② See Max Gluckman, *The Judicial Process among the Barotse of Northern Rhodesia*, 2nd ed. Manchester: Manchester University Press, 1967, p. 291-295.

③ See Benjamin N. Cardozo, *The Nature of Judicial Process*, New Haven: Yale University Press, 1921, p. 16.

④ See Benjamin N. Cardozo, *The Nature of Judicial Process*, New Haven: Yale University Press, 1921, p. 71.

⑤ See Robert C. Finley, "Some Observations on the Law and the Nature of the Judicial Process", *Washington Law Review and State Bar Journal*, Vol. 35, No. 1, 1960.

⑥ See Kermit V. Lipez, "Justice Cardozo's the Nature of the Judicial Process: A Case Study", *Touro Law Review*, Vol. 34, No. 1, 2018.

⑦ See Geoffrey MacCormack, "Professor Gluckman's Contribution to Legal Theory", *The Judicial Review*, 1976.

⑧ See Max Gluckman, *The Ideas in Barotse Jurisprudence*, Manchester: Manchester University Press, 1965. p. 18-26.

⑨ See A. L. Epstein, "The Reasonable Man Revisited: Some Problems in the Anthropology of Law", *Law and Society Review*, Vol. 7, No. 4, 1973.

过“经济、社会与文化发展水平较低的部落社会司法过程中的‘法律发现’”问题？然而，或许是历史发展的无意，又或许是学术传承的有意，时隔42年后，也就是1963年，当享誉世界的格拉克曼，作为第一位受邀在耶鲁大学法学院发表有关部落法学系列演讲的法人类学家，以经验性材料与系统性论证，向美国学术同仁揭示部落社会法官借由“理性人”思维来对证据、事实与缝隙展开“法律发现”时，相信当时的听众定是惊叹不已。

综上所述，格拉克曼对巴罗策部落社会司法过程中“法律发现”问题的探究，不仅让我们从法律史、比较法律文化的视角看到了巴罗策法官的智慧，[①]还向世人证明了巴罗策法官与西方法官在司法的逻辑推理、事实的“科学”发现、证据的可靠性判断等方面基本没有本质差别。如果说，巴罗策法官的“法律发现”与西方法官的“法律发现”有所区别，那么，这种区别也主要体现在“发现”的方式以及对“发现”目标的设计等方面。由于处在前工业文明社会，文字作为一种“奢侈”的文明并没有在巴罗策部落生根、发芽，巴罗策法官因此也就无法避免“法律发现”过程中呈现出来的“文化朴素主义”。凡此客观情境，对我们所有从事法律史研究的学者来说，不仅可以理解，而且值得我们对其抱有温情的敬意。在经济基础、社会体系、政治体制、文化多样性等方面，与现代西方文明还存在明显差距的情况下，巴罗策部落社会竟然还能有着如此丰富、智慧的“法律发现”技术，这无疑是一个“文明的”历史“奇迹”。格拉克曼通过对部落社会司法过程中“法律发现”问题的条分缕析，再一次向法律人类学界、法律史学界宣示了一个“客观事实”，即部落社会的司法过程——从法官的司法技术层面来看——与现代西方文明社会的司法过程亦不存在本质差异。

---

① 在司法实践中，依“法”裁决是自罗马法诞生以来，世界范围内（无论是英美法系国家、还是大陆法系国家）的一种司法实践常态。只是，尤为吊诡的是，巴罗策法官并没有因为这种客观条件的限制，从而在司法过程中表现得“为所欲为”，相反，从巴罗策部落社会法官“法律发现”过程中所运用的技术来看，其始终都能凸显出一种与西方法官在司法过程中表现出来的类似的“智慧理性”，这一点不仅在巴罗策社会有所体现，甚至在霍贝尔（E. Adamson Hoebel）研究的美国的部落社会——晒廷也能发现。有关晒廷的政治、经济、社会与文化等情况的详细介绍，可参见 George Bird Grinnell, *The Cheyenne Indians: Their History and Way of Life*, New Haven: Yale University Press, 1923。关于晒廷人的智慧理性，霍贝尔曾做过深入研究，他强调，当晒廷人在面对新的危机的情境之时，他们的法律智慧理性及将文化作为一个体系从而来实现社会目的的能力便立即显现出来了。See E. Adamson Hoebel, *The Cheyennes: Indians of the Great Plains*, New York: Holt, Rinehartand Winston, Inc., 1960, p. 55.

第四章　部落社会司法过程研究中的法律方法论

在格拉克曼前往巴罗策部落社会从事司法过程研究的第二年，也就是1941年，霍贝尔与卢埃林合著的《晒廷方式：原始法中的冲突与案例法》(*The Cheyenne Way: Conflict and Case Law in Primitive Jurisprudence*)一书于美国出版，旋即受到了法学界与人类学界的普遍关注。①

在学界看来，该书的最大创新在于其中提出的“麻烦案例”(trouble case)分析法。② 如果说卢埃林与霍贝尔，这两位出生在现代工业文明国家的学者所创设的“麻烦案例”分析法，是为“如何借由个案来认识法律”开创了一个新的分析方法的话，那么，格拉克曼在对部落社会司法过程中的个案进行分析的方法则是对这种方法的一个“修正”，③它超越了“麻烦案例”分析法的诸多局限，从而对后世法律人类学的知识体系、理论体系及法律史的方法体系的发展，产生了很大的影响。

格拉克曼在对部落社会司法过程中的个案进行分析时是循沿如下三个进路展开的：(1)对该个案发生时的特定“情境”进行一个具体阐释；(2)以一个“历史”(纠纷的发展史)的维度来“介入”具体的个案发生过程

---

① 格利佛认为，该书的问世标志着现代法律人类学研究的真正开启。See P. H. Gulliver, “Case Studies of Law in Non-Western Societies”, in Laura Nader, ed., *Law in Culture and Society*, Berkeley: University of California Press, 1997, p. 11. 而另一位著名的法律人类学家波士皮斯尔则认为，该书开启了一个以人类学方法去探究法律和文化的关系研究的新时代。See Leopold Pospisil, “E. Adamson Hoebel and the Anthropology of Law”, *Law & Society Review*, Vol. 7, No. 4, 1973. 从内容上看，该书大致可以分为两个大的部分：第一部分主要讲述了由晒廷告密者叙述的53个案例；第二部分主要是两位作者以“法律方法”对这些案例的具体阐释。See R. T. H., Jr. Review, “The Cheyenne Way by Karl N. Llewellyn, E. Adamson Hoebel Norman”, *Virginia Law Review*, Vol. 28, No. 2, 1941.

② 关于“麻烦案例”，他们在书中写道：“只要细心地去探究麻烦案例，就会发现，其是最安全的通向法律发现的道路。它们的数据最确定，它们的数量最丰富，它们是最具有启发性的。”See Karl N. Llewellyn, E. Adamson Hoebel, *The Cheyenne Way: Conflict and Case Law in Primitive Jurisprudence*, Norman: University of Oklahoma Press, 1941, p. 29. 对此，格拉克曼却指出，“麻烦案例”分析法主要将焦点放在对特定的“案件”(cases)、“情境”(situations)、“事件”(incidents)等的关注上，其方法论渊源可以追溯至“盎格鲁—美国”法学中的判例法(case law)。See Max Gluckman, “Limitations of the Case-Method in the Study of Tribal Law”, *Law & Society Review*, Vol. 7, No. 4, 1973.

③ James M. Donovan, *Legal Anthropology: An Introduction*, Lanham: Altamira Press, 2007, p. 101.

中去;(3)为该个案标注上一个当事人双方之间的“关系”图谱。这种对个案分析的方法——“历史—关系—过程”——被后世西方法学家与人类学家称之为“扩展案例分析法”(extended case method)。[①] 倘若将格拉克曼的这种方法论作为一个知识体系的话,其萌芽、形成、发展,经历了一个漫长的过程,由此,如果我们要去理解格拉克曼的“扩展案例分析法”的思想谱系,就必须要从知识社会学的视角来展开对该知识的萌芽、形成、发展的历史考察。

在笔者看来,格拉克曼的“扩展案例分析法”的方法论渊源可以追溯至其于20世纪40年代初开创的“社会情境分析法”。职是之故,在本章中,笔者将采用知识社会学的叙事理路,从青年格拉克曼的“社会情境分析法”开始谈起,参照现实主义法学、历史法学的基本原理,揭示出笔者对格拉克曼在部落社会司法过程中的案例分析方法的“知识考古”过程,[②]通过此番“知识考古”,我们会发现,格拉克曼秉持这种方法论,或者说借由这种方法论来分析部落社会司法过程中的具体个案的最终目标:证明部落社会的司法过程与西方社会的司法过程并没有本质上的差异。

第一节 社会情境分析法:文化接触的知识缺陷

1938年1月7日并不是非洲的祖鲁兰历史上一个著名的日子,但是,这一天所发生的事却被一位年仅27岁的青年学者通过一种“另类的”叙事手法给记录了下来。这位青年学者就是后来在法学界与人类学界享有崇高声誉的格拉克曼。

在从事部落社会司法过程/法律文明研究之前,格拉克曼于1936年至1938年间,在非洲南部的祖鲁兰地区进行了一系列田野调查。之后,他以这段时间所收集到的材料为基础,相继写了三篇论文,在这三篇中,最为重要的或者说对学术界最有影响的就是第一篇,其通常被称为“桥文”

---

① 由格拉克曼所倡议后又修正的“扩展案例分析法”,不仅意在让人类学家借由个案来分析究竟“法律在实践中是怎样被理解、适用的”,以及让法学家找到个案背后所隐藏的“历史真相”,从而建构起一个“科学的”法律事实,还意在让处于与现代工业文明相对面的部落社会文明认识到自己的法律技术与智慧。

② 这里笔者之所以借用福柯的“知识考古”概念,主要是基于两个目的:第一,通过对“扩展案例分析法”的“知识考古”(而不是一种简单的“历史分析法”)来揭示出“扩展案例分析法”在形成过程中所包含的质素多元性。第二,在揭示其间的质素多元性的同时,注意到它作为“知识本身”,与社会、文化、历史所产生的“碰撞”,分析这种“碰撞”所产生的效果,并拟从该效果中勾勒出一个立体的、非单线性的法律知识生成图。

(Bridge Paper)。①

"桥文"不仅可视为格拉克曼对社会结构、文化变迁的一个思考,更可视为格拉克曼对人类学界与法学界的重要方法论贡献,其不但为他后来开创的"扩展案例分析法"提供了智识的火种,而且同时对历史学、政治学等其他学科产生了重要影响。② "桥文"中的一个中心词,或者说一个主题词即是"社会情境"(social situation),③只是,要探究格拉克曼的"社会情境"思想的详细内容,还得要从其写作"桥文"的动因谈起。

一、从文化接触转向社会情境

按照温菲尔德(Chris Wingfield)的观点,促使格拉克曼写作"桥文"的直接动因乃是对马林诺夫斯基的"文化接触"观点的质疑。④ 早在20世纪20年代,在英国人类学领域涌现出了一股功能主义(functionalism)的"思潮",引领这股潮流的代表人物是马林诺夫斯基和布朗(Alfred Radcliffe-Brown)。⑤ 历史学家胡·麦克米兰(Hugh Macmillan)认为,马林诺夫斯基

---

① Hugh Macmillan,"Return to the Malungwana Drift—Max Gluckman, the Zulu Nation and the Common Society",*African Affairs*, Vol. 94, No. 374, 1995.

② 笔者近几年查阅了诸多西方学术界对于该文的研究资料,但总体而言,西方学者们大多都是从纯粹的人类学视角来展开的。虽然说"桥文"中并不能直接发现明显的法律人类学的叙事风格与专业术语,但是,从一个学术发展史、思想发展史的视角来看,这篇文章对于解读格拉克曼在法律人类学方法论上的创见是尤为必要的。有关西方学术界对该文评价的代表性论文,可参见 J. Van Velsen,"The Extended Case Method and Situational Analysis", in A. L. Epstein, ed., *The Craft of Social Anthropology*, London: Tavistock Publications, 1967, pp. 129-149; Richard P. Werbner,"The Manchester School in South-Central Africa",*Annual Review of Anthropology*, Vol. 13, 1984; Bruce Kapferer,"The Anthropology of Max Gluckman",*Social Analysis: The International Journal of Social and Cultural Practice*, No. 22, 1987。

③ 格拉克曼晚年在对其方法论思想进行反思、总结时,曾提道:"揆诸二十世纪二十年代以来的社会科学发展史,'情境'是其发展过程中的一个——受到包括西方政治学、经济学、社会学在内的所有学者关注的——焦点理论。"See Max Gluckman,"Limitations of the Case-Method in the Study of Tribal Law",*Law & Society Review*, Vol. 7, No. 4, 1973.

④ Chris Wingfield,"Photographing 'The Bridge': Product and Process in the Analysis of a Social Situation in Non-Modern Zululand", in Richard Vokes, ed., *Photography in Africa*, Suffolk: James Currey, 2012, p. 56-78.

⑤ 相较于马林诺夫斯基的"功能主义"学术立场,布朗更为侧重的是"结构—功能主义",具体可参见 Alfred Radcliffe-Brown, *Structure and Function in Primitive Society, Essays and Addresses*, Glencoe: The Free Press, 1952, pp. 178-204。此外,在库珀(Adam Kuper)看来,马林诺夫斯基与布朗对社会学理论的态度也存在很大的不同,比如,前者是个典型的"个人主义者",后者则是个"集体主义者"。但是,在一封由布朗写给里夫斯(W. H. R. Rivers)的信中,他坦承其与马林诺夫斯基的唯一区别在于对"社会学发展到哪个阶段"的看法不同。See Adam Kuper,"Alternative Histories of British Social Anthropology",*Social Anthropology*, Vol. 13, Issue 1, 2005.

最大的学术贡献在于其开创的田野调查的方法实践,布朗最大的贡献则是对结构与功能理论的进一步发展。他们虽然对前一代英国人类学家如泰勒(E. B. Tylor)和弗雷泽(James Frazer)的那种在躺椅上进行"臆测的历史"(Conjectural history)的思路展开了批判,但是却始终坚信当代社会体系的功能可以在不参考历史的情况下被理解。特别是布朗,他认为,历史是不科学的,其仅仅能够回答"发生了什么?"及"什么时候发生的?"这类问题,而无力回答更为重要的,如"怎样发生的?"及"为什么会发生的?"这类问题。由此,弥漫于20世纪20年代至30年代英国人类学界的基本是一种新的"时态",即"民族志的现在"(ethnographic present)的研究范式。①

然而,戈登(Robert J. Gordon)指出,1938年,马林诺夫斯基在由梅尔(Lucy P. Mair)、亨特(Monica Hunter)、沙佩拉(Isaac Schapera)等主编的《非洲的文化接触的研究方法》(*Methods of Study of Culture Contact in Africa*)的序言部分对格拉克曼的朋友福忒斯(M. Fortes)及沙佩拉"认为在分析非洲的文化变迁时,必须要将传教士与贸易商视为部落生活的一个主要部分"的观点予以了批判,其坚持将社会变迁等同于文化接触。②

有学术批判必然意味着有"学术市场"。从历史主义视角来看,文化接触作为那个时代的主流知识话语,虽质疑声不断,但道出的却是这种知识本身具有的理论穿透力。当格拉克曼还在金山大学求学时,其对马林诺夫斯基所提倡的"文化接触"的观点并不持反对态度,这一点在其学士学位论文中表现得尤为明显。③ 在该文中,格拉克曼花了很大的篇幅来谈及"在与欧洲人接触的过程中,班图部落环境所发生的变迁"。按照考克斯(Paul Cocks)的话来说,这是一篇非常具有"雄心的"论文,青年格拉克曼拟要对"前接触时代"(pre-contact period)酋长地位展开详尽分析。④ 不论怎样,彼时的格拉克曼对"文化接触"基本上还是持认同的态度,在格拉克曼看来,"当土著文化开始与我们的文明发生接触的时候,土著文化即开始不断褪色。此后,土著文化开始从一个温暖的自身的文化怀抱中滑进一个

---

① Hugh Macmillan, "Return to the Malungwana Drift—Max Gluckman, the Zulu Nation and the Common Society", *African Affairs*, Vol. 94, No, 374, 1995.

② Robert J. Gordon, "On Burning One's Bridge: The Context of Gluckman's Zulu Fieldwork", *History in Africa*, Vol. 41, 2014.

③ 格拉克曼的学士学位论文是《某些南部班图部落的酋长的经济地位的比较研究》(*A Comparative Study of the Economic Position of the Chief in Certain Southern Bantu Tribes*)。

④ Paul Cocks, "Max Gluckman and the Critique of Segregation in South Africa Anthropology, 1921-1940", *Journal of South African Studies*, Vol. 27, No. 4, 2001.

冰冷的现实的冷空气中”。[①] 另外，格拉克曼在阐述班图部落地区的酋长的价值观的“过去与现在”时，还借由文化接触的观点来作说明，他强调，“这就是班图现在所发生的事情。基于当下的研究，我们不得不去探究酋长的地位是如何受到这些破碎了的价值观及变化了的环境的影响”。[②]

为什么在7年后，格拉克曼在“桥文”中对马林诺夫斯基的“文化接触”的观点提出了质疑，并提出“社会情境”的方法呢？

戈登（Robert J. Gordon）认为，促使格拉克曼的这种认识论发生转向，有两个因素不容忽视：（1）格拉克曼在祖鲁兰地区所受到的一些不公正的“待遇”，如当地的摄政王认为他可能是亲俄分子，也有可能正在为某个秘密人物工作。摄政王坚信，不让他在其所辖地域内从事田野调查是个明智的选择。此外，纳塔尔的首席土著总管勒格（H. C. Lugg）曾不止一次地限制其进入田野调查地点开展工作，还限制其进入档案馆查阅相关档案材料。（2）受到后来成为他妻子的玛丽（Mary Brignoli）的影响。有关这一点，格拉克曼曾不止一次地在写给玛丽的信中提到过，他说：“在我写作‘情境的文章（“桥文”）’的过程中，我是多么真切地感受到你的观点与见解对我的深刻影响。”[③]除此之外，笔者以为，前往牛津大学攻读博士学位期间，格拉克曼在知识结构、理解能力及对殖民主义的现实理解等方面发生的变化，应该也是一个很重要的致使其放弃“文化接触”的观点的原因。[④]

从“文化接触”转到“社会情境”，格拉克曼花了7年时间。相较于马

① Max Gluckman, *A Comparative Study of the Economic Position of the Chief in Certain Southern Bantu Tribes*, Johannesburg: University of the Witwatersrand, 1933, pp. 6 - 7. 转引自 A. Goldenwiser, “Cultural Anthropology”, in Harry Elmer Barnes, ed., *The History and Prospects of the Social Sciences*, New York: Alfred Knopf, 1925, p. 253。

② Max Gluckman, *A Comparative Study of the Economic Position of the Chief in Certain Southern Bantu Tribes*, Johannesburg: University of the Witwatersrand, 1933, pp. 6 - 7. 转引自 A. Goldenwiser, “Cultural Anthropology”, in Harry Elmer Barnes, ed., *The History and Prospects of the Social Sciences*, New York: Alfred Knopf, 1925, p. 253。

③ Robert J. Gordon, “On Burning One’s Bridge: The Context of Gluckman’s Zulu Feldwork”, *History in Africa*, Vol. 41, 2014. 对在祖鲁兰地区所受到的不公正的“待遇”，格拉克曼在其晚年的论文里还曾提及过，他说：“我与祖鲁兰地区的传统及现代的权威者之间的冲突的那段经历，对我后来‘桥文’中的思想观点的构思与写作有着一定的影响。” See Max Gluckman, “The Tribal Area in South and Central Africa”, in A. L. Kuper and M. G. Smith eds., *Pluralism in Africa*, Berkeley: California University Press, 1971, p. 381.

④ 格拉克曼虽然去过伦敦经济学院马林诺夫斯基的“讨论会”，然似乎对其总是提不起兴趣，且可能的是，在格拉克曼看来，马林诺夫斯基的研究虽然资料翔实，但缺乏一定的深度。See Raymond Firth, “Max Gluckman, 1911 - 1975”, *Proceedings of the British Academy*, Vol. 61, 1975; Richard Brown, “Passages in the Life of a White Anthropologist: Max Gluckman in Northern Rhodesia”, *The Journal of African History*, Vol. 20, No. 4, 1979.

林诺夫斯基将“文化接触”与“社会变迁”之间以等号相勾连，格拉克曼则特别关注历史主义的视角。他曾批评马林诺夫斯基对“历史究竟是什么？”的回答苍白无力。因此，格拉克曼在从事现代祖鲁兰的社会情境分析的一开始，就对祖鲁兰地区的历史背景予以了介绍。① 他认为，对一位法律人类学家来说，铺垫分析的历史背景是创设一种基本的被调查地方的现实情境素材。有关于此，他在“桥文”的一开始便写道：

> 南非联邦是个联合国家，这里居住了2003512位白人，6597241位黑人及不少其他种族群体(这是格拉克曼于1936年在田野调查中获得的数据)。这些人没有形成一个统一的共同体，这个国家基本是通过在种族群体间进行不同的地位划分建构起来的，而联邦的社会组织很大程度上却是由种族群体内部及种族群体之间通过相互依赖的关系建构起来的。②

接着在这个更大的历史背景之下，格拉克曼开始介绍他的研究对象及这些对象之间的基本社会关系。在这种叙事方法中，人们依稀可看见早年马林诺夫斯基在特罗布里恩德群岛开展田野调查时所使用的方法的“影子”，③格

---

① 而马林诺夫斯基在其经典著作《西太平洋的航海者》一书的开始，就没有从一个历史的视角来展开叙事，可参见 Bronislaw Malinowski, *Argonauts of the Western Pacific: An Account of Native Enterprise and Adventure in the Archipelagoes of Melanesian New Quinea*, London: Routledge, 1922, p. 1-2。

② Max Gluckman, "Analysis of a Social Situation in Modern Zululand", *Bantu Studies*, Vol. 14, Issue 1, 1940.

③ 马林诺夫斯基一直是格拉克曼从事学术研究道路上的一个“标杆”。格拉克曼曾说：“现代人类学在很多年里是由马林诺夫斯基与布朗来‘支配的’，虽然，布朗为我们提供了很丰富的理论范式，但我更认为，马林诺夫斯基是现代英国人类学之父……他曾长期居住在特罗布里恩德群岛上，与土著居民生活在一起，学习他们的语言，观察他们的社会生活，这种搜集资料的方式明显比先前那些传教士、行政官员们搜集到的只言片语要规范得多，而由他所开创的这种资料搜集方式，对后世人类学产生了重要的影响。” See Max Gluckman, "Ethnographic Data in Britain Social Anthropology", *The Sociological Review*, Vol. 9, Issue 1, 1961. 此外，有一个细节，在笔者看来，非常重要，按照舒美克的说法，当格拉克曼在从事巴罗策部落社会司法过程田野调查的过程中，有一次，他给他的野营帐篷拍了一张照片，后在上面写上了“民族志工作者的帐篷”，而这无疑是模仿了马林诺夫斯基在《西太平洋的航海者》一书中的“做法”。See Lyn Schumaker, "The Director as Significant Other: Max Gluckman and Team Fieldwork at the Rhodes-Livingstone Institute", in Richard Handler ed., *Significant Others: Interpersonal and Professional Commitments in Anthropology*, Madison: University of Wisconsin Press, 2004, p. 92. 有关马林诺夫斯基在其书中提供的照片及相关说明，可参见 Bronislaw Malinowski, *Argonauts of the Western Pacific: An Account of Native Enterprise and Adventure in the Archipelagoes of Melanesian New Quinea*, London: Routledge, 1922, p. 418。

拉克曼说：

> 1936年至1938年，我在北祖鲁兰从事了16个月的田野调查。仅仅某些类型的欧洲人(行政官员、技术人员、传教士、贸易者、招兵人员)居住在这些保留地(reserves)之上，[①]黑人离开保留地，短时间的迁出是去为白人、资本家、户主干活的，然后他们才回到他们自己的家。每个黑人保留地地区与其他白人—黑人联合社区有着紧密的经济、政治和其他关系。因此，任何保留地的结构问题在很大程度上就在于分析保留地是怎样及在多大程度上被联邦社会体系所关联着的，保留地中暗含着的是白人—黑人的关系及这些关系是怎样受到每个种族群体的结构影响及怎样影响每个种族群体的结构的。[②]

最后，格拉克曼开始强调他在“桥文”中将采用的方法，不是马林诺夫斯基的“文化接触”方法，而是“社会情境”方法：

> 在我分析的开始，我会描述一系列事件，这些事件都是我在一天中记录下来的。社会情境是人类学家素材中的一个重要部分。人们通过它来观察事件，通过它及其在一个特定的社会中的互动关系，人们可以抽象出那个社会的结构、关系、制度等……我解决现代非洲社会学问题的方法不是先前研究中所使用的“文化接触”，我将呈现这个具体的材料，而这个材料是能够被批判的。[③]

应该说，格拉克曼首先通过一个“介绍”，一个“历史”的铺垫来让作为“他者”(the other)的其他法律人类学家或读者有了一幅祖鲁兰地区的生活的历史场景；然后，格拉克曼才开始交代他拟采用的叙事方法，其间，他特别强调他的分析不同于马林诺夫斯基的“文化接触”(culture contact)，[④]他将要呈现的是具体材料(detailed material)，并说这些材料是经得起批判的。

---

① “保留地”，是殖民主义统治者为了统治的便利性，而刻意划定的“土著保留地”区域。

② Max Gluckman, “Analysis of a Social Situation in Modern Zululand”, *Bantu Studies*, Vol. 14, Issue 1, 1940.

③ Max Gluckman, “Analysis of a Social Situation in Modern Zululand”, *Bantu Studies*, Vol. 14, Issue 1, 1940.

④ 有关格拉克曼对于马林诺夫斯基的“文化接触”观点的介绍与批判，可参见 Max Gluckman, “Malinowski's Functional' Analysis of Social Change”, *Africa*, Vol. 17, Issue 2, 1947。

二、社会情境的具体分析

格拉克曼在对祖鲁兰地区的历史场景进行介绍之后，就开始通过客观记录的形式来进一步“描述”真实的“社会情境”。在笔者看来，格拉克曼所谓的社会情境，在结构关系上可以进一步细分为事实情境、意义情境、关系情境等。格拉克曼说：

> 1月7日，我在日出之时即醒来。早上，我和马托拉纳及理查德（格拉克曼的随从）准备去农戈马（Nongoma）参加一个邻近马赫拉巴蒂尼（Mahlabatini）地区的大桥通车仪式，下午准备去参加一个由农戈马行政官员出席的正式会议……就在我们准备要离开农场时，我们被祖鲁政府来的一个警察给叫停下来了，那个警察穿着制服，推着自行车，带着一个被铐上手铐的犯人，这个犯人对这个地区的人来说显得较为陌生，其被指控在别处偷了羊。接着，那个警察向马托拉纳汇报他是如何在其私人警察的协助下抓捕到这个犯人的。随后，马托拉纳谴责了那个犯人，并对那个犯人说，在他这个区域是没有“坏人”（*izigeDengu*，祖鲁语）的，说完后，马托拉纳又转向那个警察，向他批评起政府来，他说：“政府希望他和他的私人警察可以在抓捕危险人物时予以一定的协助，但对这项工作却不给予任何报酬，如果抓捕过程中警察被杀了的话也不会给予这些警察的家属任何赔偿。”马托拉纳又说道，他为政府执法工作不知奉献了多少青春，却不曾见任何薪酬。他有一个很好的想法，即停止这项工作，返回到他以前所在的矿井中去，在那儿，他作为老板，每个月能拿到10镑的薪酬。①

如果说“事实情境”只是在陈述一个“社会事实”②的话，那么，意义情境更多的是在“事实情境”基础上，对相关事实进行的价值、意义的抽象。比如，在谈到“大桥开通仪式的意义”时，格拉克曼说：

---

① Max Gluckman, “Analysis of a Social Situation in Modern Zululand”, *Bantu Studies*, Vol. 14, Issue 1, 1940.

② “社会事实”是法国社会学家涂尔干（Émile Durkheim）提出的概念。涂尔干曾说：“我们不知道国家、政权、自由、社会主义、共产主义等是什么，这不是说我们对此丝毫无观念，而是在我们看来，这些概念是模糊的。由此出发，他强调，必须要把社会事实当作事物来看待，因为事物就是已有的或被提供（甚至强加的）给我们去观察的一切。”不过，需要注意的是，格拉克曼对涂尔干的理论似乎并未完全赞同。参见［法］Raymond Aron：《近代社会思想家：涂尔干、巴烈图、韦伯》，齐力等译，台北，联经出版事业公司1986年版，第61页。

> 大桥开通仪式是有一定的纪念意义的:它是在横跨马赫拉巴蒂尼(Mahlabatini)行政地区的两条河之上建成的……这座桥的主要目的是让马赫拉巴蒂尼(Mahlabatini)的地方官员能够在河水轻微上涨时还可以穿过这条河与其他地方进行联系,它也使前往在祖鲁地区以精湛的助产术而闻名的塞萨瑞典传教士医院(Ceza Swedish Mission Hospital)成为可能,因为,在此之前,孕妇们都是前往距离此地70英里远的地方产子的。①

相较于事实、意义,更为复杂的是关系。关系结构一直是人类学与社会学关注的重要理论问题,特别是在非洲部落社会的语境下。但是,先前的众多研究基本都偏向于认为,在"黑人—白人"的关系结构图中,白人是主导者,黑人只是被动的参与者,而格拉克曼通过对"大桥开通仪式结束后,白人、黑人这两个群体所表现出来的相互行为"的观察,发现事实并非如此,他发现,在黑人与白人的关系背后,始终受到一个利益诉求的影响。格拉克曼指出:

> 大桥开通仪式结束后,欧洲人走进桥边上的一个遮阳棚,相互间边喝茶、吃蛋糕,边讨论当前祖鲁的一些事务。摄政王则返回到树林中,与他的下属们谈话。当所有的欧洲人都散开的时候,大部分的祖鲁人却还在桥的北边聚集着,不远处的瑞典传教士们已经积聚了一批教徒在唱赞美诗……但是,需要明了的是,黑人与白人是两种人,他们必须与印度的种姓制度一样,不能混在一起。由此,我们可以看到,两个群体在南非祖鲁兰的社会结构的相互关系中被区分开来了。在这种相互关系中,一方能够在社会固定的行为模式范围内探索分离、冲突及合作。此外,我们还可以看到,他们通过肤色、种族、语言、信仰、知识、传统及物质财富等被区分开来。尽管祖鲁人和欧洲人在桥上被"联系"在了一起,但是他们出现在那儿,这个"社会情境"本身还是暗示了他们双方之间所存在的共同利益(mutual interest)。②

---

① Max Gluckman, "Analysis of a Social Situation in Modern Zululand", *Bantu Studies*, Vol. 14, Issue 1, 1940.

② Max Gluckman, "Analysis of a Social Situation in Modern Zululand", *Bantu Studies*, Vol. 14, Issue 1, 1940.

最后,在此基础上,格拉克曼总结道:祖鲁人与欧洲人之间的关系并不必然对立,而是平衡中隐藏着冲突,冲突中酝酿着平衡。因此,我们必须要从一个"秩序理性"的视角,来探析不同族群文化之间的秩序是如何在变化中保持平衡的,而要把握好这种情境中的"平衡—变迁",就必须要秉持一个"历史—关系—过程"的分析视角。有关于此,格拉克曼明确指出:

> 我希望我在研究南非的社会变迁时,不仅必须要去分析黑人—白人之间在不同的时代的秩序平衡的表现,还要去关注二者之间的秩序平衡是如何被维续的。由此,我必须要去研究过往的120年里,祖鲁兰地区的种族群体融入相对不同文化的种族群体的过程中族群秩序所发生的变化。①

1968年,格拉克曼在对重新续写的"桥文"及另外两篇论文进行修订时,加入了关于16世纪以来整个祖鲁兰历史的介绍和说明。格拉克曼的这篇"桥文"虽然后来被学界证实为研究文化变迁的一篇非常经典的文章,但是,当其在刚发表之时,却遭到了许多学者的"鄙视"。如梅尔(Lucy Mair)就认为,这篇文章虽然尝试着去解释"文化变迁的一般规律"(general laws of culture change),但是文中的许多论述都是一些"歪理",这些"歪理"是没有可信的证据作为支撑的。因此,毋庸置疑,这是一篇质量很差的文章。②

对梅尔的这种"解读",笔者以为,其间存在不妥。在格拉克曼的"桥文"中,我们可以看到,其将社会制度作为一个历史现象,一方面,他强调,该制度是在历史中生成、发展的;另一方面,他还强调,该制度又不停地对历史产生影响。在对大桥开通仪式的"情境分析"过程中,格拉克曼致力于充分运用马林诺夫斯基的人类学田野调查方法来呈现那些所谓的通过人类学的观察也"无法估量的事物",在他看来,这样做,能够揭示出那些无法估量的事物是如何在可能引起新的理解的实践中的逻辑。③

以"一个历史学家的眼光"(a historian eye)去观察社会秩序中的平衡与变迁,是格拉克曼在"桥文"中的一个基本学术立场/视角。在"桥文"

---

① Max Gluckman, "Analysis of a Social Situation in Modern Zululand", *Bantu Studies*, Vol. 14, Issue 1, 1940.

② See Robert J. Gordon, "On Burning One's Bridge: The Context of Gluckman's Zulu Feldwork", *History in Africa*, Vol. 41, 2014.

③ See Bruce Kapferer, "A Note on Gluckman's 1930s Fieldwork in Natal", *History in Africa*. Vol. 41, 2014.

中,他引用了著名历史学家威廉姆·米勒·麦克米兰(W. M. Macmillan)的观点——"如果人们担心南非的下一个十年,而不是五十年,那么,南非就有希望了",这样的一个认识历史的理路,更加"强迫"格拉克曼关注长程历史过程的微观历史分析。① 凡此种种,都是马林诺夫斯基在其学术实践中所缺乏的,正是对于历史,或者说对于历史维度的深切关注,使格拉克曼在对现实情境的分析时具有了立体的层次感,这无疑为格拉克曼"扩展案例分析法"的方法论建构夯实了基础。"桥文"中所彰显的"社会情境"分析,即"情境分析",为法学家与人类学家认识、理解社会变迁提供了一个新的视角,同时也是对先前拥有学界主体话语权的"文化接触"分析模式的有力回应。按照费尔森(J. Van Velsen)的话说,"情境分析",通过这种方法,民族志工作者不单呈现给读者们其自身对田野材料的抽象与推断,也向读者们呈现出了材料本身。其使读者不仅仅基于论述的内在一致性,同时还基于把民族志数据与从数据中得出的结论来进行比较,从而更好地去评估民族志工作者的分析。特别是当作者的案件材料中有几个或大部分的行动者不停地出现在不同的情境中时,这个数据就应该减少案件变成仅仅是"恰当的描述"的机会……正如其已经揭示的,不同似乎存在于这样的一个事实中,即结构的描述不会给我们提供一系列相关的事件,从而去展示在一个特定的结构中,个体是如何去处理他们遇到的选择的。② 费尔森对于"情境分析"的概括似乎有些晦涩,但是其表达的关键是,"情境分析"的方法是让读者们自己去对田野材料予以判断与分析,其表现出一种高度的"原生性"(original),这就为田野调查向更为"科学的"分析范式推进了一步。

第二节　扩展案例分析法:案例的扩展情境分析

或许是受到田野调查地区官员的拒斥,或许是因为遇到了后来成为他妻子的玛丽,自 1940 年开始,格拉克曼渐渐将田野调查的地点转到了巴罗策兰(Barotseland)。如果说 1936 年至 1938 年在祖鲁兰地区的田野调查,只是为格拉克曼进行"纯粹的"法律人类学研究提供了经验的素材与理论的基础的话,那么,对于巴罗策兰地区的田野调查,特别是对巴罗策兰

① See Hugh Macmillan, "Return to the Malungwana Drift—Max Gluckman, the Zulu Nation and the Common Society", *African Affairs*, Vol. 94, No. 374, 1995.

② J. VanVelsen, "The Extended Case Method and Situational Analysis", in A. Epstein ed., *The Craft of Social Anthropology*, London: Tavistock Publications, 1967, p. 140.

的洛兹部落的司法过程的"参与观察",才真正开启了格拉克曼穿梭于人类学与法学,进行"科学的"法律人类学学术研究的新时代。

1940年至1947年,格拉克曼共花了27个月的时间来对洛兹"*kuta*"(洛兹语,法庭)的庭审过程予以观察,并在"社会情境分析法"的基础上发展出了一套对后世法律人类学、法律史影响深远的方法,此即"扩展案例分析法"(extended case method),该方法被格拉克曼广泛运用于部落社会司法过程中案例的分析实践中。

一、案例分析法的历史沿革

历史学家胡·麦克米兰曾经指出,格拉克曼的"桥文"对祖鲁文化的研究作出了重要的贡献,但是自此之后,他的大部分作品开始将注意力放在了巴罗策兰的洛兹人的法律体系的研究上。① 确实,在田野中寻求对法律、秩序的"科学理解"是马林诺夫斯基带给法律人类学学术领域的一件精美"艺术品"。早在1914年至1918年,马林诺夫斯基前往新几内亚进行了三次田野调查,其间,马林诺夫斯基对南部马辛(southern masssim)地区的"库拉"(*kula*)活动进行了详细的记录,并为我们展示了一幅清晰的当地人民生活的图画,而他的这种研究范式通常被认为是法律人类学研究领域有关个案研究的最早范例,②对此,格拉克曼说:

> 马林诺夫斯基所搜集到的材料有点类似于小说家、剧作家、传记作者、自传作者的"原材料"(raw material),所有皆是直接取自于生活,而不是取自于那些对19世纪、20世纪初期的理论派人类学家们而言可用的事实(facts)。这些事实正是涂尔干、泰勒、弗雷泽,甚至梅因、摩尔根等人所竭力探寻的,只是,它们大都通过那些翻译者对部落生活不完整、肤浅的观察搜集而来……毋庸置疑,相较于他的前一代人类学家,马林诺夫斯基在某些方面算得上是打了个重要的大胜仗,然而,马林诺夫斯基的悲剧却在于,他在打赢这场胜仗后,还继续在打同一场战役……确实,在马林诺夫斯基及其追随者们的著作中,我们可发现,他们所使用的方法基本是近似的,我将这些方法称为

---

① Hugh Macmillan, "Return to the Malungwana Drift—Max Gluckman, the Zulu Nation and the Common Society", *African Affairs*, Vol. 94, No, 374, 1995.

② 参见卢晖临、李雪:《如何走出个案——从个案研究到扩展个案研究》,载《中国社会科学》2007年第1期。

“适切之例的方法”(method of apt illustration)。[①]

传统的“案例分析”(case analysis)强调的是一种特殊情境的特殊分析,秉持的是一种“共时性”的分析思路。揆诸西方的法律发展史,特别是英美法系国家的法学家群体或法律家群体,其往往都是习惯于从“案例”的研究范式来分析其中涉及的事实、概念、规则、原则、法律技术,然后再借由成文法或衡平法中的相关规则、原则来作出判决。毋庸置疑,这种案例分析范式的一个明显特质即是案件事实本身的“有限范围性”(limited boundary),其强调的是案例实践中的共时性、规则性。长期以来,这种“习惯性”范式——犹如哲学家休谟(David Hume)所强调的,人们对“石头热”与“太阳晒”之间总是存在“习惯性”的先后原因联想一样[②]——在西方法律史,特别是司法实践发展进程中发挥着主导作用。

格拉克曼对上述所谓的共时性的案例分析范式提出了质疑。相较于马林诺夫斯基,格拉克曼尤为强调历史主义方法在分析案例时的必要性,这一点在其有关社会情境的分析中我们已经可以看到。考克斯认为,虽然没有直接证据显示威廉姆·米勒·麦克米兰对于格拉克曼的影响,但是毋庸置疑,曾在南非金山大学求学时,格拉克曼就聆听了历史系威廉姆·米勒·麦克米兰先生有关南非的未来的相关演讲。[③] 此外,赞比亚大学历史学教授胡·麦克米兰——威廉姆·米勒·麦克米兰之子——也认为,虽然威廉姆·米勒·麦克米兰主要的兴趣是集中于当代史领域,但是奇怪的是,格拉克曼还是受到了他父亲的那种历史主义方法的影响,从而朝着一种微观的、短暂的分析范式转变,[④]这也就是为什么格拉克曼在祖鲁兰的田野调查中会使用历史主义的“情境分析”的一个重要缘由。

二、案例的扩展情境分析

西方法律人类学史的知识告诉我们,格拉克曼并不是第一个使用扩展

---

① Max Gluckman, “Ethnographic Data in Britain Social Anthropology”, *The Sociological Review*, Vol. 9, Issue 1, 1961.

② 休谟强调,仅仅凭借我们个人的经验观察,几乎不能形成对周遭世界的正确认识。See Mark Towsey, “Philosophically Playing the Devil: Recovering Readers' Responses to David Hume and the Scottish Enlightenment”, *Historical Research*, Vol. 83, No. 220, 2010.

③ Paul Cocks, “Max Gluckman and the Critique of Segregation in South African Anthropology, 1921-1940”, *Journal of Southern African Studies*, Vol. 27, No. 4, 2001.

④ See Hugh Macmillan, “Return to the Malungwana Drift-Max Gluckman, the Zulu Nation and the Common Society”, *African Affairs*, Vol. 94, No, 374, 1995.

案例分析方法的学者。朱晓阳指出,早在 20 世纪初期,巴顿(R. F. Barton)的伊富高人的法律研究中即可看到"扩展案例分析法"的具体实践。① 巴顿认为,菲律宾的伊富高部落的法律权威 *Monkalun*(有点类似于中国的"马锡五"或"炕上开庭"的基层法官),其在司法实践中即不断运用情境、关系的断案方式。②

虽然格拉克曼不是第一个使用扩展案例分析方法的学者,但是,根据格列佛(P. H. Gulliver)的观点,由格拉克曼花费 27 个月的田野调查时间写就的《北罗德西亚巴罗策的司法过程》一书却可被视为对"扩展案例分析法"最熟练运用的著作,同时也是对法律人类学方法论领域的一个重要贡献。③ 在该书中,格拉克曼共收集了 60 多件案例,这些案例长短不一,有的只有寥寥几句话,有的则长达十几页。总体而言,格拉克曼对这些案例的分析是从三个层面展开的,即"纠纷的当下情境""纠纷的前历史""纠纷的延伸后果"。

接下来,笔者尝试借用"类型学的分析框架"④来对格拉克曼的扩展案例分析法的思想内涵进行介绍、分析,其间会秉持一种"典型性"的选择进路,即选取那些个案中特别能展现格拉克曼的扩展案例分析方法论思想的案例,厘清格拉克曼对案例展开"扩展分析"的具体过程。

1942 年 8 月 27 日,在莱阿卢伊(Lialui)的萨—加丹戈法庭(Saa-Katengo Kuta)审理了一起有关土地所有权的纠纷案件,其是一起上诉案件,第一审是在斯卡娃(Sikwa)族长的地区法庭(*Kuta*)审理的。这起案件

---

① 在国内学术界,"扩展案例分析法"(the extended case method)有时又被翻译为"扩展个案分析法"或者"延伸个案法"。就笔者有限的阅读经验而言,人类学界用得较多的表述是"扩展个案分析法"或"延伸个案法",法学界用得较多的是"扩展案例分析法"。因此,在本书中,笔者可能会基于上下文语境,选择三种中文翻译表述中的某一个,但无论选择哪个中文译文表述,其含义均无区别。特此说明。

② 朱晓阳:《延伸个案与乡村秩序》,载朱晓阳主编:《面向"法律的语言混乱":从社会与文化人类学的视角》,中央民族大学出版社 2008 年版,第 61 页。

③ See P. H. Gulliver, "Introduction to Case Studies of Law", in Laura Nader. ed., *Law in Culture and Society*, Berkeley: University of California Press, 1997, p. 16.

④ 卢晖临、李雪认为,在费孝通的毕生学术实践中,其一直都在尝试着回答"通过一个村庄的研究来形成对整个中国的理解是如何可能"的问题。在费先生看来,国外所称的"个案研究"大体类似于"典型调查"。这种方式的研究对象是只有一个或还不足以构成样本的少数几个"典型",研究者期望能通过对该个案进行典型的、全面的、历史的考察与分析,以期达到对事物性质的深入了解。如果要做到这一点,只要我们能坚持用比较法,继而再由局部到整体。换言之,只要我们在调查对象的选择上坚持"典型性"原则,就有望能实现"特殊"到"普遍"的理解进路,这种进路又被认为是一种"类型性研究进路",即超越个案,凝练出个案中的普遍性质素,从而达到一个一般性。参见卢晖临、李雪:《如何走出个案——从个案研究到扩展个案研究》,载《中国社会科学》2007 年第 1 期。

被格拉克曼命名为“果园所有权争夺案”（前文已详述），格拉克曼共花了近16页的篇幅来描述与分析这起案件：

> A、B、C（三人是同胞兄弟）因为某些位于一个小平原的边缘地带的果园的所有权问题，起诉他们的叔父Y，Y是他们纳塔尔镇子的头领。一天，他们的堂兄Z（Y的儿子）在与C的妻子通奸时，被C抓住了，然后C便打伤了Z。彼时，B正在白人社区劳动。C的妻子事后按照当地的习惯法，交付了一头牛给法庭作为罚款，按理，Z应该付给C两头牛以作为精神损害赔偿，但是Z却并没有这样做，不仅如此，Z还辱骂了C，当C向其叔父Y——Z的父亲——诉苦时，没想到却被Y赶出了镇子。A为C打抱不平，要求Z对此行为给出个合理的理由，但也被Z告知尽快离开这个镇子。B就在A、C即将被要求离开镇子的那个晚上从白人社区回来了，然后A、B、C便一起离开了镇子，就在他们离开镇子后没多久，他们发现Z一直在他们原先的果园里耕种，而且还将果园里的土豆、杧果给摘回去享用了。后来，A又向其叔父Y提出抗议，Y回应对此事并不知情，但是他会让Z恢复原状，可是，后来的事实证明，Y什么也没做。
>
> 基于此，A、B、C坚持认为，他们的叔父Y对他们是有偏见的，即他只支持自己的儿子Z，而故意反对他的三个侄子。后来，三个侄子就将此事投诉至族长斯卡娃那里，但这位族长要求他们不能与其叔父Y住在一起（以免他们之间会发生冲突），与此同时，这位族长还说，因为他们离开了这个镇子，因此，他们已经失去了对果园的所有权。但是，A、B、C三人始终认为，既然他们并没有任何过错，为什么会被剥夺了对于果园的所有权？他们为此向法庭提起了诉讼。①

如果完全按照西方司法过程的“惯例”，法官会借由“大前提”（成文法、先例、习惯等）到“小前提”（法律事实），再到“结论”（法律判决）的“三段论”逻辑②来对该案作出裁决。然而，这起案件所发生的场域，并不是现

① Max Gluckman, *The Judicial Process among the Barotse of North Rhodesia*, 2nd ed. Manchester: Manchester University Press, 1967, p. 37-38.

② 在波斯纳看来，大多数法律问题皆是经由“三段论”的逻辑做出的，比如，在没有“约因”（consideration）的情况下，合同是不能强制执行的。但是，波斯纳同时还强调，我们必须要把“三段论”的“有效性”与其“可靠性”区分开来，因为，“可靠性”不仅仅取决于特定的“三段论”是否有效，而且还取决于“三段论”中的“前提”是否真实。See Richard A. Posner, *The Problems of Jurisprudence*, Cambridge: Harvard University Press, 1990, p. 42-43.

代西方文明社会，而是一个文字文明等不发达的部落社会。因此，这些部落社会的法官是否拥有西方文明社会法官的那种法律技术，是首先需要回答的问题；其次，即使他们具有一定的法律技术，那么，法官如何施展法律技术同样也是个重要问题。确实，如果按照“以事实为依据，以法律为准绳”的司法逻辑来裁判，法庭似乎很快就能得出判决。在该案中，事实是“原告三人离开了那个镇子”，相关可以适用的法律是“如果一个人离开了他所居住的镇子，那么，他就得不到镇子里原本属于他的果园”。换言之，“如果一个人离开了他所居住的镇子，那么，他就失去了该果园的所有权”。由此，从一个“形式理性”①的法律逻辑来看，该案法庭的法官可以直接判决原告三人败诉，其理由很简单，因为他们三人离开了镇子。然而，在格拉克曼看来，这完全是一种“共时性”的分析进路，从这种进路的内在理路来看，“以事实为依据”，就是以“当下的事实为依据”，可是，在部落社会，通常情况下，一个纠纷背后往往都有很多个“事实”存在。因此，在对部落社会的案例进行分析时，就必须要对当事人在法庭上陈述的相关事实进行历史梳理：一方面，必须要注意记录当事人、证人在庭审的陈述中表达的“过去的事实”；另一方面，始终要以“当下的事实”为着眼点。

基于上述考虑，在旁听该案的过程中，格拉克曼渐渐发现了一些在他看来很重要的“过去的事实”，这些事实是：

> (1) 就在 Y 的儿子 Z 被要求为其行为提供辩护的时候，Z 说：“在我与 C 的妻子发生通奸行为以前，A 曾经让我的表弟戴了‘绿帽子’。我承认我犯了通奸罪，但我还是坚持认为，他们三个不是被驱赶出去的，他们是自己在晚上自愿离开这个镇子的。”(2) 就在当法庭要求镇子的头领 Y 来为其行为辩护的时候，Y 说：“现在的年轻人是多么的不负责任，多么的邪恶。他们三个人的父亲去世后，是我含辛茹苦将他们一点点地拉扯大，是我养育了他们，如果我无儿无女的话，他们三个还要为我养老送终。我又有什么理由会把他们驱逐出镇子呢？但是今天，这几个孩子表现得让人尤为不满。以前，他们捕到鱼了，从来都不会送一条给我，他们从白人社区回来了，也从不给我带任何礼物，哎，想当年，K 的四个儿子结婚时，是我拿出八头牛来送给他们，并将它们作为结婚的彩礼。”(3) 一个证人在庭上说道：“ 我对他们这个

① 在马克斯·韦伯看来，“形式理性”的法律体系代表了一种在结构、概念、意义上都极具逻辑性的法律体系，而具体在司法实践中，又表现为严格地、机械地适用法律。参见黄金荣：《法的形式理性论——以法之确定性问题为中心》，载《比较法研究》2000 年第 3 期。

家庭还是非常了解的,因为我住得离他们很近。Z曾经从我女婿那儿将我的女儿诱骗走了……在Z与C的妻子发生通奸行为之前,这个家庭一直生活得很和睦。"①

接着,格拉克曼将"前历史事实"与"当下事实"放在一起,对其中分别出现的因果关系进行了归纳与总结,他认为:

斯卡娃族长之所以要求那三个兄弟与他的叔父的儿子Z分开居住,乃是为了防止他们之间发生纠纷;三个兄弟在离开镇子后,便在镇子附近建起了一个小屋,这件事足可以证明他们并不是真想离开那个镇子;R、S作为这起案件的原、被告的亲戚,似乎并不想偏袒于任一方,而只是在庭上给出了一些苍白无力的证据。法官为了达到"案结事了"的目的,总是在庭审实践中不断扩大"相关性"(relevance)的概念范围,即只要与案件有关的"前历史"事实都可以作为当下案件中的事实来对待;规则的使用不是毫无限制的。比如,根据洛兹土地所有权的相关法律规定,"如果一个人离开了他所居住的镇子,那么,他就失去了该果园的所有权",因此,既然案件事实是:原告离开了镇子,那么,在法律上,他们也就理所当然地失去了对该果园的所有权。但是,法庭最后却在司法过程中,对这条规则中的术语"所有权"重新下了定义,之所以这样做,很大程度上是因为,洛兹土地上的所有权是内附于作为镇子的成员及亲属群体的身份义务之中的,法官在司法过程中通常是根据这些成员是否实现了他们的义务来确定他们是否应该享有这些权利。这一点诚如头领Y的侄子A所发出的疑问所表达的,即"我搞不清楚,为什么一个没有任何过错的人怎么就无缘无故地失去了土地的所有权";事实上,法官在司法过程中是通过对当下的事实与"前历史的"事实的综合考虑,才最终得出了判决,即A、B、C都应该回到原来居住的镇子中来,Y、Z应非常热情地接待他们,他们应该在Y的支持、帮助下开启新的生产、生活。②

几年后,在另一篇文章中,格拉克曼还对该案中涉及的一些细节问题

① Max Gluckman, *The Judicial Process among the Barotse of North Rhodesia*, 2nd ed. Manchester: Manchester University Press, 1967, p. 38–40.

② Max Gluckman, *The Judicial Process among the Barotse of North Rhodesia*, 2nd ed. Manchester: Manchester University Press, 1967, p. 46–49.

进行了进一步梳理，格拉克曼说：

> 在该案中，一个法官向那个头领问道："你想让你的侄子们回来吗？"他表示非常想，他们也确认他们自己非常想回来，他们的堂弟也想让他们回来。法官们让那个老人承认他的儿子与他的侄子们都有错误，在此基础上，那些法官们全部作出了"除非那些侄子们返回镇子，否则他们将丢失他们的果园"的判决。但是他们附加了一个清晰的对各方当事人都有所说教的法律陈述：对那个年长的头领来说，他不应该支持他的儿子以对抗他的侄子们，而是应该秉公地探究他们之间的纠纷；对那个头领的儿子来说，因为承认与他的亲属的妻子犯有通奸罪且因为设法对他的亲属们如农奴(serfs)一般，基于可能的没有根据的假设，他会继承他的父亲的头衔而成为一个头领；对三个被告来说，则是不够慷慨及无意给予他们的叔父一定帮助。因此，萦绕在其主要判决周围的是一通有关住在一起应有父母、子女及兄弟般的友爱和伤害各自的孩子、毁损家畜农作物时应相互容忍的种种说教。那些侄子们被命令回家，他们都被警告如果再次发生争吵就会被处以罚款。①

最后，格拉克曼不无感叹地总结道："通过这起果园所有权的纠纷，我们可以发现，法庭总是习惯于对纠纷进行一个当下事实之外的'历史追溯'，并将其放到整个纠纷的关系情境中来综合考虑。"②9年后，当格拉克曼写信去询问有关当年这起案件中的当事人之间的关系的情况时，他得到的回复是：这些昔日的纠纷当事人如今相处得尤为融洽。

从案例的"正在进行时"到"过去时"，再到"过去完成时"，在格拉克曼对部落社会司法过程的案例分析中，我们总是能够看到他对"历史主义方法"的娴熟运用。只是，需要注意的是，格拉克曼的历史主义又总是与过程、关系结合在一起。比如，在该案中，法官强调"所有权"的实现，必须要符合一些限制条件，如"必须要住在那个镇子上""要孝顺长辈""要遵守一般的道德规范"等，对此，格拉克曼认为，这里面其实包含了一种"关系"，即住在哪个镇子上，"你"就与那个镇子的头领之间形成了一个默认且有"法律"效力的"契约关系"，"他"有着"提供适合耕种的果园给你"的

① Max Gluckman, "Natural Justice in Africa", *Natural Law Forum*, Vol. 9, 1964.

② Max Gluckman, *The Judicial Process among the Barotse of North Rhodesia*, 2nd ed. Manchester: Manchester University Press, 1967, p. 49-52.

义务,而“你”因为住在这个镇子上,就自然而然地享有在该果园耕种的权利。

“历史—关系—过程”分析是扩展案例分析法的“精髓”,然而,可能是受限于“观察时间”,格拉克曼并没有对法庭就该纠纷作出判决后的一个“延伸后果”进行“跟踪”,只是提到了 9 年后,在他收到的信中明确写道,“这些昔日的当事人相处得尤为融洽”,这也让我们有种对该案“意犹未尽”的感觉。

到了 20 世纪 60 年代,扩展案例分析法开始作为“标准的”法律人类学方法之一,在西方学术界,特别是人类学界与法学理论界,渐进“风靡”起来。与此同时,对格拉克曼的这种方法进行质疑的呼声亦越来越高。到了晚年之时,格拉克曼开始对自己曾经提出的这种方法进行全面反思、总结。在笔者看来,或许是受制于这门知识本身存在的“困境”,或许是因为格拉克曼无法厘清“历史—关系—过程”中的“案例中的事实的历史范围”的缘故,他所提出的新理论,无法成为一门“科学的”①方法论而被普遍接受。如果历史可以假设,假设当时格拉克曼没有提出这种方法的话,那么,西方法律人类学在进行案例分析时,是否还这么重视“历史—关系—过程”的视角,我们就不得而知了。只是,历史是不允许有假设的。

三、历史影响与现实局限:冲出案例的历史“藩篱”

早在 1933 年 5 月,格拉克曼向金山大学提交的完全手写的学士学位论文的文末,他便以一种马林诺夫斯基式的语言写道,“班图的酋长就是一个分光镜——通过他,社会上的各种光都被刺穿了”。以马林诺夫斯基为其学术研究道路上的榜样,同时又想着如何超越马林诺夫斯基,是格拉克曼在其青年时代就表现出来的一种学术抱负。毕竟,在格拉克曼开始其学术生涯的那个时代,法律人类学的基本方法范式是由马林诺夫斯基创造的。因此,在英国法律人类学界,甚至是世界法律人类学界,马林诺夫斯基都不仅被视为一个具有开拓性思维的田野调查者,更被视为一个传奇人物。②

20 世纪 40 年代,随着格拉克曼自己的法律人类学方法、知识体系逐渐被创设起来,特别是其“情境分析”的方法广被学术界(当时主要是英国

---

① 不过,在波普尔看来,科学之所以科学,就在于其可以证伪。其有关可证伪性的论述,可参见 Karl Popper, *The Logic of Scientific Discovery*, London: Routledge, 2002, p. 57-73。

② 对马林诺夫斯基生活及学术生涯的较为全面的研究,可参见[澳]迈克尔·杨:《马林诺夫斯基:一位人类学家的奥德赛》,宋奕译,北京大学出版社 2013 年版。

社会人类学界)接受之后,格拉克曼渐渐对马林诺夫斯基诸多学术思路提出了批判与质疑,这一点在格拉克曼与其友人的一些往来的信件内容中即可发现。之所以会这样,笔者以为,这在很大程度上是因为,虽然是马林诺夫斯基开创了一种“户外人类学”(open-air anthropology)的学术传统,然而马林诺夫斯基对殖民主义的“实践情境”(practical situation)却没有格拉克曼了解得那么深入。格拉克曼的俄裔犹太人身份及出生、成长在南非的现实“遭遇”使他对殖民主义、法律人类学的历史使命有着相较于马林诺夫斯基而言更为深层次的理解。此外,还有一个更重要的原因,那就是,格拉克曼对马林诺夫斯基的那种摒弃“历史主义”的学术态度一直尤为“不满”。

格拉克曼在“桥文”中所开创的“社会情境法”(又被称为“情境分析法”),为人类学家认识、理解社会变迁提供了新的视角,同时也是对先前占据人类学界主体“话语权”的“文化接触分析法”的有力回应。从这一点来说,他既吸收了马林诺夫斯基的思想(走出书斋,参与观察),同时又超越了马林诺夫斯基的思想(注重历史维度的视角)。

格拉克曼的“社会情境分析法”(“桥文”)诞生后,获得了后世学者的普遍赞誉。考克斯(Paul Cocks)认为,其不只对英国的社会人类学,还对南非的社会研究都作出了巨大贡献。① 帕金(David Parkin)认为,虽然并不是所有人都对“桥文”予以认可,但毋庸置疑,它所产生的巨大影响是因为它是英国社会人类学发展史上最重要的论文。② 卡普费雷尔(Bruce Kapferer)认为,格拉克曼的社会情境分析法特别值得与布迪厄(Pierre Bourdieu)19世纪70年代以来开创的“实践理论”(theory of practice)相比较。③ 胡·麦克米兰(Hugh Macmillan)认为,格拉克曼的“桥文”不仅对南非社会的人类学研究、历史学研究有着重要的理论与实践意义,同时,对南非的种族隔离制度的批判与分析研究也有着重大的学术贡献。④

随着格拉克曼将田野调查的地点转移到了巴罗策兰,研究的主题也转换到巴罗策的司法制度及法理学领域,“情境分析法”便开始渐渐“情境

---

① See Paul Cocks, “Max Gluckman and the Critique of Segregation in South African Anthropology, 1921-1940”, *Journal of Southern African Studies*, Vol. 27, No. 4, 2001.

② See David Parkin, “The Power of the Bizarre”, in Lionel Caplan, Humphrey Fisher and David Parkin eds., *The Politics of Cultural Performance*, Providence: Berghahn, 1996, p. xv-xvii.

③ See Bruce Kapferer, “The Anthropology of Max Gluckman”, *Social Analysis: The International Journal of Social and Cultural Practice*, No. 22, 1987.

④ See Hugh Macmillan, “Return to the Malungwana Drift—Max Gluckman, the Zulu Nation and the Common Society”, *African Affairs*, Vol. 94, No, 374, 1995.

化”地转化为“扩展案例分析法”。按照格拉克曼自己的观点,所谓“扩展案例分析法”,即是“及时向后(backwards)追溯一个违约(breach)或异议(disagreement)的起源,并去搞清楚它是如何出现(emerged)的,然后再及时地向前跟进(掌握)——可能在判决、纠纷解决或调解仪式之后——事件所涉当事人之间的社会关系的发展情况”。[①] 因此,其强调的不仅是一种当下的法律事实,还强调一种“前历史”(pre-history)的材料事实,这一点,我们可以在上述对“果园所有权”的纠纷处理的司法过程中看得出来。当洛兹法庭上的法官以和谐为其司法审判的最高价值追求之时,原告、被告、证人及所有可能与案件有关的其他诉讼参与人、事实都是他们可以/应当追溯的对象,这就为我们创设出了一幅从“纠纷前”到“纠纷中”再逐渐延伸至“纠纷后”的历时性情境秩序,如此将司法理性与价值理性合为一体,在情、理、法这一朴素的法理学知识图谱的价值追求中,不断实现着部落司法场域中的那种纯粹的“案结事了”的司法目标。

1955年出版的《北罗德西亚巴罗策的司法过程》一书,可被视为格拉克曼对“扩展案例分析法”最为熟练运用的著作,其对后来的法律人类学的方法论领域的更新有着重要意义。一方面,该方法不仅被学术界的其他学者拿来用作分析的基本方法或者说标准方法,如米切尔(J. Clyde Mitchell)在(以其21个月的田野调查为基础而写成的)研究英属中非的北尼亚萨兰的姚村人的社会、历史、关系等的著作中,便使用了这种方法;[②]此外,1969年,格列佛更是列出了四本对格拉克曼的扩展案例分析法充分借鉴、运用的著作,[③]除了前述的米切尔的著作外,还有特纳(Victor Turner)、米德尔顿(John Middleton)及费尔森(J. Van Velsen)等的著作,[④]这几本著作不仅借鉴、运用了格拉克曼的扩展案例分析法,而且对其予以了拓展、完善与发展,如特纳后来提出的“社会剧场”(social drama)、米切尔后来提出

① See Max Gluckman, “Limitations of the Case-Method in the Study of Tribal Law”, *Law & Society Review*, Vol. 7, No. 4, 1973.

② See J. Clyde Mitchell, *The Yao Village: A Study in the Social Structure of a Nyasaland Tribe*, Manchester: Manchester University Press, 1956.

③ P. H. Gulliver, “Case Studies of Law in Non-Western Societies”, in Laura Nader, ed., *Law in Culture and Society*, Berkeley: University of California Press, 1997, p. 17.

④ See Victor Turner, *Schism and Continuity in an African Society: A Study of Ndembu Village Life*, Manchester: Manchester University Press for the Rhodes-Livingstone Institute, 1957; John Middleton, *Lugbara Religion: Ritual and Authority among an East African People*, London: Oxford University Press for the International African Institute, 1960; J. Van Velsen, *The Politics of Kinship: A Study in Manipulation among the Lakeside Tonya of Nyasaland*, Manchester: Manchester University Press for the Rhodes-Livingstone Institute, 1964.

的"社会网络"(social network)等方法。另一方面,"扩展案例分析法"还被有些学者如费尔森(J. Van velsen)及爱泼斯坦(A. L. Epstein)等列为法律人类学的基本田野调查方法之一。①

虽然说,格拉克曼的《北罗德西亚巴罗策的司法过程》一书的出版,让他在人类学界与法学界同时获得了诸多的学术荣誉。但是,作为对方法论有着强烈兴趣、敏锐洞察力的法律人类学家,格拉克曼并没有停止对"扩展案例分析法"本身局限性的反思。1959 年,在意大利的斯特雷萨举行的一次国际学术会议上,格拉克曼宣读了一篇题为《英国社会人类学的民族志资料》(Ethnographic Data in British Social Anthropology)的论文,在该文的一开篇,格拉克曼即提出两个告诫:

> 第一,我不以任何方式暗示我讨论的、作为在这门学科中唯一丰富的新的分析方法的发展情况:社会人类学,同所有的学科一样,必须得通过探究许多理论与分析的进路才能得以推进。第二,因为空间的限制,我不能谈及这个特定的发展对欧洲除英国以外其他国家、美国及世界其他地区的学者们的影响。我的目的主要是谈到其对英国的影响。②

格拉克曼认为,在 20 世纪 20 年代至 30 年代,由马林诺夫斯基开创的田野资料搜集方式,突破了更早一代的人类学家们所创造的"可能性技术"范围,马林诺夫斯基在《西太平洋的航海者》一书中要求,得有三种类型的证据(evidence)的事实:部落组织的描述及通过具体的统计材料的详尽分析;对无法估量的真实生活的描述;对本地人思想状况的材料的搜集,他把这些事实概括为"案例"(cases)。③ 同样面对"案例",格拉克曼认为,在马林诺夫斯基时代,其主要使用的是一种"适切的例子"的方法,但到了他这一代学者,在使用"案例"时,往往会有着非常不同的方式,如他自己开创的"社会情境分析法",再到了他的下一代青年学者那里,对更多

---

① See J. Van Velsen, "The Extended Case Method and Situational Analysis", in A. L. Epstein, ed. , *The Craft of Social Anthropology*, London: Tavistock Publications, 1967, p. 129 – 149; A. L. Epstein, "The Case Method in the Field of Law", in A. L. Epstein, ed. , *The Craft of Social Anthropology*, London: Tavistock Publications, 1967, p. 205–230.

② Max Gluckman, "Ethnographic Data in Britain Social Anthropology", *The Sociological Review*, Vol. 9, Issue 1, 1961.

③ Max Gluckman, "Ethnographic Data in Britain Social Anthropology", *The Sociological Review*, Vol. 9, Issue 1, 1961.

的“案件材料”(case material)的要求的呼声一定会越来越高,这也就必然要求对其进行反思与重构,对此,格拉克曼说:

> 在《北罗德西亚巴罗策的司法过程》一书中,我对许多件案例都展开了或长或短的分析。但我发现,事实上,我都是将每个案例作为一个在来到法庭之前的孤立的事件来分析的。然而,事实上,每个案件显然只是很长的社会关系进程中的一个事件罢了,其深深植根于过去的历史之中……但我却没有去研究社会生活的进程。以我的观点来看,下一步,即应加深我们对法律与道德的理解——集中于在一个社会生活的有限的区域内展开司法过程的研究。①

20 世纪 60 年代初开始,格拉克曼开始走出欧洲,前往澳大利亚、美国等地讲学,特别是 1963 年于美国耶鲁大学法学院举行的几场“斯托尔斯(Storrs)讲座”,②使他在美国法学界、人类学界迅速打开了“学术市场”。与此同时,他也在不断思考着如何进一步地克服案例分析法中的局限性。

格拉克曼在其晚年的一篇论文《案例分析法在部落法研究中的局限性》(Limitations of the Case-Method in the Study of Tribal Law,1973)中指出,他并不反对案例法(case-law)的研究。只是对像阿贝尔(Richard L. Abel)这样优秀的法学家及格列佛这样优秀的人类学家宣称案例、纠纷或冲突的研究应该是法学研究中唯一关注的焦点时,他感到惊讶甚至忧虑。③格拉克曼认为,阿贝尔对个案的分析,始终无法逃出一个困境,即法律和个案是否能够借由彼此在一个社会背景中被完全理解。他对阿贝尔 1969 年

---

① Max Gluckman, “Ethnographic Data in Britain Social Anthropology”, *The Sociological Review*, Vol. 9, Issue 1, 1961.

② “斯托尔斯讲座”(The Storrs Lectures)创立于 1889 年,是耶鲁大学法学院最负盛名的学术活动,以邀请世界一流的法学家来讲述法律、法学中的基本问题为宗旨。诸多对于西方法学发展具有重要推动作用的观点、思想都曾在该讲座上初次宣读,如卡多佐(Benjamin Nathan Cardozo)有关司法过程性质的观点、富勒(Lon L. Fuller)有关法律的道德性的思想等。格拉克曼之所以被邀,很大程度上在于其对部落法学研究过程中所使用的分析范式,即用西方文明社会的法言法语来分析部落社会中的法律问题,这也是很多西方学者在将格拉克曼定位为人类学家的同时,还将其定位为比较法学家的原因所在。如上学者在斯托尔斯演讲基础上形成的专著,可参见 Benjamin N. Cardozo, *The Nature of Judicial Process*, New Haven: Yale University Press, 1921; Lon L. Fuller, *The Morality of Law (Revised Edition)*, New Haven: Yale University Press, 1969; Max Gluckman, *The Ideas in Barotse Jurisprudence*, New Heaven: Yale University Press, 1965。

③ Max Gluckman, “Limitations of the Case-Method in the Study of Tribal Law”, *Law & Society Review*, Vol. 7, No. 4, 1973.

发表的一篇论文——《肯尼亚的过失习惯法：关于研究方法的论述》（*Customary Laws of Wrongs in Kenya: An Essay in Research Method*）进行了评论，格拉克曼说：

> 阿贝尔那种借由背景渊源（background sources）的研究来解释纠纷和判决的方法，展现出了他那深厚的知识、洞察力及技巧，他在文中证实了为了达致对于“法律”的全面理解，人们必须要有案例，因为一个对于抽象规则的研究显然是不够的。他的实证分析进一步证实了“人们也必须要有社会生活中生态的、经济的、政治的知识”。但是，我要批评的是他所得出的结论，即案件比规则更重要。而不是强调这样一个事实，即案件、规则、实践应该要被放在一起处理。①

在格拉克曼看来，要想对法律体系或法律规则本身达致“科学的”理解，就必须要关注历史的“社会背景”。因为，当一个纠纷案件被提交到部落社会法庭时，其往往是“转变了”的案件。它要求法官在事实发现过程中，得借助于“通情达理之人/理性人”这一工具②来发现有关案件的当下事实，不仅如此，它还要求法官对事实、纠纷的“前历史”进行追溯，继而提炼出“前历史”中影响当下案件事实的事实。凡此实践，无疑对实现司法的目标尤为重要，其是维续部落社会司法过程中的当事人之间的“和谐秩序模式”的前提。③

从对格拉克曼的扩展案例分析法进行知识社会学的梳理、介绍、分析过程中，我们可以明显感到他思想中的局限：一方面，他肯定了“社会情境”“过程”在案例分析中的作用；另一方面，他却没能以实践的方式去展开案件之外的“社会变迁”的观察与研究，毕竟，在历史中的各个孤立事实不断出现的同时，社会环境、秩序也在发生着改变，而如何真正把握好这两者的关系，因为格拉克曼的早逝，我们无法找到答案，但毋庸置疑，这却值得我们在从事法律史方法论研究时展开深入思考。

---

① Max Gluckman, “Limitations of the Case-Method in the Study of Tribal Law”, *Law & Society Review*, Vol. 7, No. 4, 1973.

② Max Gluckman, “Concepts in the Comparative Study of Tribal Law”, in Laura Nader ed., *Law in Culture and Society*, Berkeley: University of California Press, 1997, p. 367.

③ 纳德尔（Laura Nader）在其法律人类学的纠纷过程研究中，时常提到的一个概念即“和谐法律模式”（harmony law model），她认为，它在法律体系、法律理论中有非常重要的作用，特别是，可以有效地帮助社会整合。具体可参见 Laura Nader, *The Life of the Law: Anthropological Projects*, Berkeley: University of California Press, 2002, p. 117-167。

作为一位喜欢以“原始思维”之方式思考的学者，格拉克曼于青年时代开创的“社会情境分析法”，其目的是去证明白人的“进步”离不开黑人，黑人的进步亦离不开白人，白人不是生来就高黑人一等。白人与黑人之间虽存在着冲突，但同样存在着合作。后来，随着格拉克曼对部落社会司法过程研究的展开，他将早期的“社会情境”方法“套用”到具体的个案实践分析中，形成了“扩展案例分析法”。借由这种方法论的现实运用，格拉克曼为我们描绘了部落社会法官的智慧理性、司法理性的画面。然而，这幅画面的底色却被无数个同样的“命题”所涂满：“部落社会的法律文明，与西方社会的法律文明在本质上没有太大区别。”

格拉克曼将部落社会司法过程视为一部短暂的“法律史”，穿梭于“自我”与“他者”之间，以法学问题的人类学叙事格调，对传统人类学、法学中的诸多方法及理论提出了质疑、批判，并最终构建起了一套成熟、完善的“方法论”知识体系。当下中国法学、人类学，甚至社会学与政治学领域中有关“个案”的研究与讨论，可从格拉克曼有关此问题的思考中借鉴智识之果，特别是他对“历史—过程—关系”的强调，为我们阐释“个案”中的诉因、社会事实、法律事实、证据可信度等提供了一个立体的结构框架。不仅如此，他还提醒我们一定要关注个案的“长程历史”，学会寻找与法律事实“相关的”(relevant)各种事实，对于事实的搜集及证据的判断技术，将直接决定该个案能否实现“案结事了”。

不容否认，格拉克曼的方法论思想对于分析部落社会法律文明中的司法问题，甚至现代工业社会文明中的法律问题，都有很强的理论穿透力。只是，需要我们注意的是，格拉克曼的方法论思想的形成、发展及适用过程始终都有非常强烈的身份、时代“烙印”。作为生活在不同场域、不同时段的历史后来人，如何理解、解释、解决中国社会秩序发展过程中的各种问题，是我们从事法学研究乃至社会科学研究必须要直面的现实问题。① 所以，我们不能止步于此，我们的眼光要放在“中国问题”的理解与解决之上，离开了中国问题意识，我们的学术研究就会显得很空洞。没有了对中国问题的解决思路，我们的研究，其意义又何在呢？也正因此，我们在“消费”格拉克曼法律人类学方法论的智识成果之时，定要不忘对其可否解决中国法学发展中的理论与实践问题来进行认真探讨。这是我们义不容辞的责任。

---

① “中国问题意识”是我们学术研究的起点，而不是终点。基于法律人类学这门知识体系本身的“外来性”特质，我国学者在具体的讨论中，往往习惯于就理论谈理论，如“不同的概念、术语该如何解释”“某一具体的研究方法是怎么形成的”，从而忽略其实践层面的表达，如“究竟一个经典理论适不适合解释发生在中国场域内的问题”“拿西方法律人类学的方法论来分析某个中国问题时，有没有对该方法论形成过程中的特定社会、经济背景予以人类学的调查”。

第五章　部落社会司法过程学术思想评析

格拉克曼在对部落社会司法过程进行系统探究后认为，从总体上看，部落社会的司法过程，与西方社会的司法过程是共性大于异性，二者不存在本质差别。① 申言之，在格拉克曼看来，司法过程中的法律本体论、法律发现论以及法律方法论等“问题”，在西方文明社会的呈现方式与阐释逻辑，和部落社会的呈现方式与阐释逻辑大致是类似的。司法过程的“法律史”，不存在西方文明社会与部落原始社会的叙事之别。

格拉克曼的研究结论，同时也是其部落社会司法过程学术思想的“核心要义”，看似简明扼要，但信息量巨大。对于西方法学与人类学而言，它的“震撼”远远超过马林诺夫斯基早年向学界宣布“原始社会也存在法”“原始社会的人，对法律的遵守不是自愿的，而是出于各种各样的现实需要”。② 只是，格拉克曼的部落社会司法过程学术思想，距今已超过半个世纪。时至当下，从中国法学，特别是法律史范式建构的视角出发，我们又该如何评价格拉克曼部落社会司法过程学术思想？它的贡献在哪？它有哪些缺陷？有关此类问题，将是笔者在本章的探讨重点。

第一节　分析与评价

熟悉西方法律人类学的人都知道，以马林诺夫斯基为代表的第一代英国法律人类学家，其从事学术研究的“目的”主要是满足殖民主义统治的需要。作为第二代英国法律人类学家的格拉克曼，在从事部落社会司法过程这一问题研究中，虽也有着一丝这样的“考虑”，但其最为根本的目的还

① Max Gluckman, *The Judicial Process among the Barotse of North Rhodesia*, 2nd ed. Manchester: Manchester University Press, 1967, p. 357.

② 从英国社会人类学的发展史来看，马林诺夫斯基可被视为“功能主义”(functionalism)的创始人。因此，在分析“原始社会”的法律问题时，马林诺夫斯基更多地是从功能(生物学、心理学)、人的需求方面来考虑的。马林诺夫斯基认为，人们离不开七种基本需求：营养、繁衍后代、身体舒适、安全感、惬意、运动以及成长。个人的需要来源于特定的文化与制度，这些文化与制度的功能就是用来满足人的种种需要。法律作为文化的一种，其以满足人类的需要为存在之意义。See Paul Bohannan and Mark Glazer, *High Points in Anthropology*, New York: Alfred A. Knopf, Inc, 1973, p. 27.

是去证明“部落社会的法律文明”不输于“西方社会的法律文明”，黑人与白人共同构成了社会、历史、文化、生活场景中的法律主体，一味地强调白人的先天智识优越性，就会失去对于历史真相认识的机会，因此，他竭力强调法律文明的“普适性”，排斥法律文明的“独特性”。虽说这一结论看似充满了正义的“味道”，但从严肃的法律史范式建构视角审视，它也存在一些较为明显的缺陷。

一、被预设的结论

学术使命决定着学术研究的立场与进路选择。格拉克曼于1911年出生于南非的一个犹太家庭，这种身份上的双重“遭遇”，在笔者看来，对其思考问题的基本进路，甚至学术抱负都有着很大的影响。①

早年在祖鲁地区从事田野调查时，格拉克曼关注的焦点集中于祖鲁部落的社会结构、政治组织、社会关系。通过调查，他发现，传统的“文化接触”的观点存在诸多“问题”。他认为，在部落社会文化变迁的整体过程中，不能一味地将白人视为文化秩序的建构者，黑人是文化秩序的被动参与者，而应该认识到黑人同样是新的文化秩序的建构者。白人与白人之间的关系并不必然是合作的，其间也有冲突；黑人与白人之间的关系并不必然就是对立的，其间也有合作。有关于此，格拉克曼说：

> 黑人与白人是两种人，在祖鲁的现实实践中，他们必须遵循诸如印度的种姓制度一样的习惯规则，不能混在一起……祖鲁人不被允许进入欧洲人的居住区，只被允许其作为家庭仆人为他们沏沏茶。欧洲人可以自由地出入于祖鲁人的居住区……但是，在一个特殊的社会关系中，白人与黑人之间也会有着亲密的合作。②

---

① 作为一个生活在被殖民主义国家的公民，他的那种来自被殖民主义地区的“身份”让他时刻保持着“警惕”。此外，犹太人“身份”，让他知道了流离与聚合的意义之所在，先前之所以他的父母亲会从俄国迁到南非，在一定程度上就与他们的犹太人身份有关。一个非常真切的、被后世学者经常引用的关于格拉克曼身份“遭遇”的例子是：1949年，格拉克曼正在普理查德所在的牛津大学担任讲师，不久便被委任为曼彻斯特大学社会人类学讲席教授。在即将离开牛津大学之时，他去拜访了一位荷兰的同事。那位同事说：“马克斯（格拉克曼），你和X一样离开了咱们这个系。”普理查德评论道：“不，不是同样的方式，X是一个难民，但格拉克曼是一个殖民地居民。”通过普理查德的表述，不难看出，即使是在20世纪50年代，英国学术界对于学者的“身份”还是非常在意的。See T. M. S. Evens & Don Handelman, “Historicizing the Extended-Case Method”, *Social Analysis: The International Journal of Social and Cultural Practice*, Vol. 49, No. 3, 2005.

② Max Gluckman, “Analysis of a Social Situation in Modern Zululand”, *Bantu Studies*, Vol. 14, Issue 1, 1940.

“黑人与白人的关系”或者说“黑人文化与白人文化之间的关系”一直是格拉克曼思考的重要问题，在他的知识求索轨迹中，我们总是能够看到他的那种出于本能的文化“倾向性”，晚年格拉克曼曾在一篇文章中谈道：

> 几十年前，当我还在南非的祖鲁从事田野调查时，南非不仅完全受制于白人统治，同时，因为种族隔离的原因，对于让黑人获得白人的文化，也是有所阻拦的。为此，一些受过良好教育的祖鲁人结成一个祖鲁文化社团，旨在通过实践来传承祖鲁文化，他们中的很多人都认为祖鲁文化是优异的文化（此举亦获得了南非政府的支持）。能够理解的是，任何一个族群都会因为本民族自己的文化而骄傲。①

1940 年至 1947 年，格拉克曼花费了 27 个月的时间用于巴罗策的田野调查，②直到 1965 年，格拉克曼才被允许再次进入巴罗策，在这 20 多年间，格拉克曼遭遇了诸多身份上的“歧视”。其中最为学界所熟知的便是 20 世纪 50 年代初期，因为格拉克曼的政治立场（强调黑人与白人的平等地位，强烈谴责种族隔离制度），他被禁止前往巴布亚新几内亚从事田野调查；此外，由于他的父母亲的俄裔犹太人身份，他曾一度被怀疑是共产主义分子。③ 正是这些现实的身份遭遇，“迫使”格拉克曼在从事部落社会司法过程的研究中始终带着一副“有色眼镜”。他要通过自己的学术抱负来摆脱这种身份上的困境，他要通过自己的“实证研究”来证明部落社会的司法过程与西方社会的司法过程没有任何实质区别。凡此过程：“预设结论——努力寻找有利于结论的材料——对这些材料进行抽象、归纳——得出他预先早已设置好的结论”，这样的一种论证逻辑，从严肃的学术意义上讲，算不上“科学”，因为结论早已因为自己的学术立场或政治立场被提前

---

① Max Gluckman, “New Dimensions of Change, Conflict and Settlement”, *International Social Science Journal*, Vol. 23, Issue 4, 1971.

② 其间，他参与观察了洛兹部落法庭的庭审过程，记录了大量的具体个案，这些个案都是用洛兹语记录的，这一点对于格拉克曼并不是一件简单的任务。除了个人参与观察以外，他还记录了一些信息报道人（informant）对于案件的评论（数量非常少）。在格拉克曼看来，虽然信息报道人的许多叙述是值得怀疑的，但是，其可以作为一个与他自己记录的个案的对照。因此，适当地记录一些信息报道人的表述是有意义的。而从田野观察中所使用的方法及对收集到的数据的解释方面来看，格拉克曼的部落社会司法过程研究似乎是没有什么异议的，数据的收集过程是认真的、分析过程是缜密的、结论的得出是非常具有逻辑性的。See James G. March, Sociological Jurisprudence Revisted, “A Review (More or Less) of Max Gluckman”, *Stanford Law Review*, Vol. 8, No. 3, 1956.

③ See Bruce Kapferer, “A Note on Gluckman’s 1930s Fieldwork in Natal”, *History in Africa*, Vol. 41, 2014.

预设了。

的确,任何一位伟大的思想家,在从事学术研究的过程中,总是不能脱离特定的时代使命。[①] 揆诸法律人类学发展史,20 世纪初叶,以马林诺夫斯基为代表的第一代英国法律人类学家,便肩负着那个时代的特定"使命",[②]为践行此"使命",他们必须要从原始/部落社会的具体生活秩序中抽象出可资借鉴的"法律",再将这些"法律"柔性地植入殖民统治者制定的成文法中。此后,传统习惯与现代规则、西方文明与部落文明共同在殖民主义的统治秩序中生根、发芽。到了 20 世纪 40 年代,这种既有的秩序受到了更加严峻的"挑战":非洲南部地区的民族独立呼声日益高涨,摆脱殖民主义羁绊、伸张部落族群理性,成为许多生活于其中的学者们的一种政治抱负与诉求,而如何实现这种政治抱负,对于学者而言,最直接有效的方式便是著书立说。

格拉克曼虽然于 20 世纪 40 年代中期便前往英国从事知识生产,但是他始终将非洲的部落社会司法过程作为学术研究对象。从格拉克曼部落社会司法过程研究伊始便可看到他的肩上所负有的那种"使命",这种使命感要求他必须为摆脱殖民主义统治建立一套"科学的"学术理论。然而,谈及格拉克曼这种"使命感"的历史形成与发展过程,布朗、沙佩拉等人的重要性"不可不察"。

当布朗于 1921 年来到南非,在其担任开普敦大学社会人类学兼职教授的就职演讲中,他就对于那个特定时代的重要论题"种族隔离"进行了批判,他认为"种族隔离"是不合理的。因为白人的发展离不开黑人,黑人的发展也离不开白人,唯有他们共同发展,才能建构起一个和谐的秩序,非洲的未来才有希望。[③]

1928 年,沙佩拉在其著作《南非土著生活的社会变迁》中便吸收了布朗的观点,他认为,黑人与白人分开发展是不可能的。[④] "种族隔离"之所以被认为是"合理"的,其潜在的理论预设便是"白人比黑人更优秀"。格

① 早在 19 世纪初叶,德国法学界发生的"蒂博—萨维尼之争",其背后因应的即是一个特定的时代"使命(德意志民族国家的统一)"。因此,无论是蒂博还是萨维尼,他们在其思想理论体系的建构过程中,都有着一种对于"时代回应"的"意味"。

② 它要求他们必须为殖民主义者建构新的统治秩序"摇旗呐喊",从实践主义视角来看,马林诺夫斯基的研究基本达到了殖民主义统治者的"要求"。

③ 当时在南非有着很大学术影响力的历史学家麦克米兰也对"种族隔离"予以了强烈批评,这也影响到了格拉克曼。有关于此,笔者已在本书第四章第一节做了介绍,于此不再赘述。

④ See Paul Cocks, "Max Gluckman and the Critique of Segregation in South Africa Anthropology, 1921-1940", *Journal of South African Studies*, Vol. 27, No. 4, 2001.

拉克曼受到了布朗、沙佩拉等人观点的影响，对“种族隔离”深恶痛绝，他曾说，大多数年轻人类学家（包括他自己），甚至比他们更长一辈的人类学家都宣称：“直到‘二战’后，许多非洲、亚洲、大洋洲的民族地区独立之前，殖民主义的现实情境（种族隔离）一直都在支配着他们学术研究的基本理论与实践。”①

不可否认，格拉克曼一直强调“经验主义”的哲学立场，在他看来，非洲习惯法的观念与程序，只能借由对现实实践中运行的法律的观察才能发现，现代欧洲法律主要关注的是法律文本（立法、案例报告、法学家的著述），并从中形成基本观念，而不是聚焦法律的运行过程，即具体观察法庭的庭审过程，②这样得出的结论是值得商榷的。观察到什么样的材料，再客观地（不带任何价值色彩）描述这些材料，是格拉克曼对自己学术研究的基本要求。实践中，他也确实这样做了。然而，在作为“他者”的笔者看来，格拉克曼之所以始终认为他的研究是客观的、不带任何“偏见”，实乃因为他“身在此山中”，从而“不识庐山真面目”。

非洲殖民主义发展史告诉我们，格拉克曼生活的时代，是一个人们普遍呼唤正义与平等的时代，是一个人们普遍追求平等的价值与理性的时代，这样的时代背景不知不觉地塑造了格拉克曼潜在的精神“气象”，凡此“气象”，放置于具体的部落社会司法过程研究场域，“特定的时代背景（种族隔离主义盛行），罗列主流学术争论（白人与黑人在智识上是否平等），基于自身的身份、学术立场来表达相应观点（白人与黑人在智识上是平等的），以具体问题来论证（部落社会司法过程）得出结论”。仔细推敲格拉克曼对观点的证成过程，我们会发现，结论早在其论述的一开始便已“先验地”存在了。

二、结论证成过程的“经验性”

与格拉克曼研究结论的“先验性”相呼应的，是其结论证成过程的“经验性”，他那科学的田野调查方法与以实践为导向的理论分析技术，无不彰

---

① See Max Gluckman, “Anthropology and Apartheid: The Work of South African Anthropologists”, in Meyer Fortes, Sheila Patterson ed., *Studies in African Social Anthropologists*, London: Academic Press, 1975, p. 21-22.

② See A. N. Allott, A. L. Apstein, “Max Gluckman, Introduction”, in Max Gluckman ed., *Ideas and Procedures in African Customary Law*, London: Oxford University Press, 1969, p. 4.

显着其结论证成过程的"经验性"。[①] 有关于此,体现在如下几个方面:

第一,田野调查中的"参与观察"。由马林诺夫斯基开创的田野调查方法,与其前辈"理论人类学家"秉持的方法明显不同。[②] 马林诺夫斯基强调,应通过亲身参与田野调查,而不是通过倾听传教士的叙述、商人们的旅游见闻等来收集数据。[③] 马林诺夫斯基认为,田野调查是一门专业技术,[④] 从事田野调查的(法律)人类学家,若想获得客观的数据,首先便要把自己在身份上定位为一个"自我",即把自己想象成被调查部落社会的一员,以一种"参与观察"的方法来记录客观的经验素材。对此,格拉克曼深表赞成,他说:

> 马林诺夫斯基写了很多关涉特罗布里恩德群岛岛民生活方面的著作,这些著作建构起了一个部落群体最丰富的知识体系。在所有的著作中,他都强调一种新的数据收集方法是如何渗透到他的笔记本中的……他要求人类学家必须要放弃舒适的躺椅上的生活,带上铅笔、笔记本、威士忌、苏打水,去搜集信息报道人的叙述材料、记下相关故事传说、用部落社会的文字来写调查笔记。他还要求,人类学家不仅要深入到镇子里去密切观察那些土著居民在花园、沙滩、灌木丛里的工作实践,还要求人类学家应与那些土著居民一起出海至其他沙堤、部落,密切观察他们海外远行的打鱼、贸易和仪式。马林诺夫斯基认为,所有的信息都必须来自人类学家作为一个"自我"对土著生活的亲身观察。[⑤]

---

① 从事一项严肃的学术研究,固然离不开研究者的学术追求、身份定位、政治立场和哲学思维,只是,认为循此"情境"研究而得出的结论必然具有普遍的解释力,实乃值得商榷。面对格拉克曼部落社会司法过程的"法律史"叙事,我们应对其得出的结论作辩证分析:一方面,必须要承认的是,他的身份"遭遇"与时代"使命",让他在从事部落社会司法过程研究的一开始,便已经有了该研究的结论,所以他的结论是"先验的";另一方面,也是需要注意的是,他在对这个预先设定的结论的证成过程中,无论是田野调查的方法,还是问题分析的具体逻辑,确实都是非常"经验性"的。

② 这些理论人类学家(包括社会学家)主要有涂尔干、弗雷泽、泰勒等。他们虽然都是理论学家,但并不意味着他们的观点与思想缺乏解释力,无法经受实践的检验。

③ 19世纪末期,法律人类学的发展基本还处在一个依靠告密者的"秘闻"、部落酋长编造的"神话传说"、传教士的"亲身经历"来建构知识体系的阶段。所以,这一阶段也可被视为法律人类学的萌芽阶段。

④ See Max Gluckman, "Ethnographic Data in Britain Social Anthropology", *The Sociological Review*, Vol. 9, Issue 1, 1961.

⑤ Max Gluckman, *Politics, Law and Ritual in Tribal Society*, Oxford: Basil Blackwell, 1965, p. 28.

马林诺夫斯基开创的这种方法论传统，对格拉克曼的田野调查有着深刻影响。格拉克曼在部落社会司法过程的田野调查中，始终将自己定位为一个“自我”而不是一个“他者”，亲自参与到巴罗策洛兹部落的庭审实践中，客观地记录法庭裁决纠纷的整个过程。有关这一点，马歇尔（T. H. Marshall）说：

> 格拉克曼的部落社会司法过程研究，不是借由一系列其想证实的法学理论的假设与其想要运用的概念、类型框架来展开的。相反，格拉克曼是通过密切地观察实践中所发生的一切，并在此基础之上进行研究，久而久之，理论与假设随着他的理解力的不断增长就逐渐被建构起来了。①

格拉克曼在部落社会司法过程的田野调查中，始终以一种参与观察的方式来收集数据，而参与观察本身就是一种经验性事实，由这个事实所衍生出来的知识是经得起检验的。

第二，田野调查中的“时间/语言要求”。在马林诺夫斯基之前的法律人类学家中，没有将“知识”与“时间”串联起来思考的先例。知识就是知识，时间就是时间，二者并不存在必然的联系。但马林诺夫斯基对田野调查的知识思考却甚具创造力，在他看来，要想获得科学的有关部落社会的各种知识，田野调查者必须或者说至少要在被调查部落居住 1 年，这种将“田野调查时间”与“知识的客观性”关联起来的做法，得到了后世法律人类学者的普遍认可，个中缘由不难揣测，即“时间是经验性的，可观察的”，②因此，一旦坚持了“规定的”调查时间，离客观的知识就比较接近了。

格拉克曼对部落社会司法过程的田野调查时间，持续了近 8 年。1947 年，因为一系列原因（主要是因为他的政治立场，强烈反对“种族主义”），他被驱逐出巴罗策部落，直到 18 年后，也就是 1965 年，他才被允许再次返回巴罗策从事田野调查，但格拉克曼此次回巴罗策只待了 16 天时间（大多时间都用来拜访老朋友，小部分时间用在对先前庭审记录的一些当事人的跟踪观察上）。格拉克曼说：

---

① T. H. Marshall, “Gluckman On the Judicial Process of the Barotse”, *The British Journal of Sociology*, Vol. 6, No. 4, 1955.

② 时间是一段历史，历史的本质就是一段时间的先后过程。时间还是一种客观的“存在”，一种可以被经验感知的“存在”。

我对部落社会司法过程的研究是从1940年开始的,直至1947年才结束。其间,我把27个月的时间用在了对巴罗策部落社会司法过程的实践观察上。①

除了时间要求之外,还有一个要求也很重要,那便是在马林诺夫斯基看来,检验知识是否客观的质素,即语言。早期人类学家主要都是通过翻译的转述来获得田野调查中的知识。在马林诺夫斯基看来,这种间接获取知识的方式存在很大的弊端。因为在原始/部落社会,许多的族长/信息报道人都擅长于将神话与事实混同,格拉克曼说:

1934年至1935年,在英国杜伦大学的一场演讲中,马林诺夫斯基提到了他的一次亲身经历:当一个信息报道人向他吹嘘一个神话是他们氏族的,且只有这个信息报道人有权来讲述这个神话时,他是如何将这个神话记录下来的。马林诺夫斯基让那个信息报道人不要吹嘘,专心于神话叙述,但那个信息报道人却不应。马林诺夫斯基花了几个月的时间才弄明白,一些特定人对神话的叙述过程,其实就是他们对其个人特权施展的过程。神话不只是一个被世界繁复真相所迷乱的智识分子的应然反应,毋宁,其是一个彰显个人、群体特权的"社会大宪章"。②

在马林诺夫斯基看来,神话在原始/部落社会中发挥着重要的作用,他曾说:"事实上,神话不是一曲毫无音调的狂想曲,不是一个漫无目的的对生活的徒劳的想象,而是一个极其重要、繁复的文化驱动力。"③如果田野调查者对特定的原始/部落社会文化背景缺乏系统了解,完全听信族长/信息报道人的神话叙述,他所获得的知识就算不上客观。因此,学习原始/部落社会的语言,是保证田野调查者获得客观的经验知识的前提。对此,格拉克曼深表赞同,同时他也努力去这样做,有关这一点,弗斯(Raymond Firth)曾说:

---

① Max Gluckman, *The Judicial Process among the Barotse of North Rhodesia*, 2nd ed, Manchester: Manchester University Press, 1967, p. xxi-xxii.

② Max Gluckman, *Politics, Law and Ritual in Tribal Society*, Oxford: Basil Blackwell, 1965, p. 26.

③ See Bronislaw Malinowski, *Magic, Science and Religion and Other Essays*, Glencoe: The Free Press, 1948, p. 75.

在巴罗策兰田野调查期间，格拉克曼住在一个很大的泥土墙的屋子里，一开始，他们（格拉克曼及其妻子玛丽）是请翻译来协助他们的工作的，直到格拉克曼完全可以用洛兹语自由地交流。①

格拉克曼在对部落社会司法过程的具体研究中，对部落语言的掌握与运用令人“瞠目结舌”，他不仅罗列了大量专业的“部落法律术语”，如*mulao*（法律）、*kuta*（法庭）、*muzeko*（纠纷）、*mubango*（诉讼）、*lishamaeta*（挑衅）、*buswafa*（疏忽大意）等，还罗列了很多“部落法律格言”，如 *mulao ha'uketi*（法律是公正的），*volenti non fit injuria*（如果你应邀聚餐，其间，不小心喉咙里卡住了一根鱼刺，那么，你是不能去起诉那个邀请你的人的，此即罗马法格言中的“对同意者不构成侵害”），它足以证明，格拉克曼的语言能力完全符合马林诺夫斯基对田野调查者提出的语言能力要求。

第三，田野调查中的“分析方法”。马林诺夫斯基早年在特罗布里恩德群岛从事田野调查时，主要目的之一是要搞清楚原始社会究竟有没有法律。在传统法学家看来，人们之所以要遵守法律，是因为法律背后有着某种权威与强制。②

马林诺夫斯基通过田野调查发现，原始社会虽然没有现代西方文明社会意义上的那种“权威”，但是有“法律”，“法律”的强制力凝结于族群成员的相互关系中。后世学者将马林诺夫斯基分析法律的方法标注为“功能主义”的法律人类学分析法：强调法律的存在更多的是满足人们的主观/客观需要。格拉克曼在部落社会司法过程的田野调查中，所采取的分析进路也有着功能主义的取向，比如，格拉克曼认为，法官的任务主要是为了维持社会的和谐，“法律”是法官实现这种和谐的“工具”。③ 只是，相较于马林诺夫斯基的静态的经验主义分析方法，格拉克曼在田野调查中采用的是动态的经验主义与历史主义并存的分析方法。卡普费雷尔（Bruce Kapferer）曾说：

---

① Raymond Firth, "Max Gluckman, 1911 - 1975", *Proceedings of the British Academy*, Vol. 61, 1975.

② 这是自亚里士多德、西塞罗再到奥古斯丁、阿奎那以来“法律史”知识界的一种通说。比如，亚里士多德认为，法律与父亲的命令之间的区别在于，法律发挥统治效力的范围是一个城邦（polis）而不仅仅局限于一个家庭，同时，法律还有“强制力”（coercive power），其可以实施刑罚。阿奎那也认为，法律与权力在关系上的既定“承诺”，使人们坚信，法律的存在仅仅是为了机械化地实现强制。See James M. Donovan, *Legal Anthropology: An Introduction*, Lanham: Altamira Press, 2007, p. 70.

③ Max Gluckman, *The Judicial Process among the Barotse of North Rhodesia*, 2nd ed. Manchester: Manchester University Press, 1967, p. 35-81.

> 对曼彻斯特学派而言，[1]事件和/或情境（情境化的实践），用格拉克曼的话来说，不被视为关涉社会—文化实践类型民族志的一般的“恰当的描述”……格拉克曼（田野分析）方法的可取之处在于，他强调事件必须要被详细、完整地记录下来，其必须是远远超过田野调查者的那些基本分析要求。因此，在格拉克曼看来，事件不再被视为必要的仅仅支持一般的镶嵌于民族志叙述中的例子，他倡言应尽可能在形成事件过程中以多个视角来展开事件的描述。格拉克曼坚称，民族志工作者（在田野中）应系统地、客观地展现他们的立场……格拉克曼之所以秉此认识，是与他的一个信念有关的，即格拉克曼认为，人类学是一门经验学科，其间的诸多论争应该能经受得起已有证据的检验。[2]

由格拉克曼开创的“曼彻斯特学派”在方法上强调“情境”（situation）“事件”（events），并认为这些都是可观察的。肯普尼（Marian Kempny）说：

> 按照格拉克曼的观点，曼彻斯特学派是“扩展案例分析法”不断发展过程中的一个副产品，其致使人们对每个复杂的“特定时段及历史”“生活历史与个人生活”“个人有可能朝着有益于自己的方面操控的选择”报以更大的兴趣。格拉克曼非常坦率地指出了（法律）人类学家必须要面对的一个无法克服的困境，即当人们减少交互模式的结构分析中的数据的复杂性时，人们就失去了对许多现实的社会生活过程的认识。最终，相较于“结构—功能分析”，曼彻斯特学派关注的核心是直接的日常社会生活及真实世界的现实情境……无疑，这种方法的出现就是为了避免独特与丰富的民族志数据的丢失。[3]

---

① 前文已述，格拉克曼为该学派的创始人。有关该学派的基本知识与方法谱系的介绍，可参见 Marian Kempny, “History of the Manchester ‘School’ and the Extended-Case Method”, *Social Analysis: The International Journal of Social and Cultural Practice*, Vol. 49, No. 3, 2005; Richard P. Werbner, “The Manchester School in South-Central Africa”, *Annual Review of Anthropology*, Vol. 13, 1984; Bruce Kapferer, “Situations, Crisis, and the Anthropology of the Concrete: The Contribution of Max Gluckman”, *Social Analysis: The International Journal of Social and Cultural Practice*, Vol. 49, No. 3, 2005; David Mills, “Made in Manchester? Methods and Myths in Disciplinary History”, *Social Analysis: The International Journal of Social and Cultural Practice*, Vol. 49, No. 3, 2005。

② Bruce Kapferer, “Introduction: In the Event—toward an Anthropology of Generic Moments”, *Social Analysis: The International Journal of Social and Cultural Practice*, Vol. 54, No. 3, 2010.

③ Marian Kempny, “History of the Manchester ‘School’ and the Extended-Case Method”, *Social Analysis: The International Journal of Social and Cultural Practice*, Vol. 49, No. 3, 2005.

通过卡普费雷尔、肯普尼对格拉克曼田野调查方法的分析，可以发现，他们都认为，格拉克曼的田野调查方法是科学的，即不但是经验的，而且还是非常符合逻辑的，它超越了传统的田野调查分析方法的局限，让“分析方法”与“客观知识”之间的距离更近了一步。①

笔者以为，从格拉克曼学术思想的基本谱系来看，卡普费雷尔、肯普尼的分析无疑是中肯的，只是，他们忽略了一个更为显要的“事实”：历史主义。以马林诺夫斯基为代表的法律人类学家，倡言的是一种“(法律)民族志的现在”的叙事模式，其对历史或是“不闻不问”，或是“一笔带过”，格拉克曼却对历史充满了“温情与敬意”，他在田野调查中，始终强调一种“前历史—现在—后历史”的方法论逻辑。换言之，格拉克曼的田野调查分析方法是“向前追溯—现在—向后延伸”的方法论逻辑，这样的分析方法不仅完全是经验性的，而且还是历史主义的。以这样的研究方法得出的知识，势必更加具有客观性。

三、被遗忘的“法律史”

如上所述，格拉克曼在建构其部落社会司法过程学术思想的过程中，始终将自己作为一个“自我”，“浸入”部落社会司法实践中，②客观地记录部落社会的司法过程，以西方法学的“知识框架”来分析部落社会司法过程。凡此思考轨迹，无不凸显出他深厚的法学/人类学知识积淀与“科学的”方法/技术分析进路。

从“部落社会司法过程总体上与西方社会司法过程是一致的”结论出发，拉克曼通过对部落社会司法过程中法官面临的理论问题——如“法律是什么，法律术语的含义”，以及技术问题——如“法官如何发现法律渊源，以及如何判断事实、证据的可信性”，证明了“西方社会司法过程中存在的那套理论、方法、技术体系，部落社会司法过程中也能找得到”。然而，从知识社会学视角来看，格拉克曼在建构其部落社会司法过程学术思想的过程中，如下一些细节被他无意，甚至很有可能是有意地遗漏了。笔

---

① 不仅如此，对格拉克曼的田野调查技术，其他许多顶尖的法律人类学家都予以了充分肯定。比如，霍贝尔认为，格拉克曼的田野调查技术，无疑是非常精湛的；穆尔则认为，格拉克曼“参与考察”部落社会的司法过程，掀起了一场田野调查的方法论革命，可参见 E. Adamson Hoebel, “Three Studies in African Law”, *Stanford Law Review*, Vol. 13, No. 2, 1961; Sally Falk Moore, “Certainties Undone: Fifty Turbulent Years of Legal Anthropology, 1949 - 1999”, *The Journal of the Royal Anthropological Institute*, Vol. 7, No. 1, 2001。

② 这一点，无疑受到了马林诺夫斯基强调的经验主义范式的影响。同时，这也是格拉克曼所处时代，法律人类学研究的经典/基本方法。

者以为,这些被遗漏的具体"法律史"细节,势必对格拉克曼从总体上达成这个结论有着一定影响。

第一,部落社会法庭与西方社会法庭的设置/职能比较。在格拉克曼所从事田野调查的部落社会,其所处的历史时段,借用格拉克曼的话来说,大概相当于欧洲封建社会后期。由此,在经济基础、政治生态、文化表达等方面还能看到明显的"封建残余","集权主义"在部落生活的现实实践中处处都有所体现,国王被认为是万物的"所有者"(owner),城镇是国王的、花园是国王的、河流及滩涂都是国王的,①在这样特殊的政治生态场域下,部落社会法庭的设置与职能,必然与西方社会法庭的设置与职能有着显著差异,对此,马歇尔(T. H. Marshall)说:

> 巴罗策洛兹部落的法庭,与西方社会的法庭是大为不同的。在同一个法庭内部,其不仅要践行司法的职能,同时还要践行政治、行政功能。从格拉克曼的表述中,我们可以得知,洛兹人对于这些不同职能之间的区别,有着很清晰的认识。洛兹部落法庭的成员由法官、陪审团、参事等组成,在庭审过程中,法官们轮流发言,最后一个法官的发言即是法庭的判决。②

格拉克曼对部落社会法庭的设置与职能的陈述,基本可以表达部落社会法庭的核心特质。但是,马歇尔注意到,格拉克曼在对与此问题相关的思考/论述过程中,忽略了被比较对象(盎格鲁—英国)的诸多客观"法律史事实"。

纵观欧洲法律史发展进程,封建社会早期,英国一直实行的是盎格鲁—撒克逊法,③到了封建社会后期,英国开始进入到一个普通法与衡平法并行发展的时代。如若循沿格拉克曼的分析进路,必然会得出,衡平法院与部落社会的法庭在设置与职能方面类似的结论。然而,笔者以为,英国

① See Max Gluckman, "Property Rights and Status in African Traditional Law", in Max Gluckman ed., *Ideas and Procedures in African Customary Law*, London: Oxford University Press. 1969, p. 253-254.

② T. H. Marshall, "Gluckman on the Judicial Process of the Barotse", *The British Journal of Sociology*, Vol. 6, No. 4, 1955.

③ 盎格鲁—撒克逊法最早是以"习惯法"为表现形式。公元6世纪后,受到教会势力及日耳曼其他王国编纂法典的影响,盎格鲁—撒克逊各王国开始对原有的习惯进行汇编,在此基础上,一系列"蛮族法典"便诞生了。总体而言,盎格鲁—撒克逊法具有日耳曼法的形式特质,比如,强调属人主义、团体主义、特权主义、神明裁判等。参见何勤华:《外国法制史》,法律出版社2006年版,第138~139页。

封建时代后期的衡平法院与格拉克曼田野调查的部落社会法庭,在设置与职能方面存在诸多差异。① 一方面,陪审团的设置与否。中世纪后期的英国衡平法院既裁定法律,又裁定事实,一般由大法官单独审理,没有陪审团,②由于大法官的权限较大,在司法实践中,经常会出现"同案不同判"的情况。相反,在巴罗策部落社会法庭,陪审团发挥着尤为重要的作用。在格拉克曼记录的诸多案件中,我们都可以看到有关陪审团成员发表意见的记录,有些意见甚至对案件的最终判决结果都产生了重要影响。另一方面,法庭的职能。在巴罗策部落社会,法庭的职能是多元的,集立法、司法、行政功能于一身。格拉克曼曾经记录了一个"鱼贩子无故索取高价案",③其间,买方认为卖方把鱼的价格抬得过高,在将这一情况向当地族长报告后,族长便来到法庭,寻求法庭的帮助,法庭在对该案判决后,就拟重新对相关物品价格进行立法。中世纪后期的英国衡平法院,法官固然有着很大的"自由裁量权",然而范围仅局限于"案件本身",无法延伸至案件之外的"事件",更无权就该"事件"进行相关立法。

第二,部落社会法庭的法官与中世纪衡平法院的法官的任务及实现任务的方式比较。在格拉克曼看来,部落社会司法实践中,法官的主要任务是"解决那些内生于部落生活场景中、牵涉多重关系的纠纷",④换言之,部落社会的庭审实践主要是围绕着"身份关系"的"繁"与"简"来展开的。对此,纳德尔(Laura Nader)与托德(Harry F. Todd)认为:

> 在格拉克曼所从事田野调查的(巴罗策洛兹)部落社会,法官的主要任务就是去调和当事人之间的关系,让他们能在一个和谐的关系中继续相处下去。格拉克曼认为,法官的这个任务是与来到法官面前的当事人之间的关系的性质密切相关的。纵观格拉克曼的论述主旨,我们可以将其对于这个问题的阐释,归纳为两种类型:(1)在一个复杂的或持续的关系结构中的当事人——主要依赖于——协商或调

---

① 1474年,大法官第一次以自己的名义作出案件的判决,此后,这种不经普通法法院,而径直由大法官审理的案件,便称之为"衡平案件"。在对"衡平案件"的审理过程中,衡平法院(Court of Equity)的大法官更多的还是会参考教会法与罗马法,在具体程序上,其与先前的普通法法院存在较大差异。参见程汉大、李培锋:《英国司法制度史》,清华大学出版社2007年版,第57~61页。

② 参见石泰峰主编:《西方法律史》,中共中央党校出版社2001年版,第109~115页。

③ 笔者已在本书第三章第三节对该案予以了详细分析,于此不再赘述。

④ See Max Gluckman, *The Judicial Process among the Barotse of North Rhodesia*, 2nd ed, Manchester: Manchester University Press, 1967, p. 35-81.

> 停的方式来解决纠纷——这会导致——妥协的结果;(2)在一个简单的关系结构中的当事人——主要依赖于——裁决的方式来解决纠纷——这会导致——或赢或输的结果。①

在巴罗策部落社会,法官不只是纯粹地以一个具体的纠纷的解决为己任,他还要去考察当事人之间纠纷的"前历史"(pre-history)与"延伸后果"(extended effects)。因此,在部落社会法庭中,法官实现其任务的主要方式是历史主义的"关系追溯"。② 在中世纪后期的英国衡平法院,大法官的主要任务则是发现人性之"良心",帮助诉状申请人实现普通法法院不能给予的"救济"。对大法官来说,解决纠纷固然重要,但更重要的是凸显出"良心法庭"的"正义价值观"。不仅如此,中世纪后期的英国衡平法院,从参与诉讼的当事人之间的关系来看,主要还是以陌生人之间的"契约关系"为主要关系形态,大法官在庭审实践中更多的是围绕着"财产的保全"而展开的。所以,在中世纪后期的英国衡平法院,法官实现其任务的主要方式是现实主义的"功利考量"。③

第三,部落社会法庭与中世纪衡平法院的审判程序比较。当我们跟着格拉克曼进入其所探究的部落社会法庭,便会发现其程序是这样展开的:原告若发现自己的权利受到了侵害,④便直接前往当地的 *kuta*(法庭),有时候会在所属族群的族长的带领下,有时候会在家人的陪伴下,向法庭提出具体的诉讼请求,不论该案是否符合立案的标准,法官们都会对其提起的诉讼请求予以认真考虑,一旦法官们认为原告提出的诉讼请求符合立案的标准,便立即展开案件的审理。因此,部落社会的审判程序相对较为简

---

① Laura Nader & Harry F. Todd Jr, *The Disputing Process——Law in Ten Societies*, New York: Columbia University Press, 1978, p. 13.

② "关系追溯"的含义主要有两层:一是当事人之间在法庭上或庭审外的当下关系形态。前者如"原告—被告",共同原告或共同被告;后者如邻居、亲人、朋友等。在巴罗策部落社会,当事人在庭审之外的关系形态往往以"家族关系"为主要表现形式,这或许在很大程度上受到两个因素的影响,格拉克曼记录案件的基本属性(百分之八十的案件与婚姻、家庭有关)及英国殖民当局收回了对于重大刑事犯罪案件的裁判权。二是当事人之间在过往历史上的关系形态。比如,原告与被告曾经是夫妻关系、原告曾经与被告有过口角或肢体冲突,有关这一点,甚是复杂,因为法官对当事人之间历史关系的"真相"往往难以判断。

③ 有关中世纪后期英国衡平法院法官的具体司法逻辑,可参见[英]密尔松:《普通法的历史基础》,李显东等译,中国大百科全书出版社 1999 年版,第 94~96 页。

④ 在格拉克曼田野调查的巴罗策部落,族群成员对"犯罪"与"侵权"的概念似乎没有很清晰的区分,这无疑与梅因对古代社会一般民众的"法律"观念的描述非常契合。具体可参见 Henry Sumner Maine, *Ancient Law: Its Connection with the Early History of Society and Its Relation to Modern Ideas*, New York: Henry Holt and Company, 1906, p. 355-385。

单。然而，倘若置身于中世纪后期的英国衡平法院，按照伯尔曼（Harold J. Berman）的观点，我们会发现，其程序是这样展开的：首先，一纸诉状或请愿书会送至大法官面前，诉状或是用英文书写，或是用法文书写。但到了15世纪后期，以英文居多，这些诉状往往是以“良心”之名来恳请大法官帮助其实现正义，偶尔也会见到以“理性”“正义”之名，但甚少见到以“衡平”之名。申请人通常在诉状的结尾会附上“怀着对上帝的敬畏”或“为荣耀的上帝”的语句。其次，如果大法官认为，诉状所述之事实有据可依，便向申请人的对方当事人发出传票，传票一般用拉丁文写成。最后，申请人的对方当事人（被告）在收到传票之后，通常会准时出庭（如果被告不能准时或不愿出庭，大法官便会向被告发出扣押令），在庭上，先由原告来指控，后由被告来答辩。大法官在庭审过程中始终会强调“以事实为中心”的司法逻辑，当事人如果扭曲事实真相或刻意欺瞒大法官，就会有着被投入监狱的风险。① 不难看出，在审判程序方面，中世纪后期的英国衡平法院要比部落社会法庭复杂得多。

综上所述，对特定时段的“法律史”细节的遗忘，②使格拉克曼在对部落社会司法过程研究的结论证成过程中缺乏了必要的说服力。先验的结论、经验的证成过程、“偏颇的”理论阐释，构成了格拉克曼部落社会司法过程学术思想的外在特质。或许是认识到自己对部落社会司法过程中诸多理论问题理解的“缺陷”，又或许是为他的部落社会司法过程学术思想体系编织更为缜密的理论“丝网”，格拉克曼计划写另一部与司法过程主题密切相关的著作《巴罗策生活中的法庭角色》（*The Role of Courts in Barotse Life*），遗憾的是，该著作还未完稿，著者便撒手人寰，这让我们无法洞悉他有关部落社会法庭角色领域的某些重要论点。不过，著者那深邃的洞察力，以及对历史、时代、知识的“有力回应”，无疑是留给后世法学界与人类学界的一笔丰富“遗产”。

第二节　结论与讨论

通过对格拉克曼部落社会司法过程的法律本体论、法律发现论与法律

① ［美］伯尔曼：《信仰与秩序：法律与宗教的复合》，姚剑波译，中央编译出版社2011年版，第51~54页。

② 如果格拉克曼在建构其部落社会司法过程学术思想的知识/方法体系的过程中，始终将中世纪后期衡平法院的具体司法实践拿来作为参照对象，至少会增加其结论的证成过程的难度，更有可能会改变其对某些具体问题的阐释与理解进路。

方法论思想的系统梳理,可以发现,格拉克曼虽然一直强调经验研究的客观性与重要性,却并未囿于经验观察与经验呈现,其间他还广泛运用了诸多法学、人类学、历史学、社会学与政治学理论对观察到的经验现象进行逻辑性与科学性论证。换言之,虽然格拉克曼是借由经验材料的系统呈现,以来证明自己观察的客观性,但他对诸多具体个案的分析过程却充满了理论思辨色彩。因此,我们有理由相信,格拉克曼所描绘的部落社会司法文明图谱,比卡多佐所描绘的美国司法文明图谱要更加真实与生动。但由此并不能断定格拉克曼的学术贡献必然大于卡多佐,毕竟,每个时代都有其特定的学术议题、研究进路、历史使命,甚至学术贡献评价标准。所以,围绕格拉克曼部落社会司法过程学术思想的贡献、缺陷及相关问题的评析与讨论,必然要将历史主义与现实主义关联起来考虑。

一、理论贡献、实践影响与内在缺陷

循沿历史主义与现实主义的分析框架,笔者以为,格拉克曼部落社会司法过程学术思想,至少有两项理论贡献是不容忽视的:一是在拓宽"司法文明"的概念范围与认知进路方面。格拉克曼通过翔实的案例与缜密的分析,不仅证实了部落社会存在司法现象,而且论证了它在"过程"的"法律史"叙事方面与西方工业社会不存在本质区别。此外,在格拉克曼部落社会司法过程学术思想诞生之前,有关司法问题的认知进路普遍是形式主义的,所谓层级化的审判机构、专业化的司法人员、制度化的诉讼渠道,被先验地视为判断司法现象有无的背景"资源"。然而,格拉克曼却创设了一条形式与实质兼顾的认知进路,他将司法现象存在与否的判断,置于司法渊源是否多元、"法律发现"的技术是否精湛、司法过程是否公正和司法目的能否实现的整体性框架之中,从而填补了传统认识进路过于狭隘的缺陷。二是在部落社会法律术语可否翻译性方面。格拉克曼将部落社会中的 *mutu yangana* 一词译为"理性人",并强调它是部落社会司法场域的"关键词"。法官没有它,就无法施展一系列复杂的"法律发现"技术。*mutu yangana* 能否完全等同于英语意义上的 reasonable man,学界一直存在诸多争论。但格拉克曼积极提倡部落社会法律语言的"可翻译性",并在部落社会"法律发现"的技术图谱描绘过程中亲身践行,对后来的法学理论研究产生了深刻影响。

除了理论贡献之外,格拉克曼的部落社会司法过程学术思想还产生了一定的实践影响。笔者以为,其中最为重要的,是对非洲诸多部落族群摆脱殖民统治,建立民主国家后司法模式的影响。格拉克曼在其研究中始终强调,部落社会司法过程中,最为重要的司法渊源是习惯。虽然国家成文法的重要性会随着民主国家的建立,以及国家与地区间经贸往来的频繁而日益凸显,但习惯作为司法渊源的地位却无法替代,也不能被替代。受此观点影响,20 世纪 60 年代之后,很多非洲国家,特别是他的田野调查地所在国赞比亚,不仅没有完全否定部落司法、废除部落法庭,而且有意保留了很多部落法庭。虽然在司法过程中,法官会以成文法为主要法律渊源,但在处理部落内部纠纷或部落之间纠纷时,则会以部落内部的习惯或部落间通行的习惯为主要法律渊源。

格拉克曼的部落社会司法过程学术思想,固然有着重要的理论与实践贡献,但也存在一些缺陷。一方面,未就部落社会司法过程与司法目的之间,如何相互影响、影响程度多大予以论证。"辩证主义"是格拉克曼学术研究的指导思想,但在对部落社会法官"法律发现"的技术探究过程中,他虽有意强调司法目的会影响司法过程中"法律发现"技术的运用,司法过程中"法律发现"技术的运用又会反过来影响司法目的。但对司法目的会在多大程度上影响司法过程,司法过程又会在多大程度上影响司法目的,却并未进行系统论证。另一方面,未就社会类型差异对法官运用"法律发现"技术有何影响展开剖析。格拉克曼强调,部落社会司法过程中,法官通常会优先援引习惯来作裁决,而英美工业社会司法过程中,法官通常会优先援引先例来作裁决。之所以出现此种差别,主要是部落社会本质上是"身份社会"所致。但是,身份社会与工业社会的差异,为什么仅仅导致法官在司法渊源的主次选择上有所差异?却没有导致法官在"法律发现"的技术方面有所不同?很显然,对这个问题如果不展开深入剖析,定然会降低格拉克曼思想成果——证明了部落社会司法过程与工业社会司法过程之间并无实质性差异——的可信性,从而影响他的部落社会司法过程学术思想的结构完整性与内在逻辑性。

二、进一步的讨论

纵观格拉克曼部落社会司法过程学术思想的形塑过程,其间可以开放出诸多有价值与意义的问题。其中,在笔者看来,较为有意义的问题是,当下中国法律史学界应该如何审视格拉克曼及其部落社会司法过程学术思想?

相较于马林诺夫斯基,格拉克曼在国内法学界的知名度相对较低。①

① 这与格拉克曼在西方法学界所受到的广泛关注形成了强烈对比。格拉克曼虽然身份标签较为多元化,且大多数情况下都是被视为人类学家。不过,他却是第一位受邀在耶鲁大学法学院举办的斯托尔斯讲座上发表演讲的社会人类学家。不仅如此,他也是极少能够同时在欧美学界顶尖人类学刊物(如《美国人类学家》《当代人类学》)和顶尖法学刊物(如《耶鲁法律杂志》《斯坦福法律评论》)上发表论文的学者。

一方面，法学问题的人类学研究进路虽然很早就被引入国内，但始终存在学科定位的身份困境。① 不仅是在法学界，甚至在人类学界，它也经常被视为“非主流”研究。② 另一方面，既有的法学问题的人类学研究，大都是以马林诺夫斯基为起点，且主要围绕他的法律民族志来展开讨论，忽略了格拉克曼在此领域所作出的杰出贡献。因此，当下中国法学界，有必要重新审视格拉克曼及其部落社会司法过程学术思想。格拉克曼的学思实践跨越了法学、人类学、历史学与政治学等领域，这就要求，理解格拉克曼决不能聚焦于单一学科领域，应该运用跨学科视角来对其研究成果展开体系化探究。因为部落社会司法过程学术思想，作为议题的理论及实践价值，已被历史所证明。

① 参见张冠梓：《法人类学的理论、方法及其流变》，载《国外社会科学》2003 年第 5 期。

② 参见王伟臣：《从规则到过程：法律人类学纠纷研究的理论进路与现实启示》，载《中央民族大学学报（哲学社会科学版）》2020 年第 2 期。

第六章　传统与现代:法律史研究的范式转型

格拉克曼将部落社会司法过程视为一部“法律史”,其间,法官不仅会对法律概念与术语展开基于部落社会“情境”的现实主义阐释,还会借由“理性人”思维工具,来运用一系列复杂的“法律发现”技术。格拉克曼在描绘部落社会“法律史”的过程中,始终围绕法学问题的人类学叙事,将“法律史”置于人类学的“田野场域”中予以条分缕析。① 格拉克曼对部落社会司法过程的系统探究,不仅为我们理解与批判传统法律史研究范式提供了指引,也为我们思考法律史范式的建构问题提供了启示。由此,如何理解传统法律史范式的本体论与方法论?法律史范式的现代转型表现在哪些方面?如何才能迈向法律史的人类学研究范式?凡此问题,都是本章拟要探讨的重点。

第一节　传统法律史范式的本体论与方法论

一、传统法律史范式的本体论

如何在既有的法律史知识中获得新的知识,对法律史学家而言,既是义务,亦是使命。② 因此,当西塞罗在“呼喊”法律是区分正义与不正义的“工具”,是正义、公平的自然理性的“信条”时,其所表现出的不仅是对古希腊法律思想的继承、吸收,③更是对这些思想的进一步拓

---

① 格拉克曼认为,理解“法律是什么”,最切实、最可行的进路便是为其设置“参照物”。在具体的司法实践中,法官为“法律”这一概念设置“参照物”,从形式上看,似乎是为了说明法律概念的不确定性,然而从本质上说,则是为了凸显法律概念的确定性。格拉克曼之所以持此见解,离不开其毕生所坚持的“辩证主义”思维观,不过,与卡尔·马克思的“辩证主义”不同,格拉克曼的“辩证主义”始终彰显出一种“和谐秩序”的取向,笔者将其概述为“秩序理性”(reason of order)。此外,格拉克曼还强调,法官必须要接受法律概念不确定性的事实,只有这样,他/她才能完美地实现司法的任务。See Max Gluckman, *The Judicial Process among the Barotse of North Rhodesia*, 2nd ed., Manchester: Manchester University Press, 1967, p. 35-81.

② 笔者在本书中采用的是广义的“法律史”概念,其包括中国法制史、中国法律思想史、外国法制史和西方法律思想史。

③ 柏拉图、亚里士多德在对法律进行思考时,总是将其与正义等同。如柏拉图曾提到,正义就是指一个人在其能力范围内从事其工作。参见李超杰:《哲学的精神》(第三版),商务印书馆2018年版,第72页。

展。[①]此后，罗马法学家在对法律进行定义时，便以西塞罗所创设的知识为基础（将法律与正义等同），如乌尔比安（Ulpian）对正义所下的定义："一种持续不断的对其个人权利的渴望（各得其所）"，后来，其将该术语转变成了一系列经典的法律格言："和睦相处"（*honeste vivere*），"不得伤害他人"（*alterum non laedere*），"各得其所"（*suum cuique tribuere*），最终，这些格言融合在一起，渐渐演变成一个新的格言："法律是区分正义与不正义的技艺"（*ius est ars boni et aequi*）。[②]

随着罗马帝国的衰落，罗马法学中的知识体系亦渐渐被"神的理性"的"光芒"所遮蔽，难怪，当阿奎那宣称"法律就是神的理性发出的命令"时赢得了阵阵喝彩。[③] 此后，商品经济的不断发展及与其密切相关的社会关系的日益复杂化，罗马法开始在欧洲各国（首先是意大利）复兴起来，注释法学派、评论法学派相继登场，注释《国法大全》及其他法源的文本成了他们的首要工作。彼时，从研究方法上讲，他们基本使用的还是经院哲学的方法，这也从另一个层面证实了当时的法学不过是经院哲学的一个分支罢了。[④] 到了中世纪后期，与文艺复兴、宗教改革同时兴起的便是自然法学派的思想体系，自然法学派的学者将法律与理性等同。换言之，他们认为，法律就是对理性的发现。直到18世纪末19世纪初，在德国法学界才开始涌现出一股反对自然法学，倡言从历史深处理解"法律是什么"[⑤]的思潮。

---

① 西塞罗将自然与理性等同，并将理性比拟为世界范围内无处不在的精神力量。为了防止暴君制定的法律被赋予合法性，西塞罗始终坚持"只有正义的法律才能称之为法律"的信条。而这无疑是对古希腊思想家的既有观点的进一步拓展，具体可参见 Edgar Bodenheimer, *Jurisprudence: The Philosophy and Method of the Law*, Revised edition, Cambridge: Harvard University Press, 1974, p. 13-20。

② D. H. Van Zyl, "Cicero and Roman Law", *South African Law Journal*, Vol. 108, Issue 3, 1991.

③ 经院哲学作为中世纪的经典思想体系，其意在将古希腊哲学与神学思想有机结合起来，其巨大的理论穿透力对社会科学的各门知识体系产生了重要影响。有关中世纪的经院哲学及其对社会科学影响的详细讨论，可参见 Horace Craig Longwell, "Medieval and Modern Philosophy", *The Philosophical Review*, Vol. 37, No. 1, 1928。Horace Craig Longwell, "The Significance of Scholasticism", *The Philosophical Review*, Vol. 37, No. 3, 1928。

④ 舒国滢：《波伦亚注释法学派：方法与风格》，载《法律科学（西北政法大学学报）》2013年第3期。

⑤ "法律是什么"这样一个本体论问题，本不属于法律史学界讨论的重要论题。在西方法理学界，奥斯丁、哈特、霍姆斯等法理学家对此问题都曾做过详细的探讨，可参见 John Austin, *The Province of Jurisprudence*, Wilfride. Rumble. ed., Cambridge: Cambridge University Press, 1995, p. 10; H. L. A. Hart, *Essays in Jurisprudence and Philosophy*, London: Oxford University Press, 1983, pp. 21 - 48; Oliver Wendell Holmes, "The Path of the Law", *Harvard Law Review*, Vol. 110, No. 8, 1997。此外，对其他西方法理学家有关此问题思考的较为全面的归纳、总结，可参见 Joseph W. Bingham, "What Is the Law?" *Michigan Law Review*, Vol. 11, No. 1, 1912; Joseph W. Bingham, "What Is the Law?" Ⅱ, *Michigan Law Review*, Vol. 11, No. 2, 1912。然而，在中国场域从事法律史研究，却无法避免，当然也不能避免对这一本体论展开研究，因为它会关涉研究者所秉持的基本立场、学术进路甚至研究目的。

萨维尼便是这股反对思潮的"始作俑者"之一，其将法律视为"民族精神"（*Volksgeist*），但对什么是"民族精神"，其并没有给予详细的说明。① 不仅如此，萨维尼还强调，作为"民族精神"结晶的法律，只能是自生自发地成长，任何人为、有意地立法都会破坏"民族精神"的内在质素。在萨维尼的论述进路中，其将习惯置诸最高的法律地位。换言之，习惯作为一种法律意义上的"法源"，其在效力位阶上要高于国家法。② 与萨维尼仅仅将法律等同于"民族精神"不同，耶林（R. von Jhering）强调应从"强制性"的视角来理解"法律是什么"。他认为，法律一旦没有了强制，那就徒有虚名。一个法律规则没有了强制，就如不能燃烧的火、不能发亮的光。由此，法律就是一套由国家强制力予以保证实施的规则体系。③

如果说德国法律史学家从哲学根源上受到的是"唯理主义"影响的话，英国法律史学家受到的便是"经验主义"的影响。与萨维尼那种期望以一种"朦胧主义"的法律史叙事方式及耶林那种以"强制力"的有无来界定"法律概念"的路径不同，英国法律史学者更习惯于以"经验主义"为分析框架，从中来阐释法律的定义，比如，霍尔兹沃思（William Holdsworth）在其伟大的著作《英国法的历史》中便提到，原始/部落社会中没有法律的概念与术语，④指导此种认知观的显然是经验主义哲学思维。霍尔兹沃思以西方现代法律文明这一可观的经验样本作为分析工具，再借由一种反推

① See Hermann Klenner, "Savigny's Research Program of the Historical School of Law and Its Intellectual Impact in 19th Century Berlin", *The American Journal of Comparative Law*, Vol. 37, Issue 1, 1989. 萨维尼作为历史法学派的代表人物/创始人之一，其思想观点是在对自然法学派的诸多观点的继承、批判中建构起来的。自然法学派强调一种普遍的理性，有关于此，莱纳德（Rudolph Leonhard）曾指出，自然法学派宣称：法律依赖于人的理性且必须要经受人的理性的检验。这个信条之所以可被人们普遍地接受，乃在于每个人都有理性，每个人都有权对法律的性质或该"法律"是否是法律来予以判断。与此同时，莱纳德还指出，之所以这样一种"价值观"具有一定的普世接受力，很大程度上离不开自然法学派形成、发展所属时代的特定社会发展程度。但是，进入 20 世纪后，随着立法的逐渐增多，即便是在柏林或纽约这样的大城市生活的市民，如若他们没有系统地学习过法律知识，那也很难谈得上对其本国法律会形成深入理解。久而久之，人们开始相信，没有对特定历史的理解，就不能随意去臆测"法律是什么"。See Rudolph Leonhard, "Methods Followed in Germany by the Historical School of Law", *Columbia Law Review*, Vol. 7, No. 8, 1907.

② 这显然不符合法律史事实。以《汉穆拉比法典》为例，从本质上讲，它确实是有关两河流域风俗、习惯等"规范"的汇编，然而，与民间意义上的习惯、风俗不同的是，一旦这些"规范"被收入法典，就理所当然地变成了法律规范，这时，它们便内含了"国家"强制力的质素，这种强制力可以对违反法律的人予以相应处罚（金钱或肉体）。

③ See R. von Jhering, *Law as a Means to an End*, Isaac Husik (trans.), Boston: The Boston Book Company, 1913, p. 241.

④ See Max Gluckman, "The Technical Vocabulary of Barotse Jurisprudence", *American Anthropologist*, Vol. 61, No. 5, 1959.

的手法,得出原始社会没有法律术语的结论。很显然,霍尔兹沃思认为原始/部落社会没有法律概念的观点,不符合梅因对古代法律史的知识表述。

历史法学派不仅在欧洲(主要是德国、英国)有着广阔的学术市场,而且在美国,也有着众多的“信徒”。只是,美国的法律史学家在“消费”这些知识时,还为其注入了本土的社会文化意义。以庞德(Roscoe Pound)为例,作为社会法学派的创始人,其毫不掩饰德国历史法学派对他的学思实践的影响,①不过,庞德虽然将法律与强制力紧密勾连,但始终强调法律的实践之维,强调法律本身就是一套现实存在的、可被国家利用的秩序体系。

通过对上述西方法律史知识传统中有关“法律是什么”的梳理,我们可以发现一个吊诡的现象:无论是早期的古希腊、古罗马先哲,还是后来的法律史大家,其在对“法律是什么”进行阐释时,使用的皆是一种“具体”化的处理路径。如西塞罗认为,法律就是正义;萨维尼认为,法律就是民族精神;耶林认为,法律就是一套具有强制力的规则体系。这样的叙事手法,有点类似于A就等于A,其不仅阻却了对A可能等于B、C或D的思考,还严重阻碍了法律史作为一门学科迈向“经验科学”的前进步伐。②

在揭示了传统西方法律史学界对“法律是什么/法律概念”的阐释路径之后,让我们再将视角投入中国法律史场域。就笔者有限的知识与经验来看,中国古代法律史对“法律是什么”的叙事,基本是沿着“词源学”的路径展开的。有关这一点,丘汉平曾做过深入的思考,他说:

> 法的本字是“灋”,《说文》下注释说:“灋,刑也,平之如水,从水;廌所以触不直者而去之,从廌去。”廌是什么东西呢?《说文》说是似牛,一角,古者决讼,令触不直者。由此看来,今文“法”字具平直的意思,就是说,“法”字之创造,已是包含正直。易言之,法律是求公平的。不但如此,法为要求平直,所以令不直者去之。去之则所以罚之也。故“法”字兼有刑罚的意思……今人说“法律”,实则古时的“律”字另有语源。《说文》律下云:“均布也。”段注说:“律者,所以范天下之不一而归一,故曰均布。”……“律”具有标准的意思。音乐的拍子或音调不对,就不能动听。后来用到行为规则的法律上去,律字几乎

① See William Seagle, “Rudolf von Jhering: Or Law as a Means to an End”, *The University of Chicago Law Review*, Vol. 13, Issue. 1, 1945.

② 理论是对社会现象、知识的论述与说明,其必须要能经受得住现实的经验,这是理论之所以能成为经典理论之所在。萨维尼所强调的“民族精神”过于抽象,不仅难以被人们所普遍感知,而且在经验层面亦难以“自圆其说”(民族是一个族群意义上的共同体,但共同体内部的成员并不是每个人都有着同样的民族意识)。

代法而用,所以明严限也。①

与丘汉平的观点类似,蔡枢衡也曾指出:

"法"字古做"灋",从字形上看,其由"氵""廌""去"三字构成。灋是廌触水去。换言之,解廌触定,放在水上,随流漂去便是法。因此,所谓"平之如水""法今文省"乃为后世浅人所妄增。法律原是法存于律;造法律是制定解廌触定的律条。②

对蔡枢衡将"灋"解释为一种刑罚,一种"水上流去"之刑的观点,学术界,特别是中国法律史学界一直存有争议。③ 不过,"法"与刑等同,"法即刑"作为一种"习惯性"观念一直支配着中国古代人的生活实践则是一个不争的事实。

肇始于清末的变法运动,英文的 law、德文的 Recht、法语的 droit、意大利文的 Diritto 等均"借道"日本,后被传入中国。西方法律史意义上的"正义"(justice)、"平等"(equity)的"法律"概念,渐渐被中国法律史学界所"消费"与接受。

随着历史的不断发展,中华人民共和国成立后虽有短暂的"仿苏"经历,然而,直至当下,中国法学界有关"法律是什么"的定义,总是不脱传统西方法律史的那种习惯性叙事路径。比如,按照马克思主义法学的定义,法律被定义为一套统治阶级(人民)制定并认可的,借由国家强制力保证、实施的规范体系。④ 这样的定义同样存在"具体化"的倾向。从一个相反的角度,我们可以设问:"法院的判决、司法解释难道是不是法律吗?";再者,以国家强制力作为确定"法律"之为法律的关键要素,势必会使法律史知识传统中普遍被学者们接受的习惯法"无处安身",一个显明的既定

① 何勤华、洪佳期:《丘汉平法学文集》,中国政法大学出版社 2004 年版,第 26~28 页。

② 蔡枢衡:《中国刑法史》,广西人民出版社 1983 年版,第 170 页。

③ 笔者对这些争议予以梳理归纳后发现,对此解释持赞成观点的学者有范忠信、郑定、詹学农等,可参见范忠信、郑定、詹学农:《情理法与中国人》(修订版),北京大学出版社 2011 年版,第 4 页;卜安淳则反对此观点,可参见卜安淳:《"廌"是麋鹿,"法"是流水》,载《江苏警官学院学报》2007 年第 2 期。此外,徐忠明认为,蔡枢衡对"法"的此种定义方式,颇有些法律人类学的"味道"。参见徐忠明:《从"法"看中国司法的兴起及理念》,载《中山大学学报(社会科学版)》2005 年第 4 期。

④ 参见邹瑜、顾明:《法学大辞典》,中国政法大学出版社 1991 年版,第 1034 页。

事实是：国家的成文法，离不开对其民族场域内的习惯的"捕捉"与吸收。[①]

因此，面对当下全球化背景下的知识转型大潮，法律史学界在对"法律是什么"进行重新思考时，如下两点势必要有所兼顾：(1)视角的选择——普世性与地方性。从普世性视角出发，我们必须要承认，"法律"作为一个概念术语，其内在的、被广泛接受的内在规定性，即"规则体系"。"法律"是一套"规则体系"，这是几乎所有法学流派的学者都能接受的定义方式。与此同时，我们还要考虑到地方性。与西方法律史的叙事模式不同，中国传统法律史有关"法律是什么"的叙事中，一直存在着将其与刑等同的情形。[②] 不仅如此，在中国古代人的观念中，法与情、理的关系还尤为密切，[③]"法不外乎人情"，是古代中国人的一般共识。在传统中国人的内心世界，天理、国法、人情不仅内部相通，还三位一体，[④]它们共生、共长于法律概念的内部结构中。(2)叙事的进路——静态性与动态性。若以静态性的叙事为立基点，从中国法律史的既有知识传统出发，我们可将法律的概念解读为一个宽泛意义上的"情、理、法"的统一体，以法(国家法)为主，兼及情理。若以动态性的叙事为立基点，我们追求的便是法律的实践场域，换言之，理解"法律是什么"，关键看司法实践中法官将什么作为裁判的依据，凡是被作为裁判依据的"规则"都是法。

如此将"普世—地方"的视角与"静态—动态"的叙事进路结合在一起，就会形成一个新的理解"法律是什么"的分析框架，笔者将其表述为"历史—实践主义"的分析框架。从"历史—实践"中来把握"法律是什么"超越了格拉克曼的纯粹"现实主义"与"情境主义"框架，较为契合中国法律史的文化特质。[⑤]

---

① 在《德国民法典》《法国民法典》中可以看到其给予"习惯"法律效力的条文。不仅如此，我国法律也明确承认了习惯的法律效力，具体可参见《中华人民共和国民法典》第10条。

② 法在中国古代老百姓的心中一直被视为不祥之物。所谓"盛世所不废，亦盛世所不尚"诉说的便是法作为一种"器"而不是一种"道"在中国古代的尴尬处境。

③ 由天道、天理的哲学观衍生出的法律价值观，强调超越实在法意义上的"自然法"，此即伦理纲常。

④ 参见范忠信、郑定、詹学农：《情理法与中国人》(修订版)，北京大学出版社2011年版，第17~26页。

⑤ 在未来的中国法律史有关"法律是什么"的理论叙事中，我们要考虑到历史上的"法学叙事"，即历史上既存的"法是什么"的表述；与此同时，我们还要顾及当下法学的具体实践场域，即在司法实践中，法官是如何定义法律的，唯有在"历史—实践主义"的分析框架中，我们才能真正地建构起"科学的"法律史的意义叙事体系，而这也可以被理解为有关"法是什么"的法律人类学叙事范式。

二、传统法律史范式的方法论

相较于法律史的本体论，法律史的方法论，无论是在思维层面，还是实践层面均受到地域的显著影响。为了更清晰地呈现法律史方法论传统的具体表现，笔者将以近百年来中国场域法律史学科发展史为参照对象，抽象并归纳出法律史的方法论演进过程。①

作为第一代法律史学家的代表，沈家本所著之《历代刑法考》一直以来都是法科学子的必读书。② 该著洋洋洒洒、一百五十余万字，沈家本在文中详考了历代刑法及律令制度，并对词的语义与源流进行了梳理。③ 虽然其间，沈家本也用了法律"比较"的方法，如一些按语中就有着对于不同国家刑事责任年龄的规定，但总体而言，沈家本所使用的还是一种考据的方法。同为第一代法律史学家，梁启超在法律史的研究方法上基本也都是以史料整理与综合评述为主。④

不同于第一代法律史学家，第二代法律史学家大多都有在海外求学的经历，如杨鸿烈曾在日本帝国大学研究院学习、程树德曾在日本法政大学法律科学习。⑤ 职是之故，他们在法律史的研究方法上不再局限于"考据"，而是更加重视比较。以程树德的研究为例，其深受大陆法系的"比较法学分析"思维影响，在从事宪法及其相关历史的研究时，往往"习惯于"首先对各国宪法及其历史展开深入考察，而后再对不同国家的宪法制度进

---

① 一览近百年来中国的法律史研究场域中的方法进路，其所因应的是中华民族自风雨飘摇渐至民族复兴的国家发展史。从最早的身兼士大夫与知识分子双重使命的第一代法律史学家沈家本、梁启超、严复，到负笈海外后又归国以法律史研究为安身、立命之道的第二代法律史学家程树德、杨鸿烈，到第三代法律史学家蔡枢衡、陈顾远，到中华人民共和国成立后，学贯中西、对于中国的法律史学科建设、学术研究具有重要开拓作用的法学家张晋藩、曾宪义等，再到当下引领中国法律史研究的第五代法律史学家。纵观近世以来五代法律史学家的求思与求索，其皆是以中华民族的文化为本根，从历史法学的深处寻求法律的实践理性与价值理性。

② 固然法律史学家的求思与求索始终围绕着"时代/自然的历史"而展开，其虽有着无限地超越历史的冲动，但其本身却生活在历史之中。马克思曾指出，历史可以从自然史与人类史两个层面来予以洞察，二者是相互联系、不可分割的。人是历史的创造者，但历史也会影响人本身。参见马克思、恩格斯：《马克思恩格斯选集》（第1卷），中共中央马克思恩格斯列宁斯大林著作编译局译，人民出版社1995年版，第66页。一旦脱离了"历史"这一时代背景，妄图去寻求一种"超验的"知识体系，这是不可能的。正是这种哲学意义上的局限性，注定了每一代法律史学家必然要从本时代的特定历史场景出发，找出新问题、借用新方法从而来获得对于法律秩序的"科学"理解，并拓展法律史学术知识的新领域。

③ 参见张伯元：《法律文献学》（修订版），上海人民出版社2012年版，第226~233页。

④ 有学者认为，梁启超之所以在史料整理的方法上，极为推崇归纳研究法，主要是受到了乾嘉学派与西方实验科学的影响。参见曹靖国：《中国近代新史学》，吉林大学出版社1992年版，第245页。

⑤ 参见周会蕾：《中国近代法制史学史研究》，上海人民出版社2013年版，第94页。

行历史比较研究。应该说，彼时，部门法学的这种“历史主义比较”研究法为法律史的方法论注入了不少新鲜“血液”，为法律史的知识生产提供了新的方法论“工具”。然而，尤需注意的是，虽然包括程树德在内的第二代法律史学家基本上都有着西方的学术训练背景、沐浴的是西学的春风，但是他们在其法律史研究实践中并没有完全被西方的法学知识、体系所囿，而是始终保持明确的“中华民族”的立场，对于生搬硬套某些西方的法律来谈中国法律或是解决中国问题的做法，他们都予以了严厉批判。① 毋庸置疑，从整体上看，第二代法律史学家在研究方法上与第一代法律史学家已经有了很大的差异。不过，我们还应看到第二代法律史学家在研究方法上的一些固有局限。以杨鸿烈的学术研究谱系为例，其最为具有代表性的学术著作莫过于“法律史研究三部曲”——《中国法律发达史》(1930年)、《中国法律思想史》(1936年)和《中国法律在东亚诸国之影响》(1937年)，②其中又以《中国法律发达史》最为学界所熟知，但凡阅读过该书的学者都可以发现，其是以史料的整理与记述为主，再借由朝代的顺序先后来展开“叙事”的——一种典型的“朝代史分析方法”。诚然，这种法律史的研究方法有着不少优越的地方，如考据功力深厚(这离不开第一代法律史学家的影响)、省去了读者去找相关史料的麻烦。但是，这种资料的翔实、治学的严谨却并不能从根本上遮蔽“从史料到结论”的推理过程中表现出来的主观臆断性，从一个纯粹的方法论视角来看，此种研究方法至少存在如下几个明显缺陷：一是“史料有余而方法不足”；二是“描述有余而论证不足”；三是视界相对狭隘，基本上是“就制度谈制度”；四是缺乏社会经济、思想文化方面的必要解释与阐发，因而显得比较浅显。③

以陈顾远、蔡枢衡为代表的第三代法律史学家，开始渐渐摆脱“以朝代为经线、制度为纬线”的传统法律史叙事模式，不断尝试着以“问题为中心”④

① 如程树德就曾提到，“欧化东渐国人迷信西方文明已成积重难返之势，印度学者泰戈尔言之详矣。是书毁誉并陈瑜瑕互见于彼国学者，对于其国制度之不满必详为介绍，庶异时立法者知所去取”。参见程树德：《宪法历史及比较研究》，商务印书馆2012年版，“例言”。

② 有学者从学术史角度对杨鸿烈“法律史研究三部曲”的学术价值进行了评析，具体可参见尤陈俊：《中国法系研究中的“大明道之言”——从学术史角度品读杨鸿烈的中国法律史研究三部曲》，载《中国法律评论》2014年第3期。

③ 参见徐忠明：《开拓与创新——〈求索集——张晋藩先生与中国法制史学四十年〉读后》，载《中国法学》1997年第6期。

④ 当下中国法学界虽然意识到了“问题”对于学术研究的意义和价值，但在实践中却普遍存在着对“问题”“论题”“议题”等概念“混用”的情况，有关这几个概念的区别，可参见尤陈俊：《作为问题的“问题意识”——从法学论文写作中的命题缺失现象切入》，载《探索与争鸣》2017年第5期。

的研究方法。① 陈顾远认为,研究中国的法制史应“从中国法制之变迁中,求中国法制史之阶段”,切“不应妄依朝代兴亡而求中国法制之变迁”,亦“不应专依或种标准而言中国法制之变迁”或“偶依个人主观而述中国法制之变迁”。② 与陈顾远的研究方法相似,蔡枢衡在其《中国刑法史》一书中,亦抛弃了传统的“朝代研究法”,围绕生产资料所有制这一“关键词”,借由“变”与“不变”的双重考量标准,系统论述刑罚的历史变迁过程。与此同时,蔡枢衡还坚持“问题主义”原则,对刑罚史演进过程中的重要问题予以专门讨论,从而实现对刑法史的体系化了解。③

与前三代法律史学家相比,第四代法律史学家的研究方法更为多元。以张晋藩的法律史研究为例,早在 20 世纪 50 年代中期,张先生就曾提出“法律的阶级性不能否定法律的继承性”;到了 20 世纪 60 年代中期,张先生又通过撰写《中国国家与法权历史讲义》,强调不应受苏联法学思维与框架的束缚。此后,张先生的法律史研究几乎无所不包,所使用的方法既有历史、比较的,又有分析的、文化的,不一而足,为推进我国法律史向纵深发展作出了巨大贡献。

第五代法律史学家即是在当下国内法律史学术场域位居“引领性”地位的学者,既包括法学家,也包括历史学家。20 世纪 80 年代末 90 年代初,随着一批国外的人文社会科学著作相继被引介到中国学术界,特别是邓正来将哈耶克(Friedrich August von Hayek)的法学、经济学、政治学等著作相继译成中文,以及 21 世纪初学界围绕“中国法学向何处去”而展开的学术讨论,④此后,在法律史的研究实践中,方法的多元化逐渐呈现出来,如朱苏力所倡言的“社会科学方法”,即无论是在立法、司法实践中,还是在法学的学术研究中,法学、法律工作者不应局限于某一种提前被限定的方法,而应该因应社会的特定“语境”,针对具体问题使用不同的社会科学方

---

① 比如,陈先生在其《中国法制史》的“总论”部分,即分别以“中国法制之史的问题”“中国法制之变的问题”“中国法制之质的问题”“中国法制之量的问题”来展开法律史的“叙事”。由此可见,在该著作中,陈先生已经抛弃了传统的“朝代研究法”而改用了“问题研究法”。具体可参见陈顾远:《中国法制史(影印本)》,中国书店出版社 1988 年版。

② 参见刘广安:《二十世纪中国法律史学论纲》,载《中外法学》1997 年第 3 期。

③ 参见刘广安、高浣月、李建渝等:《中国法制史学的发展》,中国政法大学出版社 2007 年版,第 46 页。

④ 有关这场讨论的具体情况,可参见邓正来:《中国法学向何处去——建构“中国法律理想图景”时代的论纲》(第二版),商务印书馆 2011 年版。

法来分析。[①] 由梁治平所倡导的"法律的文化解释方法"——用文化来解释法律、用法律来解释文化——有着一种深刻的理论穿透力,它对于理解法律史领域中的法律变迁、比较法律文化、法律知识的历史演进等均具有重要的"工具"意义。[②] 此外,还有徐忠明所提倡的"法律史的法理学分析方法",[③]侯欣一所提倡的"法律史的社会学分析方法"等。[④]

纵观百年来中国场域法律史研究方法的演变史,我们能清晰地感受到法律史研究方法由"单一性"向"多元性"的转变。只是,随着新时代人工智能技术的不断发展,以及由此而不断涌现出来的新问题,法律史研究如何因应中国特色社会主义法学知识体系、话语体系、学科体系的建构要求,方法论更新固然至关重要,但远远不够。毕竟,诚如德国法学家拉德布鲁赫所言,当一门学科还在为其自身的方法论而饱受困扰之时,充分说明这门学科还处在病态。[⑤] 因此,我们需要的是以"方法论"更新为"主轴",重新思考人工智能时代"法律史向何处去"的现实问题。

第二节　人工智能时代的法律史研究

近些年来,随着人工智能技术的应用与推广,一系列新的、带有挑战性的问题不断涌现于从事法律史研究的学者面前:人工智能对法律史研究是利还是弊?人工智能的技术理性是否会替代法学(律)人的思维理性?人

---

① 有关朱苏力综合运用"社会科学的方法"来分析"法律"的著作较多,较为具有代表性的著作,可参见苏力:《大国宪制——历史中国的制度构成》,北京大学出版社 2018 年版;苏力:《法治及其本土资源》(第三版),北京大学出版社 2015 年版。

② 有关梁治平的"法律的文化解释"的代表性研究,可参见梁治平:《清代习惯法》,广西师范大学出版社 2015 年版;梁治平:《法律的文化解释》,载《中国社会科学季刊》1993 年第 4 期。

③ 徐忠明对西方社会科学的各种新方法都有着非常敏锐的洞察力。就笔者有限的阅读来看,徐氏的法律史研究主要使用的还是一种类似于朱苏力的"社会科学分析方法",但与朱苏力、梁治平两位不同的是,徐氏在法律史的"论题选择"上,往往更为具有创新性,此外,徐氏的法律史研究往往还有着一种"批评法律史"的特质,即"问题——传统的解决问题进路——批判——新的解决问题进路(综合运用各种社会科学方法)",笔者将此种方法概括为"法律史的法理学分析方法"。有关此方法的介绍,可参见徐忠明:《中国法律史研究的可能前景:超越西方,回归本土?》,载《政法论坛》2006 年第 1 期。

④ 就笔者对侯欣一所有公开发表的文字的阅读来看,无论是其早期的"法律思想研究"系列,还是后来的"地方法制史研究"系列,基本上使用的都是社会学的"实证主义"分析方法。然而,侯氏对于史料的详尽、准确运用及法律史论题选择上呈现出来的"微观、问题意识"特质,使得其在法律史的知识生产中呈现出一种"传统考据——后现代叙事"并存的方法特质,可参见侯欣一:《从司法为民到人民司法》,生活·读书·新知三联书店 2019 年版;侯欣一:《创制、运行及变异——民国时期西安地方法院研究》,商务印书馆 2018 年版。

⑤ [德]拉德布鲁赫:《法学导论》,米健、朱林译,中国大百科全书出版社 1997 年版,第 169 页。

工智能是否会“割断”法学内部各部门法学与法律史学的既有知识关联?对于诸如此类问题的思索与回应,似乎构成了生活在人工智能时代的法学(律)人 的“应然性”义务。就目前学界公开发表的有关“人工智能与法学研究”问题的著作与论文来看,有关人工智能时代的法学研究,大致呈现出三种不同立场。① 这三种学术立场,虽所持视角不同,却为我们理解与思考“人工智能时代法律史研究向何处去”提供了参考。

那么,面对人工智能时代的社会发展及正在不断形塑的新的技术文明谱系,法律史研究者可以怎样做呢?法律史研究到底是坚持技术思维、人的理性思维,还是两种思维并用?换言之,人工智能时代,我们到底需要怎样的法律史研究?有关于此,笔者将从法律史的研究目的、研究价值与法律史本体论问题的认知三个方面展开探究。

一、法律史研究目的的重新审视

自法律史作为一门专业知识体系诞生以来,②其研究目的一直围绕着历史意义上的法律文明能为现世意义层面的法律实践与理论、未来科学的法律与法治文明体系建构做什么而展开。在传统法学界有关法律史研究目的的叙事中,历史语境与当下语境的差异性分析、历史法制(治)的现世启示意义、历史法制(治)的演进的一般规律、未来法制(治)可能性发展方向的科学预测等,共同构成了法律史研究中最为重要的几个质素。尤其是对于历史法制(治)规律的归纳、总结,是所有从事法律史研究都绕不过去的“门槛”,是法律史研究能否创新的标志。无论如何归纳历史法制(治)

---

① 一是肯定性立场,认为以大数据、区块链、算法等为表现形式的人工智能技术会对中国法学研究产生“颠覆性”影响且这种影响是不可阻挡的,研究者由此应对“人工智能法学”秉持积极主义态度,在理念、知识与方法等层面紧紧围绕人工智能时代法学研究的目的与价值等予以相应更新。参见马长山:《智能互联网时代的法律变革》,载《法学研究》2018 年第 4 期。二是否定性立场,认为大数据分析不假思索地便被视为一种科学的方法论工具,是值得认真反思的。因为通过观察其在部门法学领域的运用过程,发现效果并不理想。法学研究若要获得深入发展,就应竭力避免人工智能时代法学研究的“技术崇拜”。参见王登辉:《大数据研究方法应用于刑事法学的冷思考》,载《西南政法大学学报》2016 年第 6 期。三是模糊性立场,认为目前虽然人工智能技术对法学实践的影响已经客观呈现,但基于人工智能还处于初级阶段的历史事实,法学研究未来到底如何面对人工智能,答案是不确定的。人工智能技术于法学研究是利还是弊,还需要时间来做检验。参见白建军:《大数据对法学研究的些许影响》,载《中外法学》2015 年第 1 期。

② 法律史作为一门专业知识体系,或者说学科体系的具体时间,国内外学界一直存在广泛争论。但从近三十年国内法律史学界有关法律史学科发展史问题公开发表的论著来看,大都将法律史的诞生时间确定为 1904 年,即梁任公的《中国法理学发达史论》的初次发表。参见周会蕾:《中国近代法制史学史研究》,上海人民出版社 2013 年版,第 119 页。

发展过程,总结历史法制(治)发展经验,可以确信的是,传统法学界有关法律史研究目的的“确定”,是基于“人的理性”(reason of man)的演绎与实践为中心,关注的是人的理性的运用过程与逻辑。换言之,在传统法学界有关法律史研究目的的设计蓝图中,法律史研究虽然是以历史上的法律制度/文明为对象,但着眼的是当下法律制度/文明的科学化与理性化,且坚信人类学意义上的“进化论逻辑”(the logic of evolution)的展开是历史必然。① 然而,人工智能时代的技术革命,不仅为我们有关法律史问题的认知带来了新的视角,还“迫使”我们在不否定技术性因素对法律史研究的影响之前提下,进一步认真思考法律史研究的目的。

众所周知,以大数据、区块链、算法等为表现形式的人工智能正在深切地影响着人们的生活。② 法律史作为社会生活史的一部分,③也会受到人工智能的影响,但与其他法学分支学科,如民法、刑法、行政法等不同的是,法律史的时间维度与发生空间都具有历史性,人工智能则具有现世性与未来性。如果单纯从时间维度来看,“人工智能时代的法律史研究”与“在人工智能时代借用人工智能技术研究法律史”这两个主题,并不存在同质性。但从研究目的视角来看,两个主题却有着内在的一致性,即技术如何“逼迫”法律史研究者修改其研究目的?既然人工智能的实质是如何让机器具有如人一样的智能行为,④那么,法律史研究就可能存在三种不同的展开进路,围绕三种不同进路展开的是不同的目的设计。

一是以人为主体的进路,即由具体的生物意义上的人来提出问题,智能机器人提供技术来帮助解决问题。在这种研究进路中,法律史的研究目的是“通过发现、揭示、分析历史上的法制/治来反思人类法治社会秩序的构建原理”,目的是为人类未来美好的法治文明建设提供智力支持。只是,法律史的研究主体虽是人,但人对历史上的法律/法学问题的发现并不全然依靠人脑的智慧。虽说很有可能的是,智能机器人在对历史上某一具体法律概念、规则、原则及制度进行分析的过程中,大数据的“相关性”

① 在法律史研究中,到底是秉持“进化论逻辑”,即法制发展水平的由低到高的线性发展,还是“传播论逻辑”,即法制发展不受任何既定发展水平模式影响,只受不同地域法律文明之间的交往深度影响,学界一直存在不同观点。不过,揆诸国内法律史研究实践,对于“进化论逻辑”的运用与认可明显大于“传播论逻辑”,有关这一点在当下国内法律史学界公开出版的各类中国法制史著作的知识叙事中表现得尤为清晰。

② 参见[加]让-路易·鲁瓦:《全球文化大变局》,袁粮钢译,海天出版社2016年版,第63页。

③ 参见张仁善:《一种法律社会史视角的考察——国民政府时期司法界不良社会关系剖析》,载《南京大学法律评论》2003年第1期。

④ 参见[英]安德鲁:《人工智能》,刘新民译,陕西科学技术出版社1987年版,第1页。

(relevance)分析技术会自动整理出与其相关的问题或问题束,研究者只要循沿着由大数据技术分析出来的问题或问题束就能发现新的问题。但是,人还是发挥着主体作用,机器与技术无法深入法律史问题内部,就问题的性质、类型及解决方式提供可行性方案。

二是以人与机器同时为主体的进路,其以肯定机器人具有法律意义上的身份权与人格权为前提,围绕着生物人内部、机器人内部及生物人与机器人之间关系的建构而展开的法律史研究。虽说“机器人是人吗?”“机器人是否具有法律意义上的人格?”“机器人如果被确认为人,具有了法律人格,那么其是否具备自然人与法人所应有的各项法律权利?”等问题,至今尚未形成定论,却正在对法学界的既有学术共识形成挑战。一些从事民法、刑法与行政法等部门法研究的学者们已然意识到该问题的“严重性”,只是由于该问题不会直接关涉本书的议论主题,故在此不做申论。① 但是,人工智能时代出现的机器人及由此引申出来的人格权、身份权等权利属性的争论,却让我们不得不对未来法律史研究目的予以新的审视。传统法律史研究只关注社会场域内的生物人及因其相互间交往、与社会发生关系等而展开的事实发现与分析,一旦机器人的人格权与身份权获得确认,法律史研究就自然而然地会去拓宽其既有范围,进一步关注生物意义上的人、机器意义上的人、社会关系、人机关系等“结构网”的“网络分析”(network analysis)。换言之,在未来法律史研究目的中,还得进一步考虑机器人与生物人法律关系的变迁史、机器人与生物人在法治秩序中扮演角色的变迁史、生物人与机器人在立法与司法乃至行政法律制度建构过程中的合作史等。生物人与机器人都既是法律史研究的主体,也是法律史研究的客体。法律史研究的目的不仅是构建人类美好的社会秩序,同时还包括机器人世界的美好秩序设计。

三是以机器人为主体的进路,其认为人工智能时代的到来,呈现出的不只是“人的理性有限性”被无限地放大的清晰“图像”,还包括生物人是否会被机器人完全替代的现实“恐惧”。② 在所有有关人机关系的讨论中,人机命运共同体、机器人超越生物人、生物人的自由联合体是三种最受认可的可能性关系模型,③其中“机器人超越生物人,继而替代生物人”如

① 具体讨论参见张力、陈鹏:《机器人“人格”理论批判与人工智能物的法律规制》,载《学术界》2018 年第 12 期。

② 参见庄忠正:《人工智能的人学反思——马克思机器观的一种考察》,载《东南学术》2019 年第 2 期。

③ 参见常晋芳:《智能时代的人—机—人关系——基于马克思主义哲学的思考》,载《东南学术》2019 年第 2 期。

果真的实现了，那么，人类不断走向灭亡、机器人作为具有人格权与身份权的“法律公民”便开始登场。法律史研究的目的，便围绕机器人法律关系的形成、发展与消亡而展开，意在为机器人之间构建理性和谐的交往关系。当然，如果机器人完全替代了生物人，法律史研究是否还有存在的必要，亦将是值得讨论的议题。但在一个可以想见的未来，机器与人之间的关系，定然还是一个以人为主导的关系，机器人作为研究对象的可能性大于作为研究主体的可能性。

综上，人工智能时代生发出来的三种有关法律史研究目的探究，乃是基于未来学界有关人工智能技术与法学学术研究之间的应然关系判断而展开的。无论大数据时代的数据采集与运用借用何种权属规则、算法规制如何为司法自由裁量权的理性运用与立法实践的顺利展开提供技术支撑，法律史的研究目的都是围绕着良好的生活秩序而展开。换言之，无论是机器时代、人的时代，还是人机共处时代，哲学意义上的“理性人”(reasonable man)的形塑始终是法律史研究的出发点，法律史着眼于历史，但其最终研究目的是多元意义上具有人格权与身份权的“人”的美好生活的实现。

二、法律史研究价值的转向

如果说人工智能时代法律史的研究目的可能会围绕着三种不同的进路展开，那么，人工智能时代法律史的研究价值也同样面临着“如何重新厘定”的问题。在过往有关法律史研究价值的各种论述中，学者们普遍是借由两个不同的视角——史学价值与法学价值、理论价值与现实价值——来展开讨论的。① 比如，有学者认为，法律史研究的史学价值主要体现在恢复特定时代历史的真实样态，让后世得以把握过去的法律制度运行的逻辑与义理；②还有学者认为，法律史研究的价值是帮助重绘特定历史时段的法律版图。③ 法律史通过对历史上法律制度的分析，来为现实法律制度发展贡献智慧。然而，人工智能时代的到来，有关法律史研究价值问题的认知，将会面临着如下几个可能性转向，这些转向的发生与发展始终是与技术革命联系在一起的。

---

① 参见孙健：《法律制度史与新法律史——美国学者马伯良宋代法律史研究的两种范式》，载《国际汉学》2016 年第 4 期。

② 参见王捷：《包山楚司法简考论》，上海人民出版社 2015 年版，第 219~222 页。

③ 参见侯欣一：《学科定位、史料和议题——中国大陆法律史研究现状之反思》，载《江苏社会科学》2016 年第 2 期。

一是法律史研究价值的观念转向。在中国传统法律史的研究图谱中,无论是中国法制史研究、中国法律思想史研究,还是外国法制史研究、外国法律思想史研究,其学术意义的体现及学科属性的表达,都离不开对其研究价值的实现方式、过程、意义观念等的条分缕析。就目前国内外学界有关法律史知识生产的基本特质来看,无论人们基于何种视角——历史学的或法学的,乃至人类学的或社会学的——法律史的研究价值都是从"历史—当下—未来"结构中的人与人之关系、人与社会之关系出发的,指导人们从事法律史研究的观念是未来"人与人之关系"及"人与社会之关系"的理性建构。然而,人工智能时代的到来,必然会不断拓宽传统法律史理论、方法与框架的既有范围,由此也会相应地要求法律史研究者观念取向的与时俱进。众所周知,传统法律史关注以人为中心的人际关系与社会关系,强调以人为中心,是法律史研究价值实现的前提。这种"以人为本"的观念取向,反映了前人工智能时代以人为本的哲学立场。① 一旦未来社会发展至中级或者高级智能时段,机器人广泛参与立法、司法与行政过程,对于法律的历史研究,其价值必然就要包括有关人机关系、机机关系的现实考量。甚至很有可能的是,在有关法律史研究价值的表述中,会出现"为了更好地促进生物人与机器人、机器人与机器人之间的和平相处,特展开本研究……"换言之,在未来有关法律史研究价值的观念建构过程中,梳理、揭示、分析法律史意义上的法律/社会事实,着眼点不再仅仅是人,而是包含了人、机器及人与机器等不同类型的关系秩序。

二是法律史研究价值的技术转向。在过往有关法律史研究价值的分析中,对制度、事实、理论、知识与方法等的关注蔚为大观,②研究者借由作为史料的文字、图像、表格、数字等载体,努力呈现历史上的法律制度对于当前法律制度的启示意义。凡此过程,虽为人们认识历史上的法制/法治提供了清晰的图谱,却遮蔽了传统法律史发展过程中的技术性思维,而此技术性思维恰恰是人工智能时代迫切需要的研究工具。之所以出现此种

① "以人为本"的哲学立场,不仅是法律史研究乃至法学研究的基础与出发点,也是所有人文社会科学研究的价值判断工具。揆诸历史,"人是否应被解放"这一命题的争论是伴随着"神"是否可被"去魅"(deenchanted)的争论而展开的。只是,近现代伦理学发展史表明,面对日益发展的技术文明,"以人为本"替代"神之本位"是历史演进的必然结果。有关此问题的详细讨论,可参见[日]堺屋太一:《知识价值革命》,黄晓勇等译,东方出版社 1986 年版。

② 通过对近百年来中国法律史学界知识生产成果的总体性分析后发现,将历史上的法律制度的研究等同于法律史研究的表述尤为常见。不过,随着近十多年来,国内法律史研究对国外人文社会科学界最新研究范式的借鉴广度与深度日益加大,法律社会学史、法律人类学史、法律经济学史等研究开始受到学界的广泛关注,并诞生了一些有代表性的成果,其对法律史研究价值的重新厘定形成了一定的影响。

情况：一方面，缘于法律史作为一门诞生相对较晚的学科，其自诞生那一刻起，就将研究重心放在中国传统法律史研究领域，对于外国法律史的关注，职业研究者、研究机构、发表成果等均相对较少。中国传统法律文化的发展受经学研究的影响较大，注重道德、伦理的三段论演绎，不太关注立法、司法与行政过程的技术表达。[①] 另一方面，在中国传统法律人与法学人的思维中，法与法律都是政治的组成部分，法律的意义实现以政治的现实需要为出发点。政治逻辑注重的是权力的自上而下，其不需要对权力的运用技术作过多阐释。然而，人工智能时代的到来，对于法律史研究而言，定然被要求展开有关法律史技术层面的研究价值的分析，亦即在未来有关法律史研究价值的预设中，应包含"此项研究，将会有利于生物人更好地认识与理解传统'法官'的司法技术""此项研究将为生物人如何运用机器人来展开具体法律史问题研究提供技术层面的指引""此项研究将会为未来机器人完善法律史问题的分析技术提供现实帮助"等。有关法律史技术层面的研究价值的实证分析，将会是未来法律史研究的重点与难点。

三是法律史研究价值的现实主义转向。在传统法律史知识体系的建构、法律史的习惯性叙事模式中，我们都可以较为清晰地感受到法律史研究对理论的呈现、梳理与分析甚于对现实法学问题解决路径的关注。"法律史是理论法学"的先验判断，[②]让人们不假思索地认为，法律史的知识生产是以理论法学体系的拓展为中心，法律史与现实的关系不太密切。对于一个法官而言，其学习法律史与否，对案件审理过程、审理结果及审理效率乃至审理评价等均不会产生直接影响，亦即法官在当下一起婚姻纠纷的审理过程中，可能会援引《中华人民共和国民法典》《中华人民共和国民事诉讼法》，但绝不会援引《唐律疏议·户婚律》作为裁判依据。但是，人工智能时代的到来，使得所有有关法学理论与经验关系的论证都面临着重新建构的挑战。通过大数据技术，法律史研究者可以更全面地获得历史上特定时代法律制度的理论内涵，对其变迁过程也会有更精准的把握。不过，如果只是仅仅满足于此，人工智能时代的法律史研究就失去了意义。在未来有关法律史研究价值的设计中，通过区块链、算法、翻译器等新技术可以让法律史理论与实践之间的联系更为密切，法律史理论也能够借助大数据技术更深入地为实践意义上的立法、司法与执法提供指导。在法律史研究价值中

---

① 参见于语和：《试论"无讼"法律传统产生的历史根源和消极影响》，载《法学家》2000年第1期。

② 有关这种认识的合理性暂且不论，但之所以能作为一个"先验的"判断，则反映了学界长期以来有关于此问题的思维定式。不过，需要注意的是，"法律史是理论法学"，并不必然意味着其就无服务于实践的可能。

注入现实主义，并不意味着未来的法律史研究只是或全部表现为关注现实主义价值，其实质是强调理论为实践服务、以实践需要为导向的思维的建构。

人工智能时代法律史研究价值的转向，是以信息技术为引领的一场认识论领域的"革命"。不管人与人的关系、人与机器的关系乃至机器与机器的关系未来会经历怎样的变迁，对于法律史研究而言，以契合时代的新观念为指引，科学合理地运用信息技术，服务新的现实需求都将是其研究价值展开的前提与保障。

三、法律史本体论问题的新认知

法律史研究的是历史上的法律，[①]法律史的本体论问题关涉的就是历史上的法律/法学本体论问题，其以古代、近代或现代的法律概念与术语、法律渊源、法律功能等为讨论中心。在以往有关法律史本体论问题的探究中，古代的法律概念与术语可否"翻译"为现代的法律概念与术语？如果可以，那么，如何才能将古代的法律概念与术语"翻译"为现代意义上的法律概念与术语？这成了学者们广泛争议的焦点。然而，这种争论将会随着人工智能时代大数据技术的发展与成熟而发生转向。与以往法律史研究关注生物人的语言与情感表达机制不同，人工智能时代将会加大对机器人语言的关注力度。机器人语言作为一种新的语言表达方式，虽来源于人的智慧设计，但其本身则远远超越于人的思维能力极限。未来有关法律史问题的研究，必然会涉及由机器发出的指令而形成的一系列新的法言法语体系。由此，哪些问题属于法律史的本体论问题，会面临着新的解读。[②] 就笔者目前有限的阅读与经验来看，围绕人工智能时代法律史学科发展的可能性展开路径，如下几个本体论问题将会最先引起学界重新探讨。

一是法的概念。当前，无论是理论法学界，还是部门法学界，有关法的理解大都习惯于借由良好的社会秩序、特定的司法机构、专门的法律命令发出者、职业的学术共同体的存在等展开。不过，从本质上来看，法的概念的确定，强调的是"以人为中心"的逻辑，即法是由人来制定的，或以为人服务为目的。随着人工智能时代的技术发展，机器人可否参与立法？机器人可否参与司法审判？机器人可否参与行政执法？机器人可否参加听证？

① 参见王志强：《"历史上的法律"如何书写》，载《历史法学》2013 年第 1 期。

② 需要申明的是，法律史的本体论问题并不等同于法律/法学的本体论问题，法律史的本体论问题关注的仅仅是历史意义上的法律/法学问题。由于不同历史时段、不同地域有关法律/法学问题的理解与分析进路存在很大差异，因此，法律史本体论问题的分析也呈现出明显的地域性特征。笔者此处所谈及的法律史本体论问题的理解场域仅限于我国法学界。

机器人可否作为陪审员？此类问题将会不断涌现出来，如果这些问题的答案是肯定的，那么，未来世界有关法的概念的表述，借由社会法学的认识进路，可能就会变成“由人或机器制定的一系列旨在调整各种特殊社会关系的规范”。机器人制定的法——调整机器人与机器人、机器人与生物人关系的特殊规范——也是法。此外，由“法的概念”衍生出来的相关性问题，如“古代的法与习惯、习惯法之间的区别”完全可以借由人工智能的“定理证明（theorem proving）技术”来自动论证，且证明的逻辑性相较于生物人而言更为精准。

二是法的渊源。作为另一个古老的法哲学问题，法的渊源与法的概念问题一样，一直都是学界争论的焦点。[①] 通过对既有有关法的渊源的各种学说著述的梳理，大致可以清晰地看到两条不同的进路：一条进路强调的是立法意义上的渊源，即“法是由谁制定的”，制定机构的层级与性质直接决定了法的效力与等级；另一条进路强调司法意义上的渊源，即在司法实践中，“法官可能将什么规则或原则视为法”。换言之，其是否属于法的渊源，由法官来决定。与传统学界有关法的渊源认识进路不同，人工智能时代有关法的渊源的探究，将会进一步凸显法的渊源的多样性。比如，由大数据技术自动整理与汇编出来的指导案例、典型案例将会帮助法官迅速获得有关法的渊源的实践性理解，对在司法过程中究竟哪些“渊源”被援引、某个或某类法律渊源被援引的频率、某个或某类法律渊源被援引的效果等也同时会有更全面的认识。此外，借由大数据时代的智能分析模拟技术，古代“法官”在司法实践中对于某一法律渊源，如习惯、习惯法、风俗的观念、态度、情感及立场等也会被描绘出来，其为研究者分析古代法律渊源这一本体论问题提供了经验素材。

三是古代法的发展过程。在以往或当前有关古代法的研究中，借由各类史料展开法的历史学分析不仅尤为常见，同时也被视为最合理的研究“范式”。对古代法的解读，要求研究者浸入特定的历史情境，以学界普遍接受的语言来呈现研究者的个人知识、情感、态度与立场。虽说对于古代法的解读本身意义较为重大，即可以让当前学界明了历史上的法律制度运作机理，以为未来社会秩序良性建构提供经验启示，但同时“风险”也较大：研究者史料搜集的多寡及对不同史料间关系的解读准确度，会直接影响到对古代法分析的科学性与否的判断。然而，通过机器学习来构建应用程序的 Apache Mahout 的诞生，则会有效降低法律史研究者的研究“风

① 参见王夏昊：《论作为法的渊源的制定法》，载《政法论坛》2017 年第 3 期。

险”，其会帮助研究者搜集古代法中相关概念、术语与意义的表达方式，收集研究者拟要搜集的特定时代法的其他相关信息，继而构建起一套契合研究者需要的古代法的文献图谱。只要研究者根据图谱呈现的提示，就可以找到古代法的具体信息。在此技术指引下，古代法的发展轨迹、古代法在历史发展过程中的特征与缺陷、古代法与现代法之间的内在关联等将表现得更为清晰。对于古代法的研究，由此也可能不再是深谙考古学、社会学、历史学与人类学等学者的“专利”，只要研究者熟练掌握了一些大数据分析技术与知识，就有可能展开较为系统的古代法研究。

综上所述，伴随着人工智能技术发展的是生物学意义上的人、心理学意义上的大脑及技术革命意义上的机器关系的重新认识，传统借由人脑的有限理性来研究法律史的思维方式必然会被一种新的“技术性思维方式”所代替。由此，一系列横跨传统、现代与未来历史时段的法律史本体论问题的存在与浮现，将会“逼迫”着我们有意或无意地运用人工智能时代的技术工具予以积极解决。可以确信的是，在一个可以预见的未来，通过“人机合作”来共同分析法律史本体论问题的类型、实质，提出与之相关的有意义的新问题，并尝试找到这些问题的答案，将会变得更为便捷。法律史研究的深度与广度，也因此会获得很大改进。

的确，与民法、刑法、行政法等部门法不同，法律史关注的不是现世意义上的法律概念、规则与原则及其在司法过程中的适用，而是聚焦于历史场域中特定法学/法律的本体论、认识论与方法论问题。① 然而，面对人工智能时代所带来的观念更新，以及法律史研究议题、方法与思维等的现实主义转向，我们有必要从格拉克曼有关部落社会法律史的叙事中汲取“营养”，尝试建构一套契合中国场域法学理论与实践特质的法律史研究范式。

第三节　迈向法律史的人类学范式

近十年来，法学界与历史学界有关法律史研究方向及学科属性的激烈讨论，②催生了一组矛盾的法律史事实。(1)事实一：法律史作为法学专业的核心课程之一，有着最为广泛的法学受众，但纵观该学科在法学学科中

① 历经一个多世纪的发展，特别是中华人民共和国成立以来，中国法学场域的法律史（包括中国法制史、外国法制史与中国法律思想史、外国法律思想史等）在研究人员的规模、知识产出的数量、学科推进的广度等方面已今非昔比。参见张生：《新中国法律史学研究70年：传统法律的传承与发展》，载《四川大学学报（哲学社会科学版）》2019年第5期。

② 通过在中国知网上检索后发现，2012年至2021年，国内学界直接或间接围绕法律史研究方向与学科属性问题而公开发表的论文近500篇，年均发文量近50篇。最后检索时间为2022年3月14日。

的格局，一直处在实质主义意义上的“边缘性”地位。[①] 不仅如此，它对新时代中国法学知识与话语的体系化建构，相较于民法、刑法、行政法乃至诉讼法而言，作用不甚突出，与法律史学者自身及其他同行所预期的“贡献值”尚有较大差距。（2）事实二：法律史作为内设于法学一级学科之下的法学二级学科，虽是围绕着历史上的法学/法律问题展开探究，[②]但其知识生产过程却被贴上了“史学化”标签。以史料的搜集、整理与分析为基础，“无史料，便无法史”已成法律史同仁或者说法律史学界的普遍共识。[③]换言之，身处法学界，但法律史的深度讨论总是离不开历史学的“史料”思维与意识，由此，没有受过历史学训练的法学人/法律人，容易将法律史视为法学学科体系中最为熟悉的“他者”。[④]

基于当下中国法学的现实格局，[⑤]结合格拉克曼部落社会司法过程学术思想的范式启示意义，建构法律史的人类学范式不失为一种有意义/价值的消解问题的尝试。当然，囿于范式概念在人文社会科学不同场域的差异性，[⑥]以及范式建构过程的体系化要求，注定了笔者提出的范式只能是初步性的。

一、法律史知识的空间拓展

知识论意义上的法律史究竟何时诞生，纵然有不少法学与历史学学者做过考证，却一直难有定论，[⑦]但可以确定的是，其在我国有规模地传播开

---

① 参见魏建国：《法律史研究进路的法学化：重申与再构——兼与胡永恒先生商榷》，载《法学评论》2015 年第 6 期。

② 王志强：《我们为什么研习法律史？——从法学视角的探讨》，载《清华法学》2015 年第 6 期。

③ 马小红：《中国法史及法史学研究反思——兼论学术研究的规律》，载《中国法学》2015 年第 2 期。

④ 纵观事实一与事实二，前者所指向的是法律史的应然目标，即其应该有所贡献；后者所表达的则是法律史的实然困境，即其的确“不易接近”。面对这对明显矛盾的法律史事实，我们需要深入思考的是：（1）法律史理论与实践的“受众”如何才能从法律史“内部”扩展到法学乃至整个人文社会科学“内部”？（2）作为在法学院或法学系长期“生存”的法律史，有没有一套逻辑严谨且可为法学/法律人普遍承认并具有实践性的研究方法？（3）基本相同或近似的“法学”学术理念，特别是对“问题”与“论题”的理解，在法律史学术共同体中如何才能达成？如上三个问题虽然牵涉甚广，然一言以蔽之，即法律史的范式问题。

⑤ 有学者认为，当下我国法学界大概有三种法学传统，即政法法学传统、注释法学传统、社科法学传统，因此，法学的格局也就表现为围绕三种传统的知识生产格局。参见苏力：《中国法学研究格局的流变》，载《法商研究》2014 年第 5 期。

⑥ 从学术史视角来看，有关范式概念的经典阐释，可参见［美］托马斯·库恩：《科学革命的结构》（第四版），金吾伦、胡新和译，北京大学出版社 2012 年版，第 8~18 页。然而，关于本书所使用的“范式”的意义范围，笔者已在绪论的基本概念诠释部分予以了限定。

⑦ 早在古希腊时期，知识的意义及其与学科之间的关系，并未引起人们的注意。直到中世纪后期，博洛尼亚法律学校的创设，才正式宣示法学作为独立学科而存在。不过，当时的课程设置里似乎并没有法律史，也没有专门人员以研究法律史为志业。See J. W. Wessels, *History of the Roman-Dutch Law*, African Book Company Limited, 1908, p. 112-122.

来,最早可追溯至20世纪初叶。[①] 然而,作为法律史知识基础性构成要素与表现形式的法律概念/术语,[②]特别是古代法律概念/术语的艰深晦涩,使其经常被视为法学学科内的“另类”知识。如何在知识层面,将法律史带入“人类学范式”的知识“丛林”,是其需要面对与解决的首要问题。

法律史知识的两种意义空间。纵观中西法律/法学发展史,法律概念与术语作为法律史知识的理论表达,经历了两段既相似又差异的“命运”。就相似之处来说,适用于中外各个不同国家或地区的法律概念与术语随着时间的变迁,均发生过或正在发生着“意义”变迁。以“所有权”(*dominium*)概念为例,根据周枏先生的研究,在罗马法所留下来的各类原始资料中,一开始并没有发现对所有权的定义,而只有“对物的完全支配权”的概念。后来,一些法学家在该概念基础上抽象并发展出了所有权。[③] 但所有权在罗马法学/法律发展史上的意义空间却并不是一成不变的,[④]有学者借由历史主义分析进路,对该概念的“意义历史”进行了研究,发现其经历了从“早期的氏族集体支配权”至“市民所有权”,再至同时具有“归属”与“权能”意义的演变;[⑤]还有学者借用实证主义分析进路,发现在《民法大全》里根本就无法找到有关“所有权”的清晰阐释,其仅是被理解为“此物是我的”。[⑥]

就差异之处来说,中国历史场域的法律概念与术语虽一直以汉字为意义载体,但因清末法制变革,特别是清政府派出一些学生去日本学习法政知识,[⑦]随之而来的是对国外法,特别是对日本法的大规模引进。传统中国古代法的诸多概念,由汉字字面意义释放出来的文字空间与概念适用过程中释放出来的法理空间的关系顿时变得“紧张”起来。还是以“所有权”概

---

① 其标志是,以梁启超、孙荣、康宝忠等为代表的士大夫按照历史学的“阶段论”(stage)模式对中国传统法展开的探究,以及此后程树德、杨鸿烈、丁元普等学者循沿此进路相继撰写的一系列影响甚大的著作的发表。参见何勤华主编:《法律文化史研究》(第1卷),商务印书馆2004年版,第424~432页。

② 法律概念与术语意义基本相近,但也有一定的区别。在本书中,为了论述过程的逻辑性,笔者有时会将法律概念与术语放在一起适用,有时会结合上下文表达语境而单独适用“法律概念”或“法律术语”,但无论是合并适用,还是单独适用,其意义没有本质差别。特此说明。

③ 参见周枏:《罗马法原论》(上),商务印书馆2017年版,第341~342页。

④ See William C. Morey, *Outlines of Roman Law: Comprising Its Historical Growth and General Principles*, G. P. Putnam's Sons., 1906, p. 283-287.

⑤ 参见汪洋:《罗马法“所有权”概念的演进及其对两大法系所有权制度的影响》,载《环球法律评论》2012年第4期。

⑥ 参见冯卓慧:《唐代民事法律制度研究——帛书、敦煌文献及律令所见》,商务印书馆2014年版,第32页。

⑦ See Michael H. K. Ng, *Legal Transplantation in Early Twentieth-Century China: Practicing Law in Republican Beijing* (1910s-1930s), Routledge, 2014, p. 3.

念为例。就国内学者(主要是民商法学者,还有部分法律史学者)近十年公开发表的有关"所有权"的著述来看,笔者几乎没有发现有哪位学者以极为可信的"史料",证成了中国古代法早在其诞生时期便有"所有权"的概念。因为,"所有权"作为一个法律概念或者说知识结构,其意义的"文字空间"所能涵括的意义范围与罗马社会、政治、经济及文化密切相关。但是,这并不能否认"所有权"在中国历史上存在的可能性,亦即面对浩如烟海的中国古代文献,任何人也不能否认"所有权"这三个字曾经组合在一起过的可能性。因此,所有权的概念是一回事,所有权的文字表述则是另一回事。

确实,要厘清诸如"所有权"这样的法律概念在中国古代与当下的相似及差异问题,仅围绕其意义的"文本空间"展开争论是不够的。人类学对经验观察——实践研究的强调,[①]必然要求超越文本,将意义诉诸更为广阔的超越于"文本空间"的"空间"。换言之,只有超越形式主义的文本,挣脱其文字空间的限制,进入中国古代法律概念与术语的"法理空间"深处,才能发现古代法律概念与术语在现代的真实"意思表示"。因为,众所周知,同一法律概念在古代与现代,或者近代与现代所分别衍生出来的意义空间是不同的。问题的关键由此便在于,如何将某个法律概念原本狭窄的意义空间拓展至宽广的意义空间?有关于此,格拉克曼对非洲赞比亚巴罗策部落社会法学概念与术语问题的系列研究,[②]为我们探究中国古代法律概念的意义的"文本空间"与"法理空间"问题提供了借鉴。

诚如笔者在本书第二章所述,格拉克曼有关非洲巴罗策部落社会法律概念与术语的意义空间研究,是基于 20 世纪上半叶法学与人类学的一系列学术争论——诸如"习惯是法律的来源,那么,所有的习惯都是法律吗?"——而展开的。[③] 当时,围绕"历史久远的社会或者原始/部落社会有没有法律概念与术语"问题,法学/法律界学者普遍从实证主义视角出发,给出了否定性结论。[④] 对此观点,人类学界提出了反对意见。不仅如此,当时作为人类学界参与学术论战的重要代表人物——格拉克曼认

---

① 参见郭晔:《法理主题论——新时代中国法学新范式》,载《法制与社会发展》2020 年第 2 期。

② See Max Gluckman, "The Technical Vocabulary of Barotse Jurisprudence", *American Anthropologist*, Vol. 61, No. 5, 1959; Max Gluckman, *Politics, Law and Ritual in Tribal Society*, Oxford: Basil Blackwell, 1965, p. 178-183; Max Gluckman, *Natural Justice in Africa*, Vol. 9, 1964.

③ See John Hund, "Customary Law is What the People Say it is", H. L. A. Hart's Contribution to Legal Anthropology, *Journal for the Theory of Social Behaviour*, Vol. 84, No. 3, 1998.

④ See Max Gluckman, *The Judicial Process among the Barotse of North Rhodesia*, 2nd ed, Manchester: Manchester University Press, 1967, p. xiii-xvii.

为,作为法律知识组成因素的法律概念与术语,其在历史上的呈现与在现代的呈现,以及在发达社会场域的呈现与在部落社会场域的呈现,从文本上看,往往都是不同的,由此而衍生出的是概念的意义“不确定”现象,[①]法国法人类学家诺兰(Norbert Rouland)将其称为“法律(概念)的变色龙现象”。[②] 格拉克曼以“法律”(law)这个概念为例,通过对巴罗策部落社会司法过程的参与观察,他发现,“法律”(law)这个概念,无论是在历史主义意义上,还是现代主义意义上,都有着多个不同甚至截然相反的意义表达。[③]其他存在于法律知识体系中的概念,如动产、合同、要约、证据等也是如此。[④] 除了时间会决定法律概念与术语的意义空间之外,社会也会对法律概念与术语的意义空间塑造有重要影响,如图一所示:

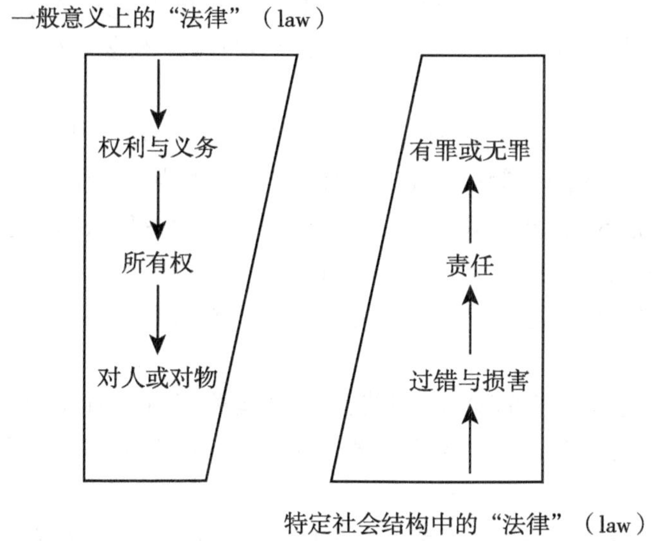

图一　法律概念意义空间

格拉克曼的“法律概念意义空间”[⑤]揭示的是不同社会结构中同一法

① See Max Gluckman, *The Judicial Process among the Barotse of North Rhodesia*, 2nd ed, Manchester: Manchester University Press, 1967, p. 327-329.

② See Norbert Rouland, *Legal Anthropology*, translated by Philippe G. Planel, London: The Athlone Press, 1994, p. 9.

③ See Max Gluckman, *Politics, Law and Ritual in Tribal Society*, Oxford: Basil Blackwell, 1965, p. 178-183.

④ See Max Gluckman, *The Judicial Process among the Barotse of North Rhodesia*, 2nd ed, Manchester: Manchester University Press, 1967, p. 314-322.

⑤ See Max Gluckman, *The Judicial Process among the Barotse of North Rhodesia*, 2nd ed. , Manchester: Manchester University Press, 1967, p. 304-305.

律概念所具有的不同的意义空间。借由此图,我们再来审视日本学界中国法律史研究巨匠仁井田陞有关中国古代“所有权”概念的意义阐释,便会获得更为深刻的理解。他指出,西方意义上的所有权是一种“全面支配权”,而中国古代的所有权则是一种“片面支配权”。① 仁井田陞的观点,不仅承认了中国古代社会存在“所有权”取得与消灭的“法律现象”,而且强调,要把握中国古代“所有权”的“片面支配”,不仅要肯定财产私有现象的存在,②还要考虑到国家所有与私人所有之间的“支配关系”。③ 简言之,所有权的概念,在西方与中国分别有着不同的意义空间,应做不同的理解。那么,问题接踵而来,如何将不同历史时空下作为法律史知识的法律概念与术语,特别是古代的法律概念与术语的意义空间,由“文本空间”扩展至“法理空间”,从而拓宽法律史知识范围,实现法律史人类学范式的知识建构目标呢?格拉克曼给出了一个参考方案:将法律概念与术语予以“社会情境化”。④

在社会情境中拓展法律史知识的意义空间。当然,格拉克曼是一位西方学者,并不了解中国法,更谈不上对发生在中国场域的法律史问题的研究。因此,他的“社会情境化”思路,是否适合中国古代法律概念与术语的意义空间分析是值得怀疑的。不过,笔者在此拟以一个可信的古代个案为例,尝试运用格拉克曼的“社会情境化”思路,检验其对中国古代法律史知识的意义空间问题的分析效果。

在《睡虎地秦墓竹简》中,记载了一起“盗牛案”(这种类型的盗窃案在中国古代是尤为常见的),关于该案,保留下来的文字资料极为有限:

> 甲盗牛。盗牛时高六尺。毄(系)一岁,复丈,高六尺七寸。问甲可(何)论?当完城旦。⑤

从文字字面意义来解读,该案所记录的是,战国时期,在秦国境内生活

① 参见[日]仁井田陞:《中国法制史》,牟发松译,上海古籍出版社2018年版,第222页。

② 参见魏琼:《论私权文明的起源与形成》,载《法学》2018年第12期。

③ 参见李勤通:《中国古代土地私有制的存否再辨——以所有权的公、私对抗性差异为主要判断标准》,载《北京社会科学》2019年第3期。

④ 格拉克曼所提倡的“社会情境化”(the analysis of social situation),是指对任何法律概念及术语的含义分析,都离不开特定的“参照物”(referent)。换言之,在格拉克曼看来,“社会情境化”的分析思路是经验主义的,它承认法律概念与术语的含义的“特殊性”,否认法律概念与术语的含义的“普世性”。See Max Gluckman, “Analysis of a Social Situation in Modern Zululand”, *Bantu Studies*, Vol. 14, No. 1, 1940.

⑤ 睡虎地秦墓竹简整理小组(编):《睡虎地秦墓竹简》,文物出版社1990年版,第95页。

的甲，盗了一头牛，盗窃行为发生时（得时），他的身高是六尺。一年以后，他的身高变为（复丈）六尺七寸，针对这种“变化了的”情况，法律应该如何处理呢？答案是“当完城旦舂”。

若是从现代法学视角来看，该案事实清楚，结论清晰。但仔细深究，便会发现，无论是案中涉及的诸多（法律）概念，如“盗”“殹”“牛”“当”等，还是自结论的逆推而得出的裁决依据——身高的“复丈”，都存在一定的可伸缩的意义解释空间。由于该案文本中相继两次出现了“高”，法律史学界便有不少学者借由对该案的整体性分析，特别是将“高”与后面的“当”关联起来后，得出了诸多结论。比如，有学者认为，该案中的“高”，反映了秦朝是以身高作为刑事责任判断“标准”的事实，即借由该案的记录，可以确定，身高六尺是承担刑事责任的“标准”；①也有学者认为，仅凭对此案中“高”的意义分析，并不能确定身高是秦朝刑事责任的唯一“标准”，可能只是辅助“标准”；②还有学者认为，就该案中的“高”的意义而言，究竟“六尺”是刑事责任“标准”，还是“六尺七寸”是刑事责任“标准”，均不明确。③当然，我们不能，也不应该在没有“直接证据”的情况下，对如上三种不同的意义解读给予哪个或哪些是“对的”或“错的”的评价。因为，格拉克曼的“社会情境化”方法强调，认识本身就是一个对“客观”现象/事实予以“情境化”加工，并主观建构“图像”的意义的过程。申言之，该案中所记录的“高”，其意义空间到底有多大？若只局限于史料记录中有关于它的“文本空间”解读，就会遮蔽它在秦朝司法实践中的应然性与实然性意义空间范围。

然而，相较于该案中的概念“高”在法律史学界所受到的广泛关注，另一个极为重要的概念“牛”却一直未受到学界应有的关注。就该案中的“牛”的意义的“文本空间”而言，可被解读为“犯罪所侵犯的对象”。然而，如果从“牛”的意义的“法理空间”来解读，至少可以衍生出如下两个超越于“文本空间”的意义：一是当时在秦国所有的动物中，只有“牛”是最特殊的。因此，只有盗窃“牛”才构成犯罪，而盗窃其他动物则不构成犯罪。二是当时秦国的所有动物，都分别基于其特定的用途而有不同的价值，盗窃“牛”与盗窃其他动物是否构成犯罪，以及是否被处以同样的刑罚，取决

---

① 参见尤陈俊：《作为法制实施之基础的国家认证能力——来自秦汉时期的一个例证》，载《中国图书评论》2013 年第 11 期。

② 参见吴海航、蒋宗言：《秦代刑事责任能力标准辨析》，载《西北师大学报（社会科学版）》2020 年第 3 期。

③ 参见水间大辅：《〈岳麓简（三）〉所见的共犯处罚》，载《华东政法大学学报》2014 年第 2 期。

于对牛及其他动物的价值评估。那么,究竟哪一种或多种“意义解释”才有可能成为人类学范式意义上的法律史知识呢?

此时,运用格拉克曼的“社会情境化”方法/框架来展开分析便极有必要。换言之,“牛”的意义的“文本空间”究竟能不能扩展至“法理空间”,以及可以扩展到多大范围的“法理空间”,可围绕当时的“社会情境”来予以判断。很显然,只要了解当时秦朝社会生产力或生产关系的发展情况即可了解作为法律概念的“牛”与其他动物在“法律性质”方面的异同。根据相关可信史料记载,春秋后期铁农具已运用得较为普遍,①牛耕时代由此开启,牛的价值与其他动物相比,已明显提高,牛不仅具有食用价值,还具有劳动价值。当然,其他动物,如鸡、鸭、鹅等也是法律意义上的“动产”,盗窃“动产”也会构成犯罪。不过,同样作为犯罪的对象,被盗窃的牛作为“赃物”,其价值要比其他动物高。因此,盗窃牛的犯罪分子,会受到比盗窃其他动物的犯罪分子更加严厉的刑罚。

循沿此逻辑,让我们再回到上面提到的“高”的概念。从“高”的意义的“法理空间”中可衍生出两个有关于其意义空间的追问:为什么以身高为刑事责任标准,而不是以年龄?如果是以身高为刑事责任标准,那么,其是唯一标准,还是诸多标准中的一个标准?对此,同样可从意义的“法理空间”的“社会情境化”之中获得具有可信性的结论。从当时的秦朝社会来看,其百姓担负着极其繁重的兵役与徭役。② 无论是兵役,还是徭役,都得了解参军者或徭役者的个人情况。由于秦朝一开始根本没有完善的户籍登记与管理制度,即使后期初步制定了有关户籍登记与管理的一些规定,但在实践中,为了逃避兵役与徭役而修改户籍信息的人不可胜数。基于管理方便与制度实施的考虑,秦朝官方以身高为标准,不仅直观,而且大致还符合一般人的理性认知。③ 关于“身高是不是唯一标准”,的确,可直接参照的司法史料基本没有,但从秦国当时的社会情境中寻找“间接证据”不失为一个可行性方法。众所周知,秦国地势险要,社会生产力水平较低,④在此情况下,若要保证在诸多列强环伺的情况下生存与发展,必得充分动员境内所有“适格的”男性参与军事训练以来践行镇守边疆的义务,那么,“适格的”标准又是什么呢?历史学家的研究充分地证实,傅籍

① 参见杨际平:《试论秦汉铁农具的推广程度》,载《中国社会经济史研究》2001年第2期。

② 参见[美]许田波:《战争与国家形成:春秋战国与近代早期欧洲之比较》,徐进译,上海人民出版社2018年版,第193页。

③ 参见谢冬慧:《秦朝以身高确认刑事责任的原因探析》,载《政治与法律》2006年第3期。

④ 参见葛剑雄:《论秦汉统一的地理基础——兼评魏特夫的〈东方专制主义〉》,载《中国史研究》1994年第2期。

制度就是为确保"适格的"男性能被挑选出来而设计的,①如果符合条件的男性,不去政府主动申报的,就要受到刑罚。② 仔细翻阅《睡虎地秦墓竹简》中的《傅律》,可发现其中多处都提到了年龄,如秦人年十七即傅籍。③身高与年龄之间虽然存在一定的关系,如儿童因为年龄较小,身高也相应较矮,但并不是必然关系,尤其是成年人之间的身高差异,并不能客观反映年龄差异的事实。综合傅籍制度中有关年龄的规定及保留下来的可信性史料中有关刑事责任的表述,较为符合社会实践的有关"高"的意义的"法理空间"解读应该是,在秦国,举凡涉及犯罪的,以身高作为责任标准;举凡涉及傅籍的,以年龄作为入选标准。④

通过理论及个案的多向度分析,我们可以确定,从"文本"中所获得的法律史知识,并不必然就是科学的法律史知识。传统法律史强调的以"史料"为中心,仅仅停留在对法律史知识予以"文本空间"的分析层面,而人类学范式的法律史知识生产,固然不否定"文本空间"对知识生成的意义,但更加关注可信性的法律史知识所呈现出来的"法理空间"。由此,从"文本空间"迈向"法理空间",围绕"社会情境"来生产、评判与检验法律史知识,是人类学范式的法律史在知识论层面的根本要求。当然,基于范式建构的目标,只有知识建构是不够的,它还要求关注方法及其展开过程。

二、法律史方法的进路转换

倘若只对知识空间作拓展,的确不能让法律史知识回归法学知识的"怀抱",盖因中国古代的很多"法学/法律知识"无法按照现代西方法学的"类型学"框架予以分类。⑤ 由此,笔者认为,研究方法的转变才是关键,但研究方法不是孤立存在的,离不开有关研究目的的预设。就人类学范式的法律史的研究方法而言,其建构的前提是对当前国内法律史研究方法的整体性格局,亦即各种研究进路的样式与局限有所把握。

"历史—制度"进路:样式、局限及个案表达。纵观当前国内法律史研

---

① 参见臧知非:《土地、赋役与秦汉农民命运》,苏州大学出版社 2014 年版,第 100~103 页。

② 参见李伟民(编著):《法学辞源》,黑龙江人民出版社 2002 年版,第 3167 页。

③ 参见林剑鸣、吴永琪:《秦汉文化史大辞典》,汉语大词典出版社 2002 年版,第 759 页。

④ 参见方潇:《睡虎地秦简"身高六尺"涉数法律规定源由新探——基于阴阳五行说的分析》,载《清华法学》2018 年第 2 期。

⑤ 参见陈景良:《反思法律史研究中的"类型学"方法——中国法律史研究的另一种思路》,载《法商研究》2004 年第 5 期。

究方法的整体格局,[1]最为常见的是两种进路:(1)梳理特定法律概念、规则与原则的形成过程及演变路径,笔者将其称为“历史谱系分析法”。该方法重在强调“法制的内在历史发展逻辑”,比如,对“法人”“人役权”“法学”等专有名词的法律史研究,便是探究该名词诞生的历史时间,以及经历了怎样的“意义”流变,凡此“历史谱系分析”,可以清晰地呈现出概念在历史时空的意义发展过程。[2] 又如,有关“禁止权利滥用规则”“罪刑法定原则”“行政比例原则”等的法律史研究,也都习惯于追溯这些具体规则或原则的诞生与成长史,围绕这些规则与原则的原始“文本意义”及随着时代变迁而形成的“法理意义”展开探究。[3] (2)聚焦于一个或多个特定法律概念、规则与原则在历史语境中的“法制意义”,并分析其对当下法制/法治理论或实践的现代价值,笔者将其称为“历史语境分析法”。该方法重在强调“历史上的法制与当下的法制/法治之间的联系”,比如,有关“中国传统法本体的内涵”“中国传统法律文化的性质与意义”“中国传统司法的内容与特征”等研究,[4]大多习惯于运用此种研究方法。当然,该方法并未仅仅停留在揭示“古代法是什么”层面,而是将其与当下中国法有机勾连,以此来凸显中国古代法中蕴含的当代法律/法学镜鉴价值。

无论是“历史谱系分析法”,还是“历史语境分析法”,其都是以历史上某一个或多个法律概念、规则与原则的诞生、形成、发展与灭亡等为线索,讨论其存在合理性与否、辨析其古今中外异同之处,注重的是时间顺序意义上的“制度”演进逻辑的条分缕析。因此,笔者将这两种研究方法呈现出来的共同“进路”概括为“历史—制度”研究进路。与法学自诞生以来,一直较为关注规范本身的语义分析进路明显不同,“历史—制度”研究进路并不排斥对具体法条展开“概念分析”或“规范分析”,甚至有学者认为,法律史意义上的“概念法学”或“规范分析”可能会对中国法学发展有

① 有关于此的详细分析,可参见马小红、张岩涛:《当代中国法律史学研究方法的分析》,载《政法论丛》2020年第1期。

② 参见方流芳:《“法人”进入当代中国法律,意义何在?》,载《中国法律评论》2019年第6期;汪洋:《从用益权到居住权:罗马法人役权的流变史》,载《学术月刊》2019年第7期;何勤华:《汉语“法学”一词的起源及其流变》,载《中国社会科学》1996年第6期。

③ 参见李敏:《我国民法上的禁止权利滥用规范——兼评〈民法总则〉第132条》,载《法律科学》2018年第5期;高巍:《重构罪刑法定原则》,载《中国社会科学》2020年第3期;刘权:《行政判决中比例原则的适用》,载《中国法学》2019年第3期。

④ 参见张中秋:《中国传统法本体研究》,载《法制与社会发展》2020年第1期;冯玉军:《中西法律文化传统的形成与比较》,载《政法论丛》2019年第6期;张晋藩:《中国传统法文化的历史地位与史鉴价值》,载《法学杂志》2018年第1期。

直接性贡献。①

“历史—制度”研究进路,一直为国内法律史研究的主流。其在国内法学界影响因子最大的两个专业刊物《中国法学》(2019 年的复合影响因子为 13.061,综合影响因子为 7.844)与《法学研究》(2019 年的复合影响因子为 9.333,综合影响因子为 6.259)所发表的法律史论文(包括笔谈)②中体现得尤为明显。为此,笔者特梳理了自 2000 年至 2019 年的数据,具体可见图二与图三:

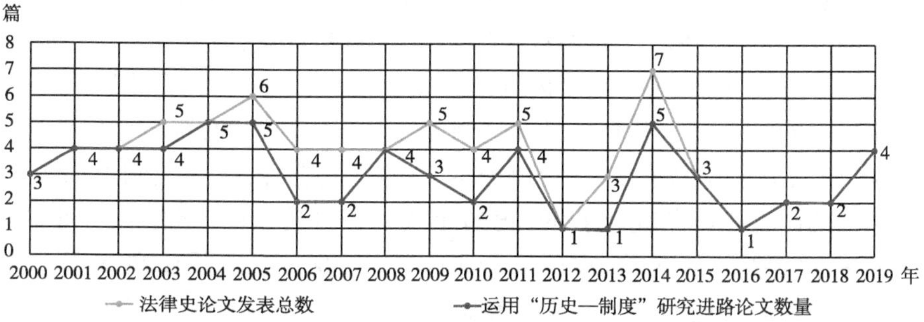

图二　《中国法学》发表的法律史论文所用研究进路统计数据(2000~2019)

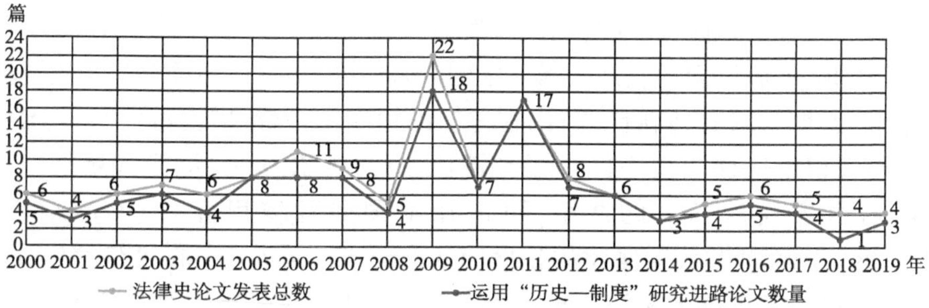

图三　《法学研究》发表的法律史论文所用研究进路统计数据(2000~2019)

仔细分析图二与图三的数据,可以得出,在过去二十年间,《中国法学》共发表了有关法律史的论文 76 篇,年均发表法律史论文 3.8 篇,其中采用“历史—制度”进路展开研究的有 61 篇,占比为 80.26%;《法学研究》

---

① 参见王志强:《我们为什么研习法律史?——从法学视角的探讨》,载《清华法学》2015 年第 6 期。

② 笔者在此处采用的是广义的“法律史”概念,因此,“法律史论文(包括笔谈)”就不仅包括法律史专业研究者发表的学术论文,也包括一些部门法学者发表的有关部门法的历史研究的论文。特此说明。

共发表了有关法律史的论文149篇,年均发表法律史论文7.45篇,其中采用“历史—制度”进路展开研究的论文有126篇,占比为84.56%。当然,若是以两份影响因子最大的法学专业刊物为数据的渊源与参照,似乎有“以偏概全”之嫌。但是,按照国内法学学术界的普遍认知,这两份刊物,无论是影响因子,还是学术地位,都是其他法学专业刊物在短时间内无法超越的。因此,从它们发表的法律史论文中提取与归纳出来的进路运用情况数据,至少还是能够较准确地反映客观事实的。

不容否认,“历史—制度”进路有其优势,如可以体系化地呈现法制/法治的变迁过程、逻辑化地揭示法制/法治的运作原理,但其现实缺陷亦很明显:一是过于强调法律制度内部的逻辑自洽性,忽略了支撑或影响逻辑结构稳定的“变量”。任何一种法律制度在其历史演进中,都不会以“一成不变”或以卡多佐大法官所谓“静止的”①的样式存在,支撑其制度内部逻辑结构的因素是不断变化着的,犹如无数个各自独立的“数字”,一个、两个或多个“数字”的变动,都可能会影响结构的稳定性,从而在本质上改变制度的性质。比如,作为“东方经验”的调解制度,其诞生与发展都受制于传统中国特定的经济形式与居住模式,特别是小农经济衍生出来的劳动力密切合作,以及以同一姓氏为结构单元的村落文明共同体等,离开了这两个客观条件,调解就失去了生存的“土壤”。不仅如此,在调解的历史发展过程中,各个地区、民族之间的调解方式也可能存在细微甚至明显的差别。因此,不假思索地便认为当代中国调解制度,与古代中国调解制度(唐代、宋代、明代或其他朝代的)内在逻辑结构完全一致,借由古代意义上的调解,可以解决由当代中国市场经济法制/法治引发的“诉讼大爆炸”问题;借由古代意义上的调解,可以让中国回到埃里克森(Robert C. Ellickson)所谓的“无需法律的秩序”(order without law)②的状态,都是值得商榷的。二是过于关注历史法制的现代价值,却忽略了对能否发挥价值、如何发挥价值、价值究竟多少等展开中国场域的经验论证。“社科法学”③的倡导者朱苏力曾指出,法律是实践的,是用来解决问题的,用来解决中国法制/发展过程涌现出来的一系列可能与西方相同,又可能与西方

① 参见[美]本杰明·N. 卡多佐:《法律科学的悖论》,劳东燕译,北京大学出版社2016年版,第1~34页。

② 参见[美]埃里克森:《无需法律的秩序:相邻者如何解决纠纷》,苏力译,中国政法大学出版社2016年版。

③ 社科法学,强调的是运用社会科学方法来从事法律/法学问题的专业分析。因此,人类学方法也属于社会科学方法之一。

迥然有别的问题的。[①] 从事法律史研究不能被束缚在历史的制度"牢笼"中,仅仅为历史法制的合理性证成,还需要走出历史法制,回归到现实的中国法学/法律问题之中,以来检验研究的价值。然而,问题的关键恰恰在于,在法律史研究过程中,"存在即是合理的"极为容易由哲学上的语境"合理性"变为法学上的"先验合理性"。[②] 因为,当现实的立法、司法与行政等制度无法提供有效的问题解决方案时,历史似乎就成了最后一根救命稻草。近些年来,国内法学界,尤其是法律史学界对"重建中华法系"的呼吁与努力便是一例。[③] 以唐律(对东南亚,尤其是越南、朝鲜与日本封建法制发展影响甚大)为代表的中华法系,[④]作为世界重要文明法系之一,[⑤]的确是表达了中国传统法领先于亚洲乃至世界的法律史事实。由此,能否套用"经济基础决定上层建筑、上层建筑反作用于经济基础"的哲学抽象,[⑥]用"世界第二大经济体"对应"中华法系代表性国家",将"封建法制"时期形成、发展与确立的"中华法系"在历史上的先进性对应其在当下存在的必要性与合理性?凡此问题,一旦缺乏系统化论证,结论便是值得商榷的。

以"古代社会的诉讼问题"为分析个案。纵观法律史学界有关中国古代社会诉讼问题的代表性研究,不难发现,其大都是自"历史—制度"进路展开的,具体言之:首先,研究者会从浩如烟海的历史文献中"搜寻"有关诉讼记录的史料,可以确定的是,研究者所搜集到的材料中,一定是既有官方的可信史料,如诉讼档案,也有非官方的、可信度较低的文学作品、神话传说、私人信件等可疑史料;其次,研究者会运用"类型化思维"[⑦]对搜集到的史料予以分门别类,再以可信的史料为核心,建构起一套可供研究使用的"资料库";最后,借由专业的法学知识,围绕论题展开一系列逻辑论证,得出"健讼""厌讼"或"时而健讼,时而厌讼"的结论。此种研究进路,虽然也是以法学问题为中心,但由于对与史料相关的诸多细节问题的

---

① 参见苏力:《送法下乡——中国基层司法制度研究》(修订版),北京大学出版社 2011 年版,第 8~10 页。

② 有学者借由此哲学原理对刑事推定问题进行了研究,具体可参见劳东燕:《刑事推定中的合理联系标准——以美国联邦最高法院的判例为视角》,载《清华法学》2010 年第 4 期。

③ 参见张晋藩:《重构新的中华法系》,载《中国法律评论》2019 年第 5 期。

④ See Geoffrey MacCormack, "The T'ang Code: Early Chinese Law", *Irish Jurist*, Vol. 18, Issue 1, 1983.

⑤ 何勤华:《中华法系之法律学术考——以古代中国的律学与日本的明法道为中心》,载《中外法学》2018 年第 1 期。

⑥ 参见田鹏颖:《马克思实践辩证法的社会工程形态》,载《中国社会科学》2016 年第 8 期。

⑦ 有关法学"类型化思维"的哲学基础与特点的详细讨论,可参见张斌峰:《法学方法论教程》,武汉大学出版社 2013 年版,第 310~312 页。

忽略,而难以获得有关诉讼"真相"的全面认识。纵然"历史—制度"研究进路有一些较为明显的缺陷,但笔者以为,其作为法律史研究的主流进路,至少还不会很快在学界消失。当然,这并不意味着它不会面对来自其他研究进路的挑战。因为随着中国法学格局的流变,[①]新的适合于中国场域法律史研究的进路已然萌芽,其为法律史人类学范式的方法论建构,提供了"火种"。

"历史—社会"进路:背景、旨趣及个案表达。谈到新的研究进路,必然要提到"提倡使用包括人类学在内的社会科学方法"的"社科法学"的诞生史。2001年,朱苏力发表了《也许正在发生——中国当代法学发展的一个概览》一文,正式宣示"社科法学"作为研究进路的价值。不仅如此,其还在文中"预言",该进路——主要表现为社会科学方法,包括人类学、社会学、经济学、政治学等——在未来必将对中国法学的理论与实践产生深刻影响。[②] 那么,朱苏力的"预言",作为新进路提出的背景,在法律史的方法论领域有没有获得实现呢?同样,笔者以《法学研究》与《中国法学》近二十年发表的法律史论文(包括笔谈)为例(见图四):

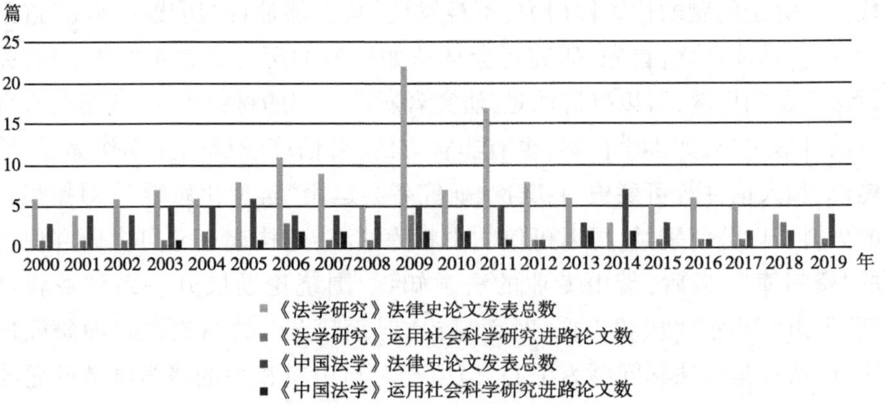

图四 《法学研究》与《中国法学》发表法律史论文运用方法统计(2000~2019)

自2000年1月至2019年12月,《法学研究》所发表的149篇法律史论文中,采用社会科学研究进路的仅有23篇,占比为15.44%;《中国法学》所发表的76篇法律史论文中,采用社会科学研究进路的仅有15篇,占

① 参见苏力:《中国法学研究格局的流变》,载《法商研究》2014年第5期。

② 参见苏力:《也许正在发生——中国当代法学发展的一个概览》,载《比较法研究》2001年第3期。

比为19.7%。从这个数据来看,可以说朱苏力的“预言”在法律史研究的方法论领域似乎落空了。但是,另外一个“参数”对于判断朱苏力的“预言”却更为重要,即将所有运用“历史—制度”研究进路的论文与运用社会科学研究进路的论文,予以“被引次数”①的比较。以发表法律史论文更多的《法学研究》为例(见图五):

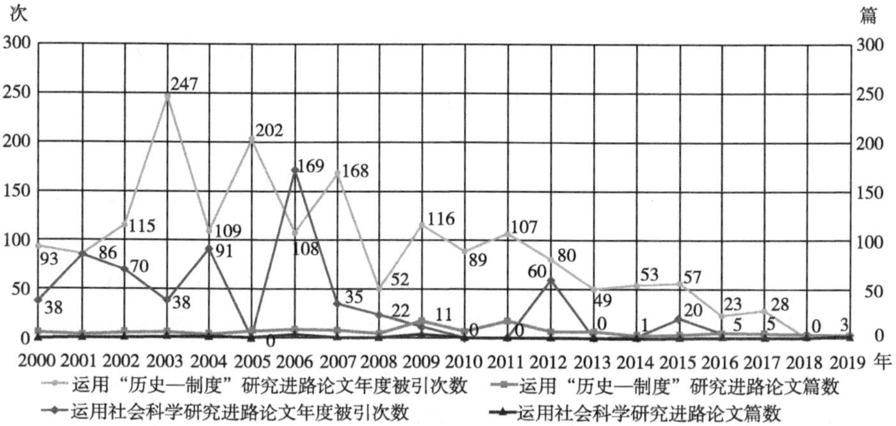

图五　《法学研究》发表法律史论文被引次数统计(2000~2019)

从图五呈现的数据中可以得出,从2000年1月至2019年12月,《法学研究》所发表的运用“历史—制度”研究进路的126篇法律史论文,截至2020年6月26日,共计被引证1785次,平均每篇被引证14.17次;另外发表的23篇运用社会科学研究进路的法律史论文,共计被引证657次,平均每篇被引证28.57次。很明显,从单篇论文被引率来看,运用社会科学研究进路的法律史论文是运用“历史—制度”研究进路的法律史论文的两倍。与此同时,从图五中还可以看出,从2003年开始,运用“历史—制度”进路从事法律史研究的论文,其被引次数逐年减少的趋势较为明显,而运用社会科学研究进路从事法律史研究的论文,虽然也有波动,但幅度明显小于前者。因此,社会科学研究进路正在对法律史发生着影响,作为一个事实确实已经发生了。

不过,虽然事实已经发生,但笔者拟强调的法律史的新的研究进路,与朱苏力所提倡的法理学意义上的“社会科学研究进路”略有不同,笔者将其称之为“历史—社会”研究进路。作为一种方法论进路,其主要旨趣有

① 由于中国知网所收录的论文,其被引次数会一直处在一个变动状态,但通过对过往二十年被引次数的总体性分析,还是能够看出知识传播的效果的。笔者此处所提到的“被引次数”的最后截止时间为2020年6月26日,特此说明。

三:一是相较于"历史—制度"研究进路"偏爱"法律史话语的"官方表达",其更加注重法律史话语的"民间表达",亦即百姓生活史中的"细故",有关于此,在尤陈俊、徐忠明两位学者近些年的法律史研究中有着清晰地体现;① 二是相较于"历史—制度"研究进路侧重于以"制度"为中心、强调"制度"的"自上而下"运作逻辑,"历史—社会"研究进路则以"社会"为中心,注重社会的"整体性秩序"建构逻辑;三是"历史—社会"研究进路的理论出发点是,规则——无论是官方制定的、对全体族群有约束力的规则,还是在民间自发形成,仅对某一族群有约束力的规则,都是不确定的。规则需要在社会的发展过程中接受各种检验,只有社会才能确保规则的意义得以实现。换言之,围绕这三种不同却相互关联的旨趣,"历史—社会"研究进路是先梳理并揭示法律史事实,再质疑法律史事实,最后借助特定社会目的、社会秩序、社会结构等来确定法律史事实的意义与价值。

还是以"古代社会的诉讼问题"为分析个案。一旦运用"历史—社会"研究进路,我们就会在"历史—制度"研究进路所关注的问题的基础上,进一步对社会场域内的"细故"予以质疑或深究。如衙门所收词状数量,是否就等于所在地区的讼案的实数;② 诉讼过程中,为当事人提供法律服务的职业群体——讼师,其呈现出的"正式角色"与"非正式角色"之间存在怎样的差别;③ 当事人呈交给官府的契约文书是否存在造假,如果造假,其作为史料被保留下来,有无使用的必要性与可行性;④ 诉讼风气与地方社会的经济、社会、文化、地理等因素,亦即"民风"有无明显关联;⑤ 地方官员围绕当地的"健讼"与"厌讼"而设计的"对策",是客观的社会/法律事实记录,还是主观的社会/法律事实臆测;⑥ 传统法律史学界有关中国古代"厌讼"的思维定式,能否作为后来研究者展开诉讼问题论证的经验前提等。⑦ 之所以质疑,是为了获得古代诉讼与古代社会存在的目的、呈现的结构及

① 参见尤陈俊:《明清司法经济对民众诉讼策略的影响——高昂讼费与健讼风气之悖论的一个分析》,载《法学》2019 年第 3 期;徐忠明:《明清时期法律知识的生产、传播与接受——以法律书籍的"序跋"为中心》,载《华南师范大学学报(社会科学版)》2015 年第 1 期。

② 对该问题,尤陈俊做了较为详尽的研究,可参见尤陈俊:《"厌讼"幻象之下的"健讼"实相？重思明清中国的诉讼与社会》,载《中外法学》2012 年第 4 期。

③ 参见李栋:《讼师在明清时期的评价及解析》,载《中国法学》2013 年第 2 期。

④ 参见冯学伟:《契约文书的伪造、防伪与辨伪》,载《法制与社会发展》2013 年第 2 期。

⑤ 参见侯欣一:《清代江南地区民间的健讼问题——以地方志为中心的考察》,载《法学研究》2006 年第 4 期。

⑥ 参见邓建鹏:《清代健讼社会与民事证据规则》,载《中外法学》2006 年第 5 期。

⑦ 参见佘军:《东方人"厌讼"吗？——对当代中国、日本低诉讼率现象的分析与思考》,载《社会科学家》2000 年第 3 期。

确立的价值之间的关系的理性认识。在社会场域的“细故”中，反观作为一种客观现象的诉讼。

从“历史—制度”的研究进路到“历史—社会”的研究进路，因应的是法律史研究方法的“社会中心主义”或“民间中心主义”。“历史—社会”研究进路作为法律史人类学范式的方法论表达，其并不否认“历史—制度”进路的现实价值，也不割裂历史时空下的“制度”与“社会”的内在联系。不过，最为关键的是，相较于“历史—制度”研究进路，“历史—社会”研究进路更加关注民间的生活“细故”，更加注重对法律史“事实”的价值质疑与真伪检验。那么，有了知识，有了方法，范式就形成了吗？答案当然是否定的。

三、法律史学术共同体的理念塑造

纵然知识与方法为范式的形成提供了基础，但运用一套相同或相近的方法生产知识的学术共同体的存在与建设同样是至关重要的。有关于此，美国法学家威格摩尔（John H. Wigmore）曾谈到，一个职业/学术共同体的存在，是保持法律体系永葆活力的关键所在。[①] 那么，如何才能确保法律史学术共同体的凝聚力，亦即能自觉运用彼此认可的知识及进路来展开研究，从而形成一种普遍接受的范式呢？笔者认为，可围绕“问题”（question）与“论题”（topic）来展开范式的理念塑造。

问题及其类型与思维。人类学范式的法律史，如一般意义上的法学范式一样，同样强调也确实需要有问题意识、以问题为中心，[②]但与其他学术流派，如法律社会学、法律经济学等不同的是，法律人类学或者说人类学对“问题”始终保持一种较为开放的态度。因为，从历史上由国家制定的成文法规范的字里行间可以提炼出问题，从历史上特定地域的民间风俗与习惯的记录中可以提炼出问题，甚至从历史上保留下来，却往往被法律社会学或法律经济学认为不是法学素材的小说、笔记、神话、画作等文学艺术作品的语言及图像中也可以提炼出法学问题。换言之，人类学范式意义上的法律史研究，面对的问题，不只是“历史—法学”的，也可能是“历史—社会”“历史—文学”的，亦即一切与法律史研究旨趣有关的法学问题或非法学问题都是问题，都可以构成研究的动因。

---

① ［美］约翰·H.威格摩尔：《世界法系概览》（下），何勤华、李秀清、郭光东等译，上海人民出版社2004年版，第946页。

② 有关法学的问题、问题意识及与之相关概念的深入分析，可参见张健：《中国法学中的研究问题：一次有关学术规范的理论铺陈》，载《法律科学》2019年第6期。

正是由于人类学范式的法律史,其问题"渠道"来源的多元性,让从事此种范式研究的学术共同体的理念塑造变得极为困难。不仅如此,呈现于研究者面前的问题,在不同的学科中还会有不同的"表达"。比如,在对中国古代文学作品,如《窦娥冤》《水浒传》《三国演义》等材料阅读过程中,法律史学者会发现诸多有关古代法律知识的传播途径、古代社会的民间规则乃至古代社会普通民众的诉讼技巧等问题。这些问题既有可能被解读为法学问题(规范的效力与适用方式),也有可能被解读为文学问题(作品的写作手法与叙事策略)。由此,人类学范式的法律史,其所面对的问题是"混乱"的,若不厘清"混乱"的实质,走出"混乱"的"陷阱",共同的抑或相近的学术理念就无法塑造起来。按照法律人类学知识传统对"问题"所作的类型主义划分,笔者以为,人类学范式的法律史研究所面对的问题,大概有三种类型:

第一种类型是历史主义法学问题。此类问题具有鲜明的法学属性,且往往都是以某某朝代/阶段某某法的具体内容、某某朝代/阶段某某法与另一朝代/阶段某某法内容的异同等为表现形式,如唐代行政法的性质问题、民国时期民商法的内容问题、《唐律》与《大清律例》有关盗窃犯罪的法条内容的异同问题等。这类问题通常表达的都是法律史的基础性问题,以"知识是什么"为导向,其不太需要研究者对问题本身作过多解读,只要坚持"中立性思维",客观揭示成文法中的相关记录,再进一步予以陈述或比较即可。

第二种类型是历史主义人类学等问题。这类问题看似与法学无关,却深藏着法学的问题"火种",如有唐一代的人口增减问题,从形式上看,其往往被视为纯粹的人类学数据统计问题,但为什么人口会增减?其可能就会涉及规范意义上的法学问题。又如清朝末年的文化变迁问题,表面看来是个人类学问题,但变迁的背景与过程则牵涉一系列极为复杂的法学问题。再如中国历史上的少数民族图腾崇拜,形式上叙说的是人类学意义上的少数民族文化表达形式或方式问题,但却与少数民族习惯法的形成过程、权力渊源乃至运作机理等问题紧密关联。值得注意的是,这类问题是经常被法律社会学、法律经济学研究所忽略掉的问题,甚至被其视为不是法学问题、没有法学意义的问题。

第三种类型是历史主义法律人类学问题。这种类型的问题本身充满了多学科"质素",如明代社会法律知识的传播路径问题、清代社会民众对国家法的规避与家族法的适用问题、唐代社会对有特殊身份的化外人犯罪的处理问题,所有这些问题既可以被解读为历史问题,又可以被解读为人类学问题,不过却都可被“涵摄”于法律问题之中。当然,虽说第二种类型与第三种类型的问题会有一些重叠之处,但第三种类型的问题所牵涉的“问题”却要复杂得多。

然而,无论是类型二中提到的问题,还是类型三中提到的问题,对其“发现”与“捕捉”恰恰是人类学范式的法律史研究体现其价值与意义,以及区别于传统法律史范式的关键所在。同时还需注意的是,面对类型一,即“历史上的法学问题”,一般只要运用“中立性思维”即可,但在面对类型二与类型三中所提到的问题时,却要运用“积极性思维”。①

人类学范式的法律史学术共同体,不仅需要对其所可能遇到的问题类型有所预判,对不同类型问题的处理所运用的思维方式有所知晓,还要对“问题类型—问题思维”结构中的问题,予以深入探究,由此在理念上形成大致相同的问题意识,并对问题意识中存在的问题有所洞悉。的确,问题意识对催生共同理念的诞生尤为重要,但检验问题是否有价值,以及价值大小却离不开对论题(topic)的进一步探究。

论题及其表达与实践。在我国当代法学发展史上,随着学术生产、交流的日益增进,相继涌现出一系列重大法学论题,如法理学界对权利本位与义务本位、刑法学界对形式主义刑法观与实质主义刑法观、民法学界对传统民法与特别民法关系等争论,围绕这些争论而展开的是一系列论题表达——基本论点,如权利本位是社会主义法制/法治的根本特征、②实质主义刑法观是中国刑法范式转型的必然选择、③中国民法典应该既包括传统民法又需整合特别民法等。④ 不容否认,这些论题表达,有力地推动了学术共同体有关具体法学问题的认知理念的分殊(或是持肯定立场,或是持否定立场,或是持中立立场),加速了学术共同体内部新的有关“范式”的理念的形成。

但是,纵观近二十年来国内法律史学界的习惯性论题表达,比较常见的,如德主刑辅是中华法制区别于其他法制的典型性特征、中国古代刑法较为发达,而民法则较为滞后、奴隶制五刑发展至封建制五刑是社会生产

---

① 所谓“积极性思维”,笔者将其定义为“研究者要有意识地围绕问题提出的侧重点,不论是社会的、政治的,还是其他视角的,主动将问题解决的过程、目的与侧重点关联起来,给出人类学范式的解决思路”。

② 参见张文显:《“权利本位”之语义和意义分析——兼论社会主义法是新型的权利本位法》,载《中国法学》1990年第4期。

③ 参见刘艳红:《走向实质解释的刑法学——刑法方法论的发端、发展与发达》,载《中国法学》2006年第5期。

④ 参见谢鸿飞:《民法典与特别民法关系的建构》,载《中国社会科学》2013年第2期。

力发展与生产关系变迁的必然结果等，其所呈现的基本是“描述—规范”的逻辑结构，见图六：

图六　“描述—规范”逻辑结构

此种论题表达思路，将论点的真伪/合理的检验置于规范的框架之中，比如，判断“德主刑辅是中华法制区别于其他法制的典型性特征”论题的合理与否，先是在中国古代代表性法典中寻找肯定性直接证据，同时在其他国家或地区同时段代表性法典中寻找否定性直接证据，再通过对肯定性的与否定性的直接证据的比较，最终获得有关论题科学性的认知。又如，对“中国古代刑法比民法更为发达”的论证，先是以各个朝代的代表性法典（有留存下来的史料的，以及没有留存下来的史料，但有间接证据可以证明的）为分析对象，再借由现代法学有关民法（调整平等主体的人身关系与财产关系）与刑法（将刑罚作为违法的直接结果）的类型性区分，最后根据法典中民事规范与刑事规范各自所占篇幅比例，得出直观性结论。此类论题结构，虽然具有规范意义上的合理性（因而备受法教义学推崇），但却忽略了生活世界的法律现象，以及法律与社会之间的逻辑联系。

由于人类学对经验性的强调（虽然经验并不必然意味着有先验地优于理论的特质，且一直受到质疑），[①]因此，人类学范式的法律史学术共同体对论题表达的理念认知，就应不再局限于论点的描述，而是论点的评价，亦即有意识地关注论点的价值，将其与研究目的关联起来，借由研究目的来确定其是否有意义，如果有意义（理论的或非理论的），再看其是否经受得住实践（中国法律/法学现实发展需要）的检验。

以近些年来备受法律史学界关注的“中国古代法的性质是……”为例。作为一个论题，源于“如何发掘与证实本土法的价值”的问题意识，就其论点表达而言，主要有：（1）中国古代法都是刑法；（2）中国古代法主要/基本都是刑法，但也有民法；（3）中国古代既有民法、刑法，也有行政法等。这些以“是什么”或“不是什么”表达出来的系列论点，对人类学范式的法律史学术共同体而言，都是一些有待“评价”的论点。为什么？因为这些论点有无价值，与研究目的是密切相关的。如果研究的是中国古代婚姻立

① 参见杨子潇：《经验研究可能提炼法理吗？》，载《法制与社会发展》2020 年第 3 期。

法或司法，很显然，其定会更加关注论点二或论点三，如果研究的是古代的“民告官”，必然就会更加关注论点三。换言之，由一个具体论题所衍生出来的一系列论点，只有与研究目的关联在一起，才有讨论的价值与意义。当然，对论点作了价值判断，并将价值判断与研究目的关联起来之后，还需要对论点的准确性/科学性与否展开实践检验。

实践是有历史限度的，[①]因此借由其来检验当然就会有诸多标准可以参照，如官方的实践检验、民间的实践检验、官民合作的实践检验等。就中国古代法的性质而言，官方的实践检验，通常聚焦的是国家法的施行实践，如买卖、婚姻、断狱等是否遵守了国家法律规范，而不是停留在探究国家法律规范是否对此类行为及其后果予以了明文规定；民间的实践检验，则围绕着民间的风俗与习惯而展开，如民间借贷、婚姻彩礼、赡养父母等是否遵守了为特定地区人们众所周知的民间法。官民合作的实践检验，则是围绕着民事行为或刑事行为等是否同时违反了国家法与民间法的规范，以及如果有所违反、应该如何处理等而展开的。相较于官方的实践检验、官民合作的实践检验，民间的实践检验更能凸显论题的价值及意义，也更能准确地反映结论的准确性/科学性。因为，无论是古代法，还是现代法，一旦偏离了对生活秩序的关注，就会走向玄学，用通俗的语言讲，就是没有生机。人类学范式的法律史，对论点的价值判断、论题的研究目的，以及论题的合理与否等结构要素的探究，始终是经验性的。由此，人类学范式的法律史学术共同体，有关论题的理念，始终是围绕着论点的表达与实践而展开的。

“问题类型与问题思维”以及“论题表达与论题实践”作为两组核心概念，对人类学范式的法律史学术共同体的理念塑造不仅是必要的，也是可行的。可以说，从“问题”到“论题”，揭示的是人类学范式的法律史学术共同体的问题意识，以及对问题意识之中存在的问题的反思。论题源于问题，但论题本身却有待实践的检验。无论是发现问题，还是检验论题，人类学范式的法律史学术共同体的理念都应始终植根于中国法制/法治发展的历史经验。

如上从知识、方法、理念三个层面就法律史人类学范式的建构而展开的论述，仅仅只是一种学术尝试，它源于对格拉克曼部落社会司法过程学术思想的探究过程中获得的启发。格拉克曼在部落社会司法过程“法律

① 参见张盾：《马克思的“新唯物主义”如何可能？——论实践哲学的构成和限度》，载《哲学研究》2019 年第 2 期。

史”的法律本体论、法律发现论与法律方法论的思想谱系形塑过程中，始终坚持马克思主义意义上的“以人为中心”的理念，将学术研究与人类生活、人类秩序关联在一起，凡此实践，对于在中国场域从事法律史研究的学者而言，同样是值得关注的。毕竟，法律史范式的建构，可能会存在多种类型，强调某一种范式或多种范式定然超越其他范式，容易且必然会引起一定的学术争论。然而，可以确定的是，无论建构哪种范式，法律史研究都离不开对如何实现更加美好的人类生活与人类秩序的思考。只有将法律史的范式建构与人类生活的目的与意义紧密关联在一起，才能全面发挥法律史的实践价值与功能。

结　语

当前国内三种主流法律史研究范式——历史学研究范式、社会学研究范式、法理学研究范式，虽对推进我国法律史研究的深度与广度发挥了重要作用，却忽略了同时也无法从根本上协调“历史”“事实”“社会”“人”之间所存在的各种“冲突”。与这三种主流法律史研究范式不同的是，法律史的人类学范式，强调“以人为中心”，关注人在社会中的角色、地位，人与人之间的联系与对立，以及人与社会之间的互动形式与结果等“因素”对法律史知识、方法与理念的形成过程的影响。因此，它不仅能有效解决三种主流研究范式中存在的“冲突”，而且还能让法律史的知识生产过程更加理性化，让法律史的知识更具科学性。只是，法律史人类学范式的建构却面临着诸多困难：一方面，纵观既有国内法律史的研究成果，无法找到现成的“样式”或“模板”可资借鉴；另一方面，范式本身的“模糊性”，容易让法律史人类学范式的建构过程围绕不同甚至截然相反的进路展开。然而，格拉克曼有关部落社会司法过程的探究及在此基础上形成的思想谱系，对我们理解法律史人类学研究范式的实质、把握法律史人类学研究范式的方法、建构法律人类学研究范式的体系具有极为重要的借鉴与参考价值。

通过对格拉克曼部落社会司法过程学术思想的分析，我们不但感受到了部落社会特有的法律本体论、法律发现论与法律方法论的内容，而且还领略到了格拉克曼的学术抱负与责任担当。与大多数比较法学家、法律人类学家不同，出生在一个特殊的年代、一个特殊的家庭，格拉克曼似乎从其来到世界上的那一刻起就已肩负着时代、家庭给予他的历史重任。作为一个学者，他将真实的生命体验置诸具体的学术思考过程中，穿梭于法学、人类学、历史学之间，为部落社会的法律文明“呐喊”，为种族平等的秩序诉求“呐喊”。在这样一个现实诉求下，格拉克曼选择部落社会司法过程作为其思考的中心点，通过对部落社会司法过程中的法律理论、法律技术、法律方法等问题的系统研究，得出了“部落社会的司法过程与西方文明社会的司法过程，从总体上看是共性大于异性”的结论。格拉克曼在分析这些问题的过程中，始终坚持经验主义的哲学立场，强调“参与观察”胜于“理论臆测”的学术逻辑，这无疑为其研究结论得出的“科学性”作了科学证成。不过,从知识发生学、历史主义的视角来看,格拉克曼似乎从一开始就掉进了一个先验的结论"陷阱"中,这个陷阱中布满了"种族平等"的"荆棘"。

相较于研究的结论,更重要的是研究过程。作为一位对历史主义尤为"痴迷"的学者,格拉克曼发现法学问题、解决法学问题的进路对我们提炼中国场域法律史研究中的问题,以及解决问题的方式与方法有着深刻启示。在格拉克曼看来,法律文化既是一门地方性知识,亦是一门普遍性知识。地方性与普遍性之间并不存在必然的对立,普遍性蕴藏于地方性之中,地方性又无时无刻不彰显着普遍性。因此,中国场域的法律史研究在强调中国特色的同时,始终不能忽视作为一门法学知识,其所必然具有的普遍性特质,只有在此基础上才能再去进一步思考萨维尼意义上的法律的"民族精神"。当然,格拉克曼出生在南非,后到英国求学、教学的这种特殊经历及由此生发出来的现实际遇,也提醒着我们在借鉴其所建构的部落社会司法过程"法律史"的法律本体论、法律发现论、法律方法论的思想谱系时,必须要报以一种"批判"的眼光。研究问题离不开特定的政治、文化诉求,然知识的客观性如何保证,它需要研究者秉持"客观的"的学术立场。具体到中国场域的法律史研究过程中,它则要求我们对格拉克曼部落社会司法过程"法律史"叙事过程中的各种理论、方法与技术予以特定的情境"过滤",而不是盲目套用。

知识本身是没有边界的,受制于人的能力与经验,可以获得的知识却是有限的。在对格拉克曼部落社会司法过程学术思想的分析中,还有诸多问题无法进一步展开,如在将部落社会的司法实践与西方文明社会的司法实践进行比较时,为什么其没有对中世纪英国衡平法院的司法实践展开分析?究竟是有意不提还是无意遗忘?再如,为什么志在书写完整"巴罗策法学三部曲"的格拉克曼,只写到了第二部,第三部却没有写完?到底是因为身体原因还是其他原因?凡此种种,我们都无法从既有的有关格拉克曼的著作、论文及档案材料中获得确切信息,而对这些问题的不断思考与解决,无疑可能会改变之前的诸多结论。

格拉克曼的部落社会司法过程学术思想启示我们,有必要重新审视中国场域传统法律史范式的本体论与方法论问题,以及人工智能时代法律史研究的"变"与"不变"。因为,它是建构法律史的人类学范式的前提性工作与基础性工作。从知识的意义的空间拓展、方法论进路的转化、学术共同体的理念塑造等方面,虽然可为法律史的人类学范式的建构提供框架,但它并不意味着这些"实践"本身就是法律史的人类学范式。毕竟,一个科学的范式的建构，需要的不只是理论的逻辑演绎，还需要现实的经验检验。在一个可以想见的未来，中国场域的法律史研究必然会深度融入全球化的法学知识秩序中，届时，有关法律史究竟是“虚学”还是“实学”？法律史是法学还是历史学？究竟应关注“历史中的法律”还是“法律中的历史”？类似问题还会不断重现，而诸如此类问题的发现与解决，仅仅参照格拉克曼部落社会司法过程学术思想是不够的，甚至寄希望于法律史的人类学范式也是不够的，它还需要所有法律史学术同仁围绕法律史的中国知识、方法与技术传统，从中国理论与实践出发来展开深层次探究。因为，我们都已深深“镶嵌”于中国特色与中国气派的法律史乃至法学的秩序建构之中了，凡此一切都是我们义不容辞的责任。

参考文献

一、格拉克曼著述

(一)著作

1. Max Gluckman, *African Traditional Law in Historical Perspective*, London: Oxford University Press, 1974.

2. Max Gluckman (ed.), *Ideas and Procedures in African Customary Law*, London: Oxford University Press, 1969.

3. Max Gluckman, *The Judicial Process among the Barotse of North Rhodesia*, 2nd ed., Manchester: Manchester University Press, 1967.

4. Max Gluckman, *The Ideas in Barotse Jurisprudence*, Manchester: Manchester University Press, 1965.

5. Max Gluckman, *Politics, Law and Ritual in Tribal Society*, Oxford: Basil Blackwell, 1965.

6. Max Gluckman (ed.), *Closed Systems and Open Minds: The Limits of Naivety in Social Anthropology*, Edinburgh: Oliver & Boyd, 1964.

7. Max Gluckman, *Order and Rebellion in Tribal Africa: Collected Essays with an Autobiographical Introduction*, London: Cohen and West, 1963.

8. Max Gluckman (ed.), *Essays on the Ritual of Social Relations*, Manchester: Manchester University Press, 1962.

9. Max Gluckman, *Custom and Conflict in Africa*, Oxford: Basil Blackwell, 1955.

(二)论文

1. Max Gluckman, "Conflict and Cohesion in Zululand: An Historical Study in Social Organization", *History in Africa*, Vol. 41, 2014.

2. Max Gluckman, "Concepts in the Comparative Study of Tribal Law", in Laura Nader ed., *Law in Culture and Society*, Berkeley: University of California Press, 1997.

3. Max Gluckman, "Anthropology and Apartheid: The Work of South African Anthropologists", in Meyer Fortes, Sheila Patterson eds., *Studies in*

African Social Anthropologists, London: Academic Press, 1975.

4. Max Gluckman, "Reasonableness and Responsibility in the Law of Segmentary Societies", Hilda Kuper and Leo Kuper eds., *African Law: Adaptation and Development*, Berkeley and Los Angeles: California University Press, 1965.

5. Max Gluckman, "Limitations of the Case-Method in the Study of Tribal Law", *Law & Society Review*, Vol. 7, No. 4, 1973.

6. Max Gluckman, "New Dimensions of Change, Conflict and Settlement", *International Social Science Journal*, Vol. 23, Issue 4, 1971.

7. Max Gluckman, "Social Beliefs and Individual Thinking in Tribal Society", in Robert A. Manners and David Kaplan (eds.), *Theory in Anthropology: A Sourcebook*, London: Routledge and Kegan Paul, 1969.

8. Max Gluckman, "The Utility of the Equilibrium Model in the Study of Social Change", *American Anthropologist*, Vol. 70, Issue 2, 1968.

9. Max Gluckman, "Psychological, Sociological and Anthropological Explanations of Witchcraft and Gossip: A Clarification", *Man (New Series)*, Vol. 3, No. 1, 1968.

10. Max Gluckman, "Natural Justice in Africa", *Natural Law Forum*, Vol. 9, 1964.

11. Max Gluckman, "Civil War and Theories of Power in Barotseland: Africa and Medieval Analogies", *Yale Law Journal*, Vol. 72, No. 8, 1963.

12. Max Gluckman, "Papers in Honor of Melville J. Herskovits: Gossip and Scandal", *Current Anthropology*, Vol. 4, No. 3, 1963.

13. Max Gluckman, "Comment: The Role of the Barotse King in the Judicial Process", *Stanford Law Review*, Vol. 14, No. 1, 1961.

14. Max Gluckman, "African Jurisprudence", *The Advancement of Science*, No. 75, 1961.

15. Max Gluckman, "Ethnographic Date in British Social Anthropology", *Sociological Review*, Vol. 9. Issue 1, 1961.

16. Max Gluckman, "Tribalism in Modern British Central Africa", *Cahiers d'Études Africaines*, Vol. 1, Issue 1, 1960.

17. Max Gluckman, "The Technical Vocabulary of Barotse Jurisprudence", *American Anthropologist*, Vol. 61, No. 5, 1959.

18. Max Gluckman, "The Peace in the Feud", *Past & Present*, No. 8, 1955.

19. Max Gluckman, "Adat Law in Indonesia", *Journal of Comparative Legislation and International Law*, Vol. 31, No. 3/4, 1949.

20. Max Gluckman, " Malinowski's Functional'analysis of Social Change", *Africa*, Vol. 17, Issue 2, 1947.

21. Max Gluckman, "African Land Tenure", *Rhodes–Livingstone Paper Journal*, No. 3, 1945.

22. Max Gluckman, "The Rhodes-Livingstone Institute", Northern Rhodesia, *Man*, Vol. 44, 1944.

23. Max Gluckman, " A Lozi Price-Control Debate ", *South African Journal of Economics*, No. 9, 1943.

24. Max Gluckman, " Essays on Royal Property ", *Rhodes-Livingstone Paper*, No. 10, 1943.

25. Max Gluckman, " Economy of the Central Barotse Plain ", *Rhodes-Livingstone Paper*, No. 7, 1941.

26. Max Gluckman, " The Kingdom of the Zulu of South Africa ", in Meyer Fortes and Edward E. Evans-Pritchard ed., *African Political Systems*, London: Oxford University Press 1940.

27. Max Gluckman, " Analysis of a Social Situation in Modern Zululand", *Bantu Studies*, Vol. 14, 1940.

28. Max Gluckman, "The Balance Between European and Native Political Authorities in Zululand", *Man*, Vol. 39, 1939.

29. Max Gluckman, " Zulu Women in Hoecultural Ritural ", *Bantu Studies*, Vol. 9, Issue 1, 1935.

二、中文文献

（一）中文著作

1. 侯猛:《司法的运作过程:基于对最高人民法院的观察》,中国法制出版社 2021 年版。

2. 曾令健:《纠纷解决合作主义:法院调解社会化研究》,商务印书馆 2020 年版。

3. 孙海波:《疑难案件与司法推理》,北京大学出版社 2020 年版。

4. 周星:《死给你看——对一类自杀现象的法人类学研究》,巨流图书有限公司 2020 年版。

5. 侯欣一:《从司法为民到大众司法——陕甘宁边区大众化司法制度

研究(1937—1949)》,生活·读书·新知三联书店2020年版。

6. 张晓辉:《法律人类学的理论与方法》,北京大学出版社2019年版。

7. 李秀清:《日耳曼法研究》(修订版),社会科学文献出版社2018年版。

8. 王秋俊:《格拉克曼法律人类学思想研究》,人民出版社2017年版。

9. 苏力:《法治及其本土资源》(第三版),北京大学出版社2015年版。

10. 梁治平:《清代习惯法》,广西师范大学出版社2015年版。

11. 夏新华:《非洲法律文化史论》,中国政法大学出版社2013年版。

12. 王伟臣:《法律人类学的困境:格鲁克曼与博安南之争》,商务印书馆2013年版。

13. [英]罗伯茨:《秩序与争议——法律人类学导论》,沈伟、张铮译,上海交通大学出版社2012年版。

14. 谢鸿飞:《法律与历史:体系化法史学与法律历史社会学》,北京大学出版社2012年版。

15. 赵旭东:《法律与文化:法律人类学研究与中国经验》,北京大学出版社2011年版。

16. 郑家馨:《南非史》,北京大学出版社2010年版。

17. [美]黄宗智:《过去和现在:中国民事法律实践的探索》,法律出版社2009年版。

18. 徐忠明:《情感、循吏与明清时期司法实践》,上海三联书店2009年版。

19. 陈瑞华:《论法学研究方法:法学研究的第三条道路》,北京大学出版社2009年版。

20. [美]昂格尔:《现代社会中的法律》,吴玉章、周汉华译,译林出版社2008年版。

21. 朱晓阳:《面向"法律的语言混乱"——从社会与文化人类学视角》,中央民族大学出版社2008年版。

22. 张冠梓:《论法的成长——来自中国南方山地法律民族志的诠释》,社会科学文献出版社2007年版。

23. [英]靳克斯:《英国法》,张季忻译,陈融勘校,中国政法大学出版社2007年版。

24. [日]大木雅夫:《比较法》(修订译本),范愉译,法律出版社2006年版。

25. 何勤华:《中国法学史》(全3卷)(修订本),法律出版社2006年版。

26. 张文显:《二十世纪西方法哲学思潮研究》,法律出版社 2006 年版。

27. 邓正来:《中国法学向何处去——建构中国法律理想图景时代的论纲》,商务印书馆 2006 年版。

28. 杨鸿烈:《中国法律思想史》,中国政法大学出版社 2004 年版。

29. 马小红:《中国古代法律思想史》,法律出版社 2004 年版。

30. 何家弘:《中外司法体制研究》,中国检察出版社 2004 年版。

31. [德]康德:《纯粹理性批判》,邓晓芒译,人民出版社 2004 年版。

32. 柏桦:《明代州县政治体制研究》,中国社会科学出版社 2003 年版。

33. 林端:《儒家伦理与法律文化:社会学观点的探索》,中国政法大学出版社 2002 年版。

34. [日]汤浅道南、小池正行、大仲滋:《法人类学基础》,徐晓光、周相卿译,华夏文化艺术出版社 2001 年版。

35. 何勤华:《西方法学史》(第二版),中国政法大学出版社 2000 年版。

36. 杨仁寿:《法学方法论》,中国政法大学出版社 1999 年版。

37. 费孝通:《乡土中国　生育制度》,北京大学出版社 1998 年版。

38. [英]波普尔:《历史主义贫困论》,何林等译,中国社会科学出版社 1998 年版。

39. [日]千叶正士:《法律多元——从日本法律文化迈向一般理论》,强世功等译,中国政法大学出版社 1997 年版。

40. [日]穗积陈重:《法律进化论》,黄尊三等译,中国政法大学出版社 1997 年版。

41. 石泰峰:《跨越文明的误区:现代西方法律人类学》,山西高校联合出版社 1995 年版。

42. [日]棚濑孝雄:《纠纷的解决与审判制度》,王亚新译,中国政法大学出版社 1994 年版。

43. 朱景文:《现代西方法社会学》,法律出版社 1994 年版。

44. 由嵘:《日耳曼法简介》,法律出版社 1987 年版。

45. 沈宗灵:《现代西方法律哲学》,法律出版社 1983 年版。

46. 张晋藩:《中国法律史论》,法律出版社 1982 年版。

(二)中文论文

1. 陈金钊:《带伤的思考及法律方法矫正》,载《探索与争鸣》2020 年第 8 期。

2. 王伟臣:《从规则到过程:法律人类学纠纷研究的理论进路与现实启

示》，载《中央民族大学学报(哲学社会科学版)》2020年第2期。

3. 郭晔:《法理主题论——新时代中国法学新范式》,载《法制与社会发展》2020年第2期。

4. 马小红、张岩涛:《当代中国法律史学研究方法的分析》,载《政法论丛》2020年第1期。

5. 张中秋:《中国传统法本体研究》,载《法制与社会发展》2020年第1期。

6. 范进学:《论中国特色法学思维体系的基本范式》,载《法学》2020年第1期。

7. 冯玉军:《中西法律文化传统的形成与比较》,载《政法论丛》2019年第6期

8. 张晋藩:《重构新的中华法系》,载《中国法律评论》2019年第5期。

9. 张健:《中国法学中的研究问题:一次有关学术规范的理论铺陈》,载《法律科学》2019年第6期。

10. 赵立行:《法律史的反思:法律的历史维度》,载《复旦学报》2019年第1期。

11. 尤陈俊:《中国法律社会史研究的“复兴”及其反思——基于明清诉讼与社会研究领域的分析》,载《法制与社会发展》2019年第3期。

12. 尤陈俊:《明清司法经济对民众诉讼策略的影响——高昂讼费与健讼风气之悖论的一个分析》,载《法学》2019年第3期。

13. 张生:《新中国法律史学研究70年:传统法律的传承与发展》,载《四川大学学报(哲学社会科学版)》2019年第5期。

14. 雷磊:《什么是法教义学?——基于19世纪以后德国学说史的简要考察》,载《法制与社会发展》2018年第4期。

15. 曾令健:《实践主义法学研究范式》,载《浙江大学学报(人文社会科学版)》2018年第4期。

16. 马长山:《智能互联网时代的法律变革》,载《法学研究》2018年第4期。

17. 侯欣一:《学科定位、史料和议题——中国大陆法律史研究现状之反思》,载《江苏社会科学》2016年第2期。

18. 苏力:《文化制度与国家构成——以“书同文”和“官话”为视角》,载《中国社会科学》2013年第12期。

19. 何勤华:《新中国法学发展规律考》,载《中国法学》2013年第3期。

20. 胡永恒:《法律史研究的方向:法学化还是史学化》,载《历史研究》

2013 年第 1 期。

21. 黄源盛:《法律人的历史素养——以中国法史为例》,载《高大法学论丛》2012 年第 9 期。

22. 陈金钊:《法律人思维中的规范隐退》,载《中国法学》2012 年第 1 期。

23. 王志强:《中国法律史叙事中的“判例”》,载《中国社会科学》2010 年第 5 期。

24. 王铭铭:《从“礼治秩序”看法律人类学及其问题》,载《西北民族研究》2009 年第 4 期。

25. 王志强:《中英先例制度的历史比较》,载《法学研究》2008 年第 3 期。

26. 董建辉、徐雅芬:《西方法律人类学的产生、发展及演变》,载《国外社会科学》2007 年第 6 期。

27. 侯欣一:《法学的中国学派:原因、方法及后果——以延安新法学会为中心的考察》,载《政法论坛》2006 年第 6 期。

28. 侯欣一:《清代江南地区民间的健讼问题——以地方志为中心的考察》,载《法学研究》2006 年第 4 期。

29. 徐忠明:《中国法律史研究的可能前景:超越西方,回归本土?》,载《政法论坛》2006 年第 1 期。

30. 李秀清:《〈撒里克法典〉若干问题之探析》,载《比较法研究》2005 年第 1 期。

31. 风笑天:《英克尔斯“现代人研究”的方法论启示》,载《中国社会科学》2004 年第 1 期。

32. 郑欣:《田野调查与现场进入——当代中国研究实证方法探讨》,载《南京大学学报(哲学·人文科学·社会科学版)》2003 年第 3 期。

33. 杨方泉:《法律人类学研究述评》,载《学术研究》2003 年第 2 期。

34. 何家弘:《论司法证明的目的和标准——兼论司法证明的基本概念和范畴》,载《法学研究》2001 年第 6 期。

35. 陈景良:《讼师与律师:中西司法传统的差异及其意义——立足中英两国 12—13 世纪的考察》,载《中国法学》2001 年第 3 期。

36. 赵旭东:《习俗、权威与纠纷解决的场域——河北一村落的法律人类学考察》,载《社会学研究》2001 年第 2 期。

37. 于语和:《试论“无讼”法律传统产生的历史根源和消极影响》,载《法学家》2000 年第 1 期。

38. 徐忠明:《开拓与创新——〈求索集——张晋藩先生与中国法制史学四十年〉读后》,载《中国法学》1997 年第 6 期。

39. 刘广安:《二十世纪中国法律史学论纲》,载《中外法学》1997 年第 3 期。

40. 沈宗灵:《对霍菲尔德法律概念学说的比较研究》,载《中国社会科学》1990 年第 1 期。

41. 张文显:《西方法社会学的发展、基调、范围和方法》,载《社会学研究》1988 年第 3 期。

42. 梁治平:《比较法与比较文化》,载《读书》1985 年第 9 期。

三、其他英文文献

(一)英文著作

1. Margareta von Oswald, Jonas Tinius ed., *Across Anthropology: Troubling Colonial Legacies, Museums, and the Curatorial*, Leuven: Leuven University Press, 2021.

2. Robert J. Gordon, *The Enigma of Max Gluckman: The Ethnographic Life of a "Luckyman" in Africa*, Lincoln and London: University of Nebraska Press, 2018.

3. Donald L. Donham, *The Erotics of History: An Atlantic African Example*, Oakland: University of California Press, 2018.

4. Paul Burke, *Law's Anthropology: From Ethnography to Expert Testimony in Native Title*, Canberra: The Australian National University, 2011.

5. Ulf Hannerz, *Anthropology's World: Life in a Twenty-First Century Discipline*, London: Pluto Press, 2010.

6. Suri Ratnapala, *Jurisprudence*, Cambridge: Cambridge University Press, 2009.

7. Laura Nader, *Law in Culture and Society*, Berkeley: University of California Press, 1997.

8. James M. Donvan, *Legal Anthropology: An Introduction*, Lanham: Altamira Press, 2007.

9. Martin Chanock, *The Making of South African Legal Culture 1902-1936: Fear, Favour and Prejudice*, Cambridge: Cambridge University Press, 2001.

10. Richard Handler, *Significant Others: Interpersonal and Professional*

Commitments in Anthropology, Madison: University of Wisconsin Press, 2004.

11. Patrick Polden, *A History of the County Court*, 1846-1971, Cambridge: Cambridge University Press, 2004.

12. Laura Nader, *The Life of the Law: Anthropological Projects*, Berkeley: University of California Press, 2002.

13. John Austin, *The Province of Jurisprudence*, Cambridge: Cambridge University Press, 1995.

14. H. L. A. Hart, *The Concept of Law*, Oxford: Oxford University Press, 1994.

15. Jean Comaroff and John L. Comaroff, *of Revelation and Revolution: Christianity, Colonialism, and Consciousness in South Africa*, Chicago: The University of Chicago Press, 1991.

16. Richard A. Posner, *The Problems of Jurisprudence*, Cambridge: Harvard University Press, 1990.

17. Martin Chanock, *Law, Custom and Social Order: The Colonial Experience in Malawi and Zambia*, Cambridge: Cambridge University Press, 1985.

18. Clifford Geertz, *Local Knowledge: Further Essays in Interpretive Anthropology*, New York: Basic Books, 1983.

19. P. H. Gulliver, *Cross Examinations: Essays in Memory of Max Gluckman*, Leiden: E. J. Brill, 1978.

20. Sally Falk Moore, *Law as Process: An Anthropological Approach*, London: Routledge & Kegan Paul, 1978.

21. Edmund Leach, *Custom, Law and Terrorist Violence*, Edinburgh: Edinburgh University Press, 1977.

22. Myron J. Aronoff, *Freedom and Constraint: A Memorial Tribute to Max Gluckman*, Amsterdam: Royal Van Gorcum, 1976.

23. Meyer Fortes and Sheila Patterson, *Studies in African Social Anthropologists*, London: Academic Press, 1975.

24. Edgar Bodenheimer, *Jurisprudence: The Philosophy and Method of the Law (Revised Edition)*, Cambridge: Harvard University Press, 1974.

25. Lon L. Fuller, *The Morality of Law (Revised Edition)*, New Haven: Yale University Press, 1969.

26. Lloyd A. Fallers, *Law without Precedent: Legal Ideas in Action in the Courts of Colonial Busoga*, Chicago: University of Chicago Press, 1969.

27. A. L. Epstein, *The Craft of Social Anthropology*, London: Tavistock Publications, 1967.

28. E. Adamson Hoebel, *The Cheyennes: Indians of the Great Plains*, New York: Holt, Rinehartand Winston, 1960.

29. Leopold Pospisil, *Kapauku Papuans and Their Law*, New Haven: Yale University Press, 1958.

30. Paul Bohannan, *Justice and Judgment Among the Tiv*, New York: Oxford University Press, 1957.

31. T. Olawale Elias, *The Nature of African Customary Law*, Manchester: Manchester University Press, 1956.

32. E. Adamson Hoebel, *The Law of Primitive Man: A Study in Comparative Legal Dynamics*, Cambridge: Harvard University Press, 1954.

33. Alfred Radcliffe-Brown, *Structure and Function in Primitive Society, Essays and Addresses*, Glencoe: The Free Press, 1952.

34. E. E. Evans-Pritchard, *Social Anthropology*, London: Cohen & West Ltd., 1951.

35. Jerome Frank, *Courts on Trial: Myth and Reality in American Justice*, Princeton: Princeton University Press, 1949.

36. Bronislaw Malinowski, *Magic, Science and Religion and Other Essays*, Glencoe: The Free Press, 1948.

37. K. N. Llewellyn & E. Adamson Hoebel, *The Cheyenne Way: Conflict and Case Law in Primitive Jurisprudence*, Norman: University of Oklahoma Press, 1941.

38. Meyers Fortes and E. E. Evans-Pritchard, *African Political Systems*, London: Oxford University Press, 1940.

39. Isaac Schapera, *A Handbook of Tswana Law and Custom*, London: Oxford University Press, 1938.

40. A. S. Diamond, *Primitive Law, Past and Present*, London: Longmans Green and Co., 1935.

41. Bronislaw Malinowski, *Crime and Custom in Savage Society*, London: Kegan Paul, Trench, Trubner & Co., Ltd., 1926.

42. Benjamin N. Cardozo, *The Growth of the Law*, New Haven: Yale

University Press,1924.

43. Wesley Newcomb Hohfeld, *Fundamental Legal Concepts as Applied in Judicial Reasoning, and Other Legal Essays*, W. W. Cook ed., New Haven: Yale University Press, 1923.

44. Roscoe Pound, *Interpretations of Legal History*, New York: The Macmillan Company, 1923.

45. Bronislaw Malinowski, *Argonauts of the Western Pacific: An Account of Native Enterprise and Adventure in the Archipelagoes of Melanesian New Quinea*, London: Routledge, 1922.

46. Benjamin N. Cardozo, *The Nature of Judicial Process*, New Haven: Yale University Press, 1921.

47. R. F. Barton, *Ifugao Law*, Berkeley: University of California Press, 1919.

48. R. von Jhering, *Law as a Means to an End*, Isaac Husik (trans.), Boston: The Boston Book Company, 1913.

49. Henry Sumner Maine, *Ancient Law: Its Connection with the Early History of Society and Its Relation to Modern Ideas*, New York: Henry Holt and Company, 1906.

(二)英文论文

1. Toby S. Goldbach, "Building the Aboriginal Conference Settlement Suite: Hope and Realism in Law as a Tool for Social Change", *Law & Social Inquiry*, Vol. 46, Issue 1, 2021.

2. Bruce Kapferer, "A Note on Gluckman's 1930s Fieldwork in Natal", *History in Africa*, Vol. 41, 2014.

3. Robert J. Gordon, "On Burning One's Bridge: The Context of Gluckman's Zulu Feldwork", *History in Africa*, Vol. 41, 2014.

4. Sally Engle Merry, "McGill Convocation Address: Legal Pluralism in Practice", *McGill Law Journal*, Vol. 59, Issue 1, 2013.

5. Alfred L. Brophy, "Introducing Applied Legal History", *Law and History Review*, Vol. 31, No. 1, 2013.

6. Johannes Fabian, "Cultural Anthropology and the Question of Knowledge", *The Journal of the Royal Anthropological Institute*, Vol. 18, No. 2, 2012.

7. Bruce Kapferer, "Situations, Crisis, and the Anthropology of the Concrete: The Contribution of Max Gluckman", *Social Analysis: The Inter-*

national Journal of Social and Cultural Practice, Vol. 49, No. 3, 2005.

8. Marian Kempny, " History of the Manchester ' School ' and the Extended-Case Method" ,*Social Analysis*: *The International Journal of Social and Cultural Practice*,Vol. 49,No. 3,2005.

9. T. M. S. Evens & Don Handelman, " Historicizing the Extended-Case Method" , *Social Analysis*: *The International Journal of Social and Cultural Practice*, Vol. 49, No. 3,2005.

10. David Mills, " Made in Manchester? Methods and Myths in Disciplinary History" ,*Social Analysis*:*The International Journal of Social and Cultural Practice*,Vol. 49,No. 3,2005.

11. Sally Folk Moore, " Certainties Undone: Fifty Turbulent Years of Legal Anthropology, 1949-1999" ,*The Journal of the Royal Anthropological Institute*,Vol. 7,No. 1,2001.

12. Paul Cocks, " Max Gluckman and the Critique of Segregation in South Africa Anthropology,1921-1940" ,*Journal of South African Studies*, Vol. 27,No. 4,2001.

13. Laura Nader,"The Globalization of Law:ADR as ' Soft' Technology", *Proceedings of the Annual Meeting* (*American Society of International Law*) , Vol. 93,1999.

14. Simon Roberts, " Against Legal Pluralism Some Reflections on the Contemporary Enlargement of the Legal Domain" , *Journal of Legal Pluralism*,No. 42,1998.

15. Oliver Wendell Holmes, " The Path of the Law" , *Harvard Law Review*,Vol. 110,No. 5,1997.

16. H. Macmillan," Return to the Malungwana Drift—Max Gluckman, the Zulu Nation and the Common Society" , *African Affairs*, Vol. 94, No. 374,1995.

17. Annelise Riles, " Representing In-between: Law, Anthropology, and the Rhetoric Interdisciplinarity" , *University of Illinois Law Review*,No. 3,1994.

18. Masaji Chiba, " Legal Pluralism in Sri Lankan Society: Toward a General Theory of NonWestern Law" , *The Journal of Legal Pluralism and Unofficial Law*,Vol. 33,1993.

19. John L. Comaroff, " Images of Empire, Contests of Conscience: Models of Colonial Domination in South Africa" , *American Ethnologist*,

Vol. 16, No. 4, 1989.

20. Hermann Klenner, "Savigny's Research Program of the Historical School of Law and Its Intellectual Impact in 19th Century Berlin", *The American Journal of Comparative Law*, Vol. 37, Issue 1, 1989.

21. Frederick Schauer, "Precedent", *Stanford Law Review*, Vol. 39, No. 3, 1987.

22. John Griffiths, "What is Legal Pluralism?", *Journal of Legal Pluralism and Unofficial Law*, Vol. 24, 1986.

23. Richard P. Werbner, "The Manchester School in South-Central Africa", *Annual Review of Anthropology*, Vol. 13, 1984.

24. T. W. Bennett & T. Vermeulen, "Codification of Customary Law", *Journal of African Law*, Vol. 24, No. 2, 1980.

25. Richard Brown, "Passages in the Life of a White Anthropologist: Max Gluckman in Northern Rhodesia", *The Journal of African History*, Vol. 20, No. 4, 1979.

26. Laura Nader, "Disputing without the Force of Law", *The Yale Law Journal*, Vol. 88, No. 5, *Dispute Resolution*, 1979.

27. Simon Roberts, "Do We Need an Anthropology of Law?", *RAIN*, Issue 25, 1978.

28. Geoffrey MacCormack, "Professor Gluckman's Contribution to Legal Theory", *The Judicial Review*, 1976.

29. Raymond Firth, "Max Gluckman, 1911－1975", *Proceedings of the British Academy*, Vol. 61, 1975.

30. Leopold Pospisil, "E. Adamson Hoebel and the Anthropology of Law", *Law and Society Review*, Vol. 7, No. 4, 1973.

31. A. L. Epstein, "The Reasonable Man Revisited: Some Problems in the Anthropology of Law", *Law and Society Review*, Vol. 7, No. 4, 1973.

32. Sally Falk Moore, "Law and Anthropology", *Biennial Review of Anthropology*, Vol. 6, 1969.

33. Antony Allott, "Law in the New Africa", *African Affairs*, Vol. 66, No. 262, 1967.

34. Leopold Pospisil, "A Formal Analysis of Substantive Law: Kapauku Papuan Laws of Inheritance", *American Anthropologist*, New Series, Vol. 67, No. 6, Part 2: The Ethnography of Law, 1965.

35. Charles D. Breitel, "Llewellyn: Realist and Rationalist", *Rutgers Law Review*, Vol. 18, Issue 3, 1964.

36. Graham Hughes, "Professor Hart's Concept of Law", *The Modern Law Review*, Vol. 25, No. 3, 1962.

37. E. Adamson Hoebel, "Three Studies in African Law", *Stanford Law Review*, Vol. 13, No. 2, 1961.

38. Ronald H. Coase, "The Problem of Social Cost", *Journal of Law and Economics*, Vol. 3, 1960.

39. H. L. A. Hart, "Positivism and the Separation of Law and Morals", *Harvard Law Review*, Vol. 71, Issue 4, 1958.

40. Lon L. Fuller, "Positivism and Fidelity to Law-A Reply to Professor Hart", *Harvard Law Review*, Vol. 71, Issue 4, 1958.

41. A. G. Chloros, "What is Natural Law?", *The Modern Law Review*, Vol. 21, Issue 6, 1958.

42. Francis E. Merrill, "The Self and the Other: An Emerging Field of Social Problems", *Social Problems*, Vol. 4, No. 3, 1957.

43. S. F. Nader, "Reason and Unreason in African Law", *Africa: Journal of the International African Institute*, Vol. 26, No. 2, 1956.

44. T. H. Marshall, "Gluckman on the Judicial Process of the Barotse", *The British Journal of Sociology*, Vol. 6, No. 4, 1955.

45. William Seagle, "Rudolf von Jhering: Or Law as a Means to an End", *The University of Chicago Law Review*, Vol. 13, Issue. 1, 1945.

46. Max Radin, "A Restatement of Hohfeld", *Harvard Law Review*, Vol. 51, No. 7, 1938.

47. Roscoe Pound, "The Call for a Realistic Jurisprudence", *Harvard Law Review*, Vol. 44, Issue 5, 1931.

48. Paul Vinogradoff, "The Meaning of Legal History", *Columbia Law Review*, Vol. 22, No. 8, 1922.

49. Eugen Ehrlich, "Montesquieu and Sociological Jurisprudence", *Harvard Law Review*, Vol. 29, Issue 6, 1916.

50. Munroe Smith, "Customary Law I: Roman and Modern Theories", *Political Science Quarterly*, Vol. 18, No. 2, 1903.

51. Oliver Wendell Holmes, "Law in Science and Science in Law", *Harvard Law Review*, Vol. 12, No. 7, 1899.

后　　记

早年在兰州大学法学院求学时，我最喜欢的课程就是刘艺工教授主讲的法理学。刘艺工教授在课堂上喜欢给我们讲国内外法学界的前沿研究成果，这让初入法学殿堂的我甚是好奇。一次，刘艺工教授在给我们讲授法学流派的时候，专门谈到了法律人类学，并强调这是法学与人类学的交叉学科。

此后的一段时间，我几乎每天都泡在图书馆查阅法律人类学资料。通过查阅资料以及对这些资料的梳理与分析，我整理出了一些法律人类学的关键词："人类学""法学""田野调查""参与观察""经验研究""部落社会"等，在每个关键词下面，我都用铅笔做了大量笔记。这种以微观主义视角探究法律人类学知识脉络的方法，让我很快就走进了法律人类学的知识世界。然而，纯粹的理论探究，一直让我无法直接触摸到经验世界的法学与法律现象。后来，我开始模仿马林诺夫斯基，带上水杯、书包、笔记本，还有几本有关田野调查的手册，独自前往兰州市附近的东乡族自治县。在调研的一周时间里，我不仅对3个乡（镇）5个村的30多名村民进行了访谈，还对东乡族的婚姻习惯、丧葬习惯、交易习惯等进行了观察。这次田野调查经历，让我充分领略到了法律与习惯在经验世界的实践表达。

2010年7月，清华大学法学院高其才教授组织召开了一场"中国少数民族习惯法"专题研讨会，其间我有幸向各位与会老师宣读了我在甘肃东乡族田野调查过程中搜集到的资料，并顺带发表了我对甘肃东乡族婚姻习惯法的一些粗浅看法。与会老师，尤其是高其才教授和赵旭东教授，对于我的田野调查给予了充分肯定，并鼓励我继续对法律人类学展开深入研究。高其才教授以他多年对广西金秀瑶族习惯法的研究经验为例，告诉我"学术研究的'奥妙'不只是趣味性，还包括责任性，而连接趣味与责任的纽带则是常年不懈的坚持"，他将这种坚持比喻为"抓住一匹马"。兰州大学硕士研究生毕业后，我又前往南开大学法学院攻读博士学位，其间我继续选择以法律人类学为研究方向。针对国内学界，尤其是法学界对法律人类学基础理论了解甚少的事实，我决定对西方法律人类学的"源"与"流"进行系统化梳理，对其发展过程中涌现出来的理论、方法与技术，展开全面而又细致的分析，这便是我博士论文选择格拉克曼部落社会司法过程学术思想研究的重要原因。通过对格拉克曼部落社会司法过程学术思想的研究，我大致厘清了法律人类学从马林诺夫斯基时代到格拉克曼时代的学术脉络，以及后格拉克曼时代法律人类学的范式转向。博士论文答辩过程中，与会专家不但对论文给予了高度评价，还鼓励我继续坚持法律人类学研究。

2018 年 6 月，我以修改后的博士论文为书稿，申请了国家社科基金后期资助项目，有幸入选，并于 2021 年 8 月申请结项。在此期间，除了撰写新的两章内容之外，还对原有章节进行了修改，特别是围绕格拉克曼学术思想与法律史人类学研究范式建构的关联进行了重新思考。

本书许多章节的内容，先前曾在《民族研究》《江苏社会科学》《南开法律评论》《济南大学学报（社会科学版）》等刊物上发表过。回顾自己过往的学术研究之路，尤为感谢各位师友的鼓励与支持，特别是刘海涛、钱继秋、彭中礼、尤陈俊、李栋、翟宇、王冰、何国强、王伟臣、熊浩、尹韬、曾令健、孙旭、韩宝、张建、宋阳、刘力、赵冠男，他们总是在我缺乏写作灵感的时候，用他们的学术态度与学术责任“唤醒”我的学术热情。爱妻王梦碧为了让我能静下心来开展学术研究，分担了许多原本属于我的家务劳动。没有她在背后的默默付出，我想我的学术研究不可能坚持到现在。需要感谢的人还有很多很多，无法一一列出。但是，在此我想表达的是，正是因为你们，我才明白了学术和生活的意义。

刘顺峰

2022 年 3 月 26 日于长沙